Des hommes & des Valeurs

Des hommes & des Valeurs

« La vraie valeur d'un homme se détermine en examinant dans quelle mesure et dans quel sens il est parvenu à se libérer du Moi. »

Wilhelm Frick
Auteur allemand

CHALLENGES D'AUJOURD'HUI

ISBN : 2 - 910168 - 30 - 1

Avant-propos

POUR les avoir trop côtoyés, nous nous méfions des modèles, des systèmes, des méthodes, des guides. Ils reviennent à chaque instant où le vide pointe, la passion s'étiole, l'imagination régresse. Les femmes et les hommes qui ont accepté d'écrire dans cet ouvrage, qu'ils soient engagés ou modérés, religieux ou athées, militants ou observateurs partagent entre eux la rage des rebelles. Ils ont refusé les chemins faciles, les vérités admises, les dogmes imposés ; ils ont choisi d'être libres et donc généreux. Ils n'avaient pas besoin de quatre amis en marge de toute profession pour exprimer leur vérité. Ils ont accepté parce que nous les avons un peu séduits avec l'ardeur des gamins que les héros fascinent. Ce livre est le fruit d'une admiration pour des êtres qui ont déplacé les idées et les faits avec une seule valeur au cœur. Savent-ils qu'ils sont des « survivants » ?

Ils nous rappellent que le déclin n'est pas une fatalité, le renoncement une vertu et que l'œuvre finit par s'accomplir. Nous en avions besoin car nos certitudes s'émoussaient. Ils nous ont confortés dans la rage d'écouter, de progresser, de construire.

Nous les avons aimés, nous les aimons, nous leur disons merci.

Christine FASBÉTER, François MANGEOT,
Michel NAVARRA, Thierry DE SCITIVAUX.

Préface

De même que les économistes n'ont pas fini de s'interroger sur le sens de la valeur dans leur domaine, de même, philosophes et sociologues ont défini de diverses manières le mot « valeurs ». Sans entrer dans ce débat, je m'intéresse néanmoins à la notion qui en est le centre, car elle me semble riche de contenus particulièrement précieux en cette fin de siècle troublée, boiteuse et myope, où l'on assimile trop souvent les principes à des modèles et où l'on juge des valeurs de l'autre — telles qu'elles se traduisent par le comportement — sans juger les siennes propres — qui se traduisent par son propre comportement.

Du remarquable point d'observation des hommes et des femmes de cette planète que m'offre le poste de directeur général d'un organisme intergouvernemental à vocation intellectuelle faisant partie de la famille des Nations unies, j'ai pu, sur tous les continents, sous toutes les latitudes, regarder, écouter, goûter, humer, et j'ai beaucoup appris. J'en suis venu, pour moi-même, à une définition — parmi d'autres possibles : les valeurs seraient des concepts, des principes ou des traits de caractère considérés comme des points d'ancrage, des repères et des guides, qui donnent sens (signification et direction) à l'existence. L'ensemble des valeurs d'un groupe et leur position relative dans son échelle des valeurs seraient caractéristiques de ce groupe.

Observons que cette définition ne postule, ni n'exclut l'existence de valeurs universelles. Si l'on dresse, sans a priori moral ou culturel, une liste de ces concepts, principes ou traits de caractère qui apparaissent dans un ensemble de plusieurs groupes — pour refléter, même imparfaitement, la diversité humaine —, on est frappé de la relativité de valeurs que beaucoup d'entre nous, parmi les Occidentaux, considèrent pourtant comme mondiales.

On peut donc être tenté d'attribuer telles valeurs à tel peuple, telle religion, telle catégorie sociale. Mais si l'on y regarde d'un peu plus près, la répartition n'est pas exclusive, ni même très rigoureuse. Il semble que, plus ou moins honorées, prônées ou pratiquées, la plupart des valeurs soient présentes dans la plupart des groupes humains. Ce qui distingue les civilisations les unes des autres, dans l'espace comme dans le temps, c'est surtout le dosage des valeurs, leur hiérarchie, leur échelle.

Dans son préambule, l'acte constitutif de l'Unesco rappelle la nature universelle des principes démocratiques de justice, d'égalité, de solidarité. La tolérance — la prise en compte de l'altérité — y est mentionnée à deux reprises. Dans l'article premier, la liberté d'expression est présentée comme le cadre irremplaçable des autres valeurs. C'est précisément par le partage du savoir, par l'éveil du potentiel dormant en chaque personne que l'éducation donne à chacun les moyens d'agir selon ses propres choix, conformément à ses propres valeurs. La Déclaration universelle des droits de l'homme confère cette dimension intemporelle et générique aux principes fondamentaux de portée internationale et intergénérationnelle.

Ici et maintenant, nous savons, peu ou prou, autour de quelles valeurs se retrouvent, à travers le monde, les êtres que l'on dit « de bonne volonté » si l'on est croyant, « de bonne foi » (paradoxalement) si on ne l'est pas. Ces valeurs, ce sont… Mais vous allez les découvrir à travers ces témoignages, qui sont autant de morceaux de vie, chacun avec son ton, sa couleur, son rythme, son style. Tous sont différents, et tous, marqués au coin de l'authentique. Ces hommes, ces femmes forment ici, dans leur singularité affirmée, une mosaïque merveilleuse, un bouquet dont l'arôme ressemble à l'espoir. Oui, cette diversité traversée par une même force de conviction peut redonner confiance aux plus sceptiques : la valeur, c'est l'être humain.

Federico MAYOR
Président de l'UNESCO.

21 personnalités
21 Valeurs

Hommes d'affaires, médecins, écrivains, hommes politiques, artistes, musiciens, journalistes, militaires, sportifs venus d'horizons différents s'expriment chacun sur la valeur qui les a inspirés tout au long de leur vie, fil conducteur de leur carrière, moteur de leur existence. Chaque texte est précédé d'une photo et d'un profil de son auteur. Un ouvrage dynamique, emporté par un style volontairement littéraire, qui révèle une facette inattendue de la personnalité et des émotions de chacun.

HOMMES POLITIQUES

RAYMOND BARRE - *Ancien Premier ministre et universitaire* - **La sincérité**
GÉRARD D'ABOVILLE - *Navigateur et Député européen* - **La passion**
ROLAND DUMAS - *Président du Conseil Constitutionnel, ancien ministre des Affaires étrangères et avocat* - **La tolérance**

HOMMES D'ENTREPRISE

PHILIPPE DESMARESCAUX - *Directeur général de Rhône-Poulenc* - **La création**
YVON GATTAZ - *Membre de l'Institut, ancien Président du CNPF* - **L'entreprise**
CLAUDE HENRION - *PDG de Lafarge Nouveaux Matériaux* - **L'amour**
MICHEL-ÉDOUARD LECLERC - *PDG des Centres Leclerc* - **La responsabilité**
ALAIN-DOMINIQUE PERRIN - *PDG de Cartier* - **L'engagement**
FRÉDÉRIC THIBERGHIEN - *Haut fonctionnaire et Président de Chronopost* - **La compréhension**

HOMMES DE LETTRES

LOUIS NUCERA - *Romancier* - **L'amitié**
GUY SCHOELLER - *Éditeur* - **L'imagination**
ROGER THÉROND - *Directeur de Paris-Match et de nombreuses publications* - **L'intensité**

HOMME D'ÉGLISE

DENIS HUERRE - *Abbé Prieur de l'Abbaye de la Pierre-qui-vire* - **La virginité**

HOMMES DE SCIENCES

LE PROFESSEUR GENEVIÈVE BARRIER - *Directeur du SAMU de Paris, Professeur d'anésthésie et réanimation à l'Hôpital Necker-Enfants malades* - **Le courage**

LE PROFESSEUR HENRI BISMUTH - *Chef de service du centre hépato-biliaire de l'Hôpital Paul-Brousse à Villejuif* - **Le respect d'autrui**

LE PROFESSEUR MICHÈLE RUDLER - *Directrice du Laboratoire de toxicologie de la Préfecture de Police de Paris* - **L'exigence**

HOMMES D'ARMÉE

LE GÉNÉRAL GILBERT FORRAY - *Grand chancelier de l'ordre de la Légion d'honneur, chancelier de l'ordre national du Mérite* - **L'honneur**

LE GÉNÉRAL PHILIPPE MORILLON - *Conseiller du Gouvernement pour la Défense* - **L'espérance**

HOMMES DES ARTS

CÉSAR - *Sculpteur* - L'humilité
ANNE QUEFFÉLEC - *Pianiste* - L'émerveillement

HOMME DE JUSTICE

JACQUES VERGÈS - *Avocat* - La provocation

GÉRARD D'ABOVILLE

" La patron "

PROFIL: GÉRARD D'ABOVILLE

« Excusez-moi, je suis en retard, j'ai de la route à faire. » 11 juillet 1991, 5 heures viennent de sonner. Gérard d'Aboville prend place sur le Sector, son bateau à rames ancré dans le petit port japonais de Choschi. Ayant ainsi pris congé de ses amis et auxiliaires, il s'apprête à larguer les amarres. Avant même d'avoir entamé la traversée du Pacifique Nord, il vient d'émettre la litote du siècle.
Un coup d'œil jeté sur le grand fichier de l'aventure rafraîchit la mémoire collective.

Près de dix mille kilomètres séparent Choschi, le point de départ, d'Ilwaco (État de Washington, États-Unis), le port d'arrivée. Il sera atteint à l'issue de cent trente-quatre jours d'une navigation rythmée par plus d'un million de coups de rames. Construit par l'architecte Bernard Fournier Le Ray, le Sector jauge 250 kilos à vide. Sa longueur atteint 8 mètres et il mesure 1,60 mètre dans sa plus grande largeur. Il comporte trois paires de rames de 3 à 3,20 mètres. Trois dérives assurent la stabilité au bateau. Les trois ancres flottantes évitent le recul et trois ballasts permettent de redresser l'embarcation en cas de chavirage (il en surviendra une trentaine). Le Sector a embarqué 120 kilos de nourriture lyophilisée, et un dessalinateur actionné par le siège coulissant fournit l'eau potable. Son périlleux combat contre la tempête, la solitude et la mort, Gérard d'Aboville l'a relaté dans un livre (Seul, éditions Robert Laffont). Tout au long de cet ouvrage, l'humour active les zygomatiques du lecteur tandis que ses glandes lacrymales sont sollicitées par l'émotion. Retracer ici sa traversée serait superfétatoire. Dévider la pelote de son existence permet, en revanche, de mieux cerner la genèse de sa folle expérience. Belle occasion de saisir qu'avant de mettre le cap sur l'impossible, Gérard d'Aboville fut parfois contraint de demeurer terre à terre.

■ Il a oublié d'apprendre à nager

Qu'il s'agisse des armées du roi, de celles de l'empereur ou encore des troupes de la république, la famille d'Aboville eut toujours la fibre militaire. Dès l'âge de 15 ans, François-Marie, l'un des aïeux de Gérard, servit à Valmy sous Dumouriez. Son père est colonel d'infanterie. Lorsque lui-même naît, le 5 septembre 1945, l'encre de l'armistice est à peine séchée.

Longtemps les d'Aboville régnèrent sur de vastes terres situées en Bretagne dans la région d'Auray. Puis le jeu des successions amena la fonte du domaine. L'enfance de Gérard n'en eut pas moins pour cadre le manoir de Karantre situé au cœur d'un parc de huit hectares.

C'est un peu le château des Sigognac dans Le Capitaine Fracasse. En effet, afin d'élever Gérard, ses six frères et ses trois sœurs, il faut tirer très fort sur la solde du colonel.

Dignes enfants de l'Armor, balcon français donnant sur l'infini, les d'Aboville se plaisent à tutoyer la mer et l'aventure. Armand, l'un des frères, participera cinq fois au Fastnet, la célèbre course de yachting. Un autre, Norbert, effectue un tour du monde avant de se fixer en Afrique. Guillaume choisit les États-Unis et Hubert s'installe aux Philippines où il dirige une exploitation de bois. Quant à Gérard, il fera ses premières armes dès l'âge de douze ans. Un Anglais, propriétaire d'un voilier, le Carlotta, lui fait traverser la Manche.

Une fois ses études secondaires achevées, on le retrouve sur les bancs d'une école de commerce où il bâille quelque peu. Il égrène quelques petits boulots, puis décide d'entreprendre un tour du monde en auto et bateau stop. Ici s'ouvre une parenthèse sentimentale qui jamais ne sera fermée. Chez les Bretons d'Aboville, travaille une jeune fille au pair, fille d'un diplomate. Cette belle Grande-Bretonne répond au prénom de Cornelia. Elle part rejoindre Gérard et tous deux trotteront de conserve autour du globe. Au retour, le couple — ils se sont mariés — vit d'amour, d'eau fraîche et de petits travaux effectués çà et là. Gérard s'occupe de voiliers et travaille sur quelques chantiers. Il décide ensuite d'acquérir le Lady Maud, un fier voilier de douze mètres. Ce bateau a des rhumatismes et ne tient que par la peinture. D'Aboville connaîtra la galère afin de le retaper.

Mais ce sera sur un ketch de quinze mètres qu'il fera en famille l'expérience du danger. Le bateau qu'il ramène d'Espagne est pris dans une forte tempête et sombre en vue des côtes bretonnes. Le maître d'équipage, son épouse, son fils (un bébé de deux mois) et deux équipiers se retrouvent sur un radeau de fortune. L'espace d'un instant, Gérard en sera éjecté. Ce sera un magnifique pense-bête car il le découvre : il a oublié d'apprendre à nager (cette lacune est aujourd'hui comblée) ! Des pêcheurs récupéreront les naufragés.

Loin de doucher son enthousiasme, la mésaventure ouvrira son appétit. Tout juste changera-t-il son fusil d'épaule en s'attaquant à la terre ferme. Il s'inscrit au Paris-Dakar et troque la mer pour le désert. Une fois de plus, il s'agit d'un coup de dés car sa moto n'a rien d'un gros cube. Il s'agit en quelque sorte d'une randonnée familiale car quatre de ses frères vont le suivre. Deux d'entre eux parviendront à être classés.

■ Les maquereaux du capitaine Cook

Tout cela est bel et bien mais manque un peu de sérieux. Il convient de faire du solide et de l'inédit. La traversée de l'Atlantique à la rame ? Voilà qui paraît être un objectif raisonnable. Sa traversée du Pacifique ayant fait de l'ombre à ce premier exploit, rappelons pour mémoire que d'ouest en est, il arriva à Brest après avoir parcouru 5 200 kilomètres en 72 jours à bord d'un canot de 5,60 mètres. Ce périple eut un considérable retentissement médiatique et Le Monde nomme alors d'Aboville « le Lindbergh des mers ». Afin de financer ce voyage, il obtint le parrainage de la conserverie Capitaine Cook. Cette noble et sérieuse maison pêche les maquereaux dans l'Atlantique pour les cuisiner ensuite dans le vin blanc.
En 1984, en guise d'entremets, il s'embarquera avec Thierry Sabine dans un parcours motonautique entre Niamey et Bamako. L'année suivante, il suivra Philippe de Dieuleveult sur le fleuve Zaïre. Par chance ou à la suite d'une prémonition, il refusera de l'accompagner dans la descente des rapides d'Inga où Dieuleveult et ses coéquipiers — dont Richard Jannelle, photographe à Paris-Match — périront dans des circonstances demeurées mystérieuses. Suivront la Chine, les Philippines, l'île Maurice. Mais tout passe, tout lasse. Gérard d'Aboville éprouve alors l'impression de faire du sur-place.
Côté finances, ce n'est pas non plus le Pérou. À ses amis, il déclare avoir besoin de « se laver l'esprit ». D'ores et déjà, le Pacifique lui semble être une baignoire à ses mesures. Certes, il y eut, en 1982, le précédent réalisé par l'Anglais Peter Bird. Parti de San Francisco, il arriva en Australie dix mois plus tard. Mais Gérard entend peaufiner le parcours. Il veut le réaliser d'ouest en est par le nord de l'océan. Sur cet itinéraire, le passage des dépressions et les fréquents coups de vent accélèrent la traversée. En revanche, les eaux beaucoup plus agitées accroissent le danger. Il le soulignera : « C'est l'équivalent d'une face nord en montagne. »

■ La Lune à vélo

Avant d'y aller de l'aviron entre le Japon et les États-Unis, il va lui falloir ramer afin de trouver des commanditaires. L'opération est, en effet, coûteuse. Car un bateau apte à une telle expédition ne se trouve pas dans le catalogue de La Redoute. Pour les négociations et les contacts avec les médias, Gérard trouve l'assistant idéal en la personne de Christophe Hébert, un publicitaire de vingt-cinq ans qui s'est littéralement entiché du projet. Les deux hommes installent leur quartier général à Issy-les-Moulineaux.

En premier, les choses iront en traînant les pieds pour adopter ensuite une cadence infernale. À l'automne 1990, pratiquement personne n'est au courant du projet. À ses moments perdus, Gérard dessine des plans de bateaux. Puis, divine surprise, un ami le met en relation avec la société suisse Sector spécialisée dans la fabrique de montres de sport. Le dépassement et le défi sont les fondements de sa communication. En outre, il se trouve qu'elle est présente sur les marchés japonais et américains et cherche à s'implanter en France. Autant dire que Sector semble avoir été inventée à l'intention de Gérard d'Aboville. Les premières négociations s'annoncent sous des auspices favorables. Puis tout piétinera en raison de la guerre du Golfe qui paralyse les investissements publicitaires. Enfin, début mars, le contrat est signé, et le bateau est mis en chantier à La Trinité-sur-Mer.

Gérard d'Aboville s'envole huit jours pour le Japon afin de repérer la côte et choisir son point de départ. Il jette son dévolu sur Choschi. À cent kilomètres de Tokyo, ce port, situé à l'extrémité d'un promontoire pointé vers l'est, permet d'éviter le trafic de la baie de Tokyo et du port de Yokohama. Ainsi peut-on gagner la haute mer en réduisant les risques d'abordage. De retour à Paris, Gérard convie les journalistes au Cercle de la mer. Sur le bristol figure une carte du Pacifique avec d'un côté le texte : « Le 20 septembre 1980, à l'arrivée de sa traversée de l'Atlantique à l'aviron, Gérard d'Aboville déclara : s'il y a une chose dont je suis sûr, c'est que jamais je ne repartirai dans une telle galère. » Puis, sur l'autre face : « Paris, le 24 avril 1991 : j'ai appris qu'on ne pouvait être sûr de rien, de personne et encore moins de soi-même. » À son retour du Pacifique, Gérard d'Aboville retrouvera les fameux journalistes. Alors qu'il semble avoir à peine formé les faisceaux avec ses avirons, une question fuse : « Alors Gérard qu'est-ce que vous nous préparez ? »

La montre Sector aura à peine le temps de marquer trois secondes car d'Aboville réplique du tac au tac : « La Lune à vélo. »

" La Patron "

Gérard d'Aboville

« Quel orgueil il faut pour tenir ! »
Lors de ma première traverseé
de l'Atlantique, je crois avoir,
un jour, noté cette petite phrase
dans mon journal de bord.
Sans doute un de ces jours
où il m'est arrivé de maudire la mer,
mon bateau, le temps qu'il faisait,
tout, y compris moi-même.
Pourtant, jamais un instant
je n'ai remis en cause le projet.

PAS PLUS QUE, ONZE ANS PLUS TARD, je n'ai remis en cause ma traversée du Pacifique alors que j'endurais chavirements, typhons, tempêtes, et jusqu'au goût de la mort. Pourquoi ? Parce que remettre en cause m'aurait amené à abandonner. Ce qui était simplement impensable. Non pas par vanité vis-à-vis des autres, mais par orgueil vis-à-vis de moi-même.

Bien sûr, c'était risqué. Bien sûr, je pouvais y laisser la vie. Et alors ? Si l'entreprise avait été facile, où donc aurait été le dépassement ? Cela dit, j'avais, avec une infinie patience, tout préparé, tout prévu, tout testé. Essayé cent fois, mille fois, manœuvres et matériel. Envisagé toutes les avaries, passé au peigne fin, répété tous les « schémas catastrophe ». Car, s'il m'arrive de me lancer dans de folles entreprises, dans leur mise au point, en revanche, j'élimine toute folie. Pour affronter la mer, à mains nues, je m'étais donné toutes les chances. Et lorsque, seul dans un bateau minuscule, je me suis retrouvé en train de ramer au milieu d'un océan déchaîné, un moment est venu où rien d'autre n'existait que : je veux, je vais réussir. Volonté ? Certitude ? Énergie suprême ? Force irrépressible en tous cas.

Pour moi, c'est cela la passion. Le moteur. Celui qui démarre dès que l'on veut entreprendre quelque chose d'un petit peu plus grand que ce que l'on fait d'habitude. Dès que l'on veut se dépasser. Se surpasser. Le moteur qui vous pousse à aller jusqu'au bout. Quoi qu'il en coûte. Sans passion, les gens seraient des légumes. Et si, depuis la nuit des temps, l'homme ne se dépassait pas perpétuellement, nous serions toujours au fond des cavernes, une massue à la main, à grogner au lieu de parler.

D'accord, j'évoque ici les passions qui font progresser l'humanité, celles qui sont utiles. Elles ont un but direct, avoué, compréhensible, comme ont un but direct, avoué, compréhensible, la passion du pouvoir, la passion de l'argent, la passion amoureuse. « Mais vous ? Me dit-on parfois. Pourquoi vous lancez-vous dans des entreprises dangereuses ? Inconfortables à ce point ? Pourquoi ? »

Mais pour le rêve ! Comment peut-on poser une telle question ? Et c'est justement parce qu'il n'y a pas d'utilité immédiate, au premier degré, que le défi vaut d'être vécu ! La gratuité du geste fait toute la différence. Elle lui donne son prix, sa beauté.

La preuve ? Prenez l'ingénieur Eiffel, par exemple. Il a construit de nombreux ponts très fonctionnels et très utiles. Qui en parle ? Personne. Mais sa tour ! La tour Eiffel, ce monstre d'inutilité, fascine le monde entier depuis qu'elle a été élevée. Tout simplement parce qu'elle représente un défi. Et qu'elle est, depuis, le symbole même du défi. Voilà ce qui fait rêver : l'inutile. Cet inutile qui est le propre de l'homme. Car contrairement aux animaux qui agissent en fonction de leur instinct de survie, ou de celui de l'espèce, l'homme, lui, est capable de s'exposer follement pour réaliser ses rêves. Au mépris de ses peurs viscérales qu'il apprivoise, qu'il apprend à dominer. Il grimpe des montagnes abruptes, juste pour les gravir, franchit des océans, juste pour se prouver que parfois le rêve peut devenir réalité.

La part du rêve…

La supprimer rendrait la vie terne à mourir. Moralement d'abord, puis physiquement, j'en suis certain. On ne peut pas faire les choses uniquement pour la solde de fin de mois, avec pour seule pensée de se dire « la semaine prochaine, je m'achèterai un téléviseur ou je changerai ma voiture. » Tout au plus, dans ce cas, survit-on quelque temps, mais on ne vit pas ! Essayez donc d'oublier la musique, la peinture... De vous habiller en gris parce que c'est moins salissant, et vous verrez l'abomination que, très vite, deviendront vos jours.

Les seuls éléments qui ont du relief, ceux qui restent en mémoire, les émotions fortes qui marquent, sont tous étayés sur de « l'inutile ». Sur le rêve. Et du rêve à la réalité, il n'y a... qu'un pas. « Si vous l'avez rêvé, se plaisait à proclamer Bonaparte, vous pouvez le faire. » C'est une formule que j'aménagerais ainsi : pour le faire, il faut d'abord l'avoir rêvé.

J'ai, en effet, commencé par rêver mes traversées. Celle de l'Atlantique, d'abord, en 1980. J'envisageais alors de me lancer dans une traversée à deux, car, bien que cela ait déjà été réalisé, il me semblait qu'on pouvait faire mieux, avec un bateau plus adapté. C'est en mettant au point cette traversée à deux, que l'idée m'est venue : et si un type pouvait le faire tout seul ? Au début, cela m'apparaissait comme appartenant au domaine du rêve. Mais je me suis mis à y penser, à envisager, théoriquement, ce qu'il faudrait faire. J'avais mis le doigt dans l'engrenage. Un long engrenage qui m'a inexorablement amené jusqu'au bout.

Ayant réussi, à peine arrivé, on m'a dit : « Alors, à quand le Pacifique ? » Le Pacifique ! J'ai éclaté de rire. C'était IM-POS-SI-BLE. Ah oui ?

... et défier le rêve

Quatre ans plus tard, comme par hasard, dans un chantier de démolition navale, du côté d'Anvers, je tombais sur une pile de *pilot charts* du Pacifique Nord. Sur ces cartes très détaillées des conditions de navigation et de météo au fil des mois, je me suis mis à rêver. Par jeu. Sont venus se greffer sur ce jeu purement intellectuel, quelques bouleversements technologiques d'importance, tels que l'invention des pompes à dessaler l'eau de mer. Avec cette dernière, disparut d'un seul coup, ce que je considérais comme un handicap rédhibitoire : le transport du poids de l'eau douce. Puisqu'il n'y avait plus besoin d'embarquer les centaines de litres d'eau douce indispensables à plusieurs mois de traversée, on pouvait désormais envisager de partir longtemps sur un petit bateau léger... de ceux qui se manient à la rame. Le rêve s'ancrait dans la réalité nouvelle. L'IM-POS-SI-BLE ne l'était plus. En théorie. Et moi, j'étais cuit.

Mais il m'aura tout de même fallu des années avant de réaliser ce projet-là. Des années pour franchir ce pas que l'expression populaire consent entre le rêve et la réalité. Un long pas qui tendrait à prouver que si, au départ, passion rime avec coup de foudre, on ne s'y embarque pas forcément, dans tous les cas, sur un coup de tête. La vérité est même très précisément inverse. Plus le rêve est fou, plus la barre est placée haut. Donc plus il faut de rigueur, de calculs, de préparation et surtout de passion pour le réaliser.

Ainsi peut-on dire que si rêver le rêve est le propre du rêveur, défier le rêve devient affaire de professionnel. C'est alors que la passion fulgurante qui vous avait si merveilleusement plongé dans les délices oniriques doit se déployer en ténacité, inventivité, intelligence, courage, patience, qui vous permettent d'accomplir les mille besognes obscures auxquelles jamais vous ne vous seriez astreint sans elle. On peut imaginer les milliers de pages de calculs savants auxquels se livra l'ingénieur Eiffel, les astuces qu'il inventa, les besogneuses mises au point auxquelles il consacra des jours et des nuits, pour arriver à faire tenir debout son rêve de tour de fer ! Expérience faite, il en va de même pour celui qui, par exemple, a l'idée délirante de traverser à l'aviron le plus vaste océan du globe.

La mer, les bateaux sont mon métier. Un métier très dangereux où l'erreur peut être mortelle. Aussi, dès qu'il s'agit de passer à l'action, de « monter » une traversée, le rêveur invétéré que je suis, devient-il abominablement terre à terre, mesquin. Horriblement méthodique. Sinon, ce ne serait plus une expédition mais un suicide organisé.

Je connais bien la mer. Par expérience, je sais quels sont les faux risques et les vrais dangers. Je sais les évaluer, les éviter, comment les affronter. Les faux risques ne m'impressionnant pas, c'est avec l'esprit libre que je me concentre sur les écueils réels et que j'imagine les parades. Des parades tant de fois répétées avant le départ qu'elles sont devenues des automatismes. Parce que avant de faire ce genre de traversée, en effet, je prends un grand cahier. Sur les pages de gauche, j'inscris tous les événements désagréables susceptibles de survenir. Puis, face à chaque ligne, sur la page de droite, doit correspondre la parade, soigneusement testée, qu'il m'a fallu trouver. C'est grâce à cela que mon bateau a pu chavirer trente-six fois dans le Pacifique, et arriver indemne. Tous les cas de figure étaient prévus. Je les ai tous eus, terrifiants, mais prévus. Quelle passion ne faut-il pas pour faire ce travail de fourmi !

« Comme vous êtes terre à terre ! me fit, un jour, remarquer un journaliste. Vous n'avez pas, pour parler de la mer et des bateaux, de ces débordements torrentiels qu'ont, d'ordinaire, les passionnés pour parler de leur passion. » Je suis un marin, je ne suis pas un poète. Les poètes, lorsqu'ils parlent de la mer, ont en général les deux pieds sur le rivage ! Confrontés au réel, les marins ont une autre façon d'exprimer leur passion, ils la vivent, tout simplement…

Raymond Barre

- La sincérité -

PROFIL : RAYMOND BARRE

Aux Français, un sondage demanda naguère d'imaginer un totem pour Raymond Barre : 20 % des personnes interrogées optèrent pour le taureau. Une seconde tranche de 20 % désigna le renard. Puis, l'analogie patronymique avec le Babar de l'imagerie enfantine incita sans doute 19 % de nos compatriotes à désigner l'ours.

Vache sacrée de l'ère informatique, l'astrologie note que Raymond Barre naquit le 12 avril 1924 à Saint-Denis de la Réunion. À une crèche déjà dense vient donc s'ajouter le santon du bélier. On demeure pantois. Quel cacique algonquin pourrait faire état d'une richesse totémique égale à celle de cet homme d'État natif du département français de l'océan Indien ?

Faut-il y voir l'effet du hasard ? La chose paraît peu probable car à partir de chaque facette de cette personnalité scintille le paradoxe. Considérez sa vêture ! Nulle trace de l'élégance cariocaine d'un Jack Lang ne s'en dégage. Certes, une pochette blanche pavoise ses costumes croisés. Par leurs tons ils n'en conservent pas moins de la distance avec les couleurs des fleurs ordinaires. Lorsqu'il n'est pas homme d'ardoise, le grand économiste affectionne l'anthracite. Ici intervient la surprise. Interrogé un jour par Jean-Pierre Elkabbach, cet agrégé des facultés de droit, déclara avoir rêvé à la carrière de grand couturier. On se plaît à l'imaginer en train de régler le vaporeux ballet des froufrous et falbalas.

■ André Gide mais aussi les nourritures terrestres

Laissons de côté l'ironie car tient-on compte de son éclectisme et toute impossibilité s'estompe. Aucun domaine contigu à la culture ne lui demeure, en effet, étranger. Avec un appétit total, on le voit dévorer Chateaubriand, Stendhal et André Gide. Il apportera une sincérité égale à engloutir Agatha Christie ou John Le Carré. Si, en histoire Assurbanipal et Ramsès II sont les objets

de sa passion, il n'est pas moins féru des Valois et du Consulat. Son enthousiasme pour la peinture amène à faire état d'un militantisme éclairé. Pour le compte du Louvre, ne fit-il pas acquérir le portrait de Sigismond Malatesta, l'unique Piero Della Francesca exposé dans un musée français ? Quant à la musique, son aptitude à identifier les interprètes d'un grand nombre d'opéras laisse les spécialistes ébahis.
S'imaginer pour autant qu'il relègue les arts de la table au rang de genre mineur équivaudrait à une erreur. Ancien cocher de la France, il passe pour être également un excellent cuisinier apte à réussir un somptueux aïoli. Outre un représentant attentif à leurs problèmes, ses électeurs lyonnais voient en lui une sorte de primat des fines gueules. Chez Roucou, la dégustation du gratin de queues d'écrevisse le fait rosir de plaisir. Mais la sincérité des plats canailles mitonnés par les "mères" lyonnaises le ravit tout autant. À Paris, à deux pas de son bureau du boulevard Saint-Germain, il s'empresse d'aller retrouver au restaurant Les Mascareignes les rougailles et achards de palmistes évocateurs de son île de la Réunion.

■ Le premier prix de philo lui sera soufflé par Jacques Vergès

À ce ricochet fait par la France en pleine mer australe, Raymond Barre demeurera toujours fidèle. Venue de la Drôme, sa famille paternelle s'y installa dès 1843. Mais c'est dans la superbe demeure coloniale des Déramond, la lignée maternelle, que naîtra Raymond Barre. Sise au numéro 35 de la rue de Paris — aujourd'hui numéro 15 —, l'artère chic de Saint-Denis, elle sera le cadre d'une enfance marquée par un bonheur à éclipses.
Qu'il s'agisse de la branche Barre ou de celle des Déramond, on appartient à la haute bourgeoisie locale. Son aïeul maternel, le docteur Octave Déramond, est considéré comme le meilleur chirurgien de l'île. Mélomane averti, il se trouvera sans doute à l'origine de la prédilection de Raymond Barre pour la musique.
Fonctionnaire de l'administration pénitentiaire, le grand-père paternel occupera entre autres le poste de gouverneur en Guyane à l'époque de l'affaire Dreyfus. Né en 1898, René Barre, père de Raymond, fut à la fois héros et victime de la guerre de 14-18. À dix-sept ans, il s'engage dans l'infanterie. Lieutenant à l'issue du conflit, son extraordinaire bravoure lui aura valu trois citations. N'a-t-il pas notamment « enlevé une mitrailleuse et un poste à l'ennemi » ? Rendu à la vie civile, le jeune homme chargera le monde des affaires avec une fougue identique. L'esprit chevaleresque n'est hélas pas la première vertu requise au sein de l'univers de l'import-export. Mal conseillé, René Barre connaîtra la faillite. À l'époque, une telle situation ne relevait pas encore de l'anecdote. Accusé de

fraude, René Barre sera acquitté. Blessé dans son honneur, il choisira néanmoins l'exil à Madagascar.
Raymond Barre est alors âgé de quatre ans. Femme digne et pieuse sa mère, Charlotte Barre, va l'élever. Au cours d'un voyage familial en métropole, l'enfant amorcera sa scolarité au collège de La Rochefoucauld. Puis, en 1934, il revient à Saint-Denis de la Réunion et entre au lycée Leconte de Lisle. De la classe de 6e à celle de philo, il sera la proie d'une surprenante boulimie. Elle consiste à rafler les premiers prix. Fringale omnivore s'il en est. Littéraire ? Matheux ? Il est les deux à la fois. Latin, français, anglais, mathématiques, sciences physiques, histoire, géographie voire instruction religieuse, il ne pratique aucune discrimination dans l'excellence. Seule ombre au tableau : le premier prix en dissertation philosophique lui sera soufflé par son brillant condisciple Jacques Vergès.

■ Seulement second à l'agrégation parce que non redoublant

Une fois passée sa licence en droit à la Réunion, il effectue son service militaire à la 1re Brigade d'Extrême-Orient cantonnée à Madagascar et le termine avec le grade de maréchal des logis. En 1946, il « monte » à Paris, entre à l'Institut d'études politiques tout en s'inscrivant également à la faculté de droit et des sciences économiques. Ses professeurs auront pour noms Raymond Aron, François Perroux et André Marchal.
Le jour du concours de l'agrégation en sciences économiques, Raymond Barre se trouvera confronté à l'aspect ubuesque de certaines traditions universitaires. Selon Jean-Marcel Jeanneney, membre du jury, l'éblouissant exposé consacré par Raymond Barre à Georges Sorel aurait dû valoir le premier rang à son auteur. Mais un usage aux origines obscures interdit la place de tête à l'étudiant qui se présente pour la première fois. En vertu de cette paradoxale prime au redoublement, Raymond Barre sera classé second.
Ses premières armes d'enseignant, le nouvel agrégé va les faire en qualité de professeur à la faculté de droit et des sciences économiques de Tunis. Sa redoutable efficacité lui permettra de conjuguer les studieuses activités et une douceur de vivre méditerranéenne. Dans le quartier de Carthage, voisin d'une lagune où chaque soir toussotent les moteurs des barques pratiquant la pêche aux lamparos, il occupe avec des amis une villa que la bande rebaptisera Dar Malabar.
Primus inter pares, les repas amicaux lui confèrent également le rôle de chef. Son tour de main est, en effet, sans égal, pour préparer les rougets de roche. Et comme tout ce petit monde a la musique pour violon d'Ingres, les soirées sont dévolues aux concerts. Ainsi rencontrera-t-il une exquise jeune femme blonde, cultivée et polyglotte nommée Eva Hegedus. Comme elle

est hongroise, Raymond Barre oriente la conversation sur Bela Bartok. Erreur balistique car en dépit de ses origines, Eva ne situe pas le compositeur magyar au sommet de la hiérarchie musicale. Les jeunes gens trouveront d'autres terrains d'entente puisqu'en 1955, Eva Hegedus deviendra madame Raymond Barre. Deux fils, Olivier et Nicolas, naîtront de cette union.

■ Sincérité à l'égard du « microcosme »

À Tunis, le talent pédagogique de Raymond Barre s'est déjà affirmé. Son biographe Henri Amouroux[1] note qu'à l'époque, il surprenait déjà ses élèves. Non content de démêler pour eux les écheveaux de l'économie, il leur déclarait : « Vous n'êtes pas ici pour apprendre mais pour acquérir une méthode. »

En 1955, on le retrouvera à la faculté de Caen. Il publie alors Économie politique, un manuel en deux tomes. L'ouvrage fera tant et si bien autorité qu'on parlera désormais des "Barre", comme on dit ailleurs le Larousse ou le Quid. Au terme de 1958, survient le grand tournant. Nommé ministre de l'Industrie et du Commerce, Jean-Marcel Jeanneney lui propose d'être son directeur de cabinet. Dès lors, sa carrière sera marquée par l'alternance entre les périodes d'études, d'enseignement ou de réflexion théorique et celles où il passe à l'application. Au fil des années, ce processus s'accentuera dans la mesure où ses responsabilités vont croître en importance.

On en arrive même aux cadences infernales. Professeur à Sciences po en 1961, Raymond Barre, en 1962 devient membre de la mission chargée d'examiner la situation des finances de l'Algérie indépendante. En 1963, il reviendra à l'enseignement avec une chaire d'économie politique à la faculté de droit et des sciences économiques à Paris.

Puis, en 1967, Raymond Barre va émigrer à Bruxelles où il sera vice-président français de la commission unique des communautés européennes. Juché sur cet observatoire extra muros, il va considérer la France d'un œil neuf et réaliste. À Bruxelles, il forgera sa fameuse expression « le microcosme hexagonal ». Grand lecteur de Tocqueville, le regard qu'il porte sur l'état d'esprit des Français n'est pas toujours tendre : « À Bruxelles, j'ai vu que nous n'étions pas le centre du monde et que notre orgueil national, lorsqu'il n'était pas légitime, nous faisait le plus grand tort. »

Toujours à propos de ses concitoyens, Raymond Barre dira qu'en aucun cas il ne faut « raconter des histoires aux Français. » Ministre du Commerce extérieur, Premier ministre, puis candidat à la magistrature suprême, jamais il ne s'écartera d'un iota de la sincérité « en verre » que recommandait André Maurois.

(1) Henri Amouroux, Monsieur Barre, éditions Robert Laffont.

– La sincérité –

PAR RAYMOND BARRE

Souvent on affirma
que j'avais pour règle de « parler vrai ».
Je n'aime pas cette formule.
Qui oserait prétendre au monopole
de la vérité et s'estimerait ensuite apte
à l'exprimer ? Le titre français de la pièce
de Luigi Pirandello le dit bien :
À chacun sa vérité.

S'IL S'AGIT DE DÉFINIR la ligne de conduite à laquelle je me tiens, mieux vaut choisir la sincérité. En outre, ce terme offre l'avantage d'aller de pair avec la franchise et la loyauté. Tout au long de ma carrière et quoi qu'il puisse en coûter, j'ai exprimé sans détours mes convictions profondes. Elles doivent sourdre de la réflexion personnelle. On ne saurait, en effet, calquer ses opinions sur celles qu'affirmait naguère ou jadis tel ou tel homme illustre. Ne s'appliquaient-elles pas à une situation particulière ? Or, la politique n'est pas régie par d'intangibles lois à l'image de celle découverte par Newton.

Baliser sans faillir son parcours politique de sincérité n'est pas une tâche aisée. Cela revient souvent à jouer le rôle de paysan du Danube. Je m'y suis accoutumé, sans chercher à en faire une originalité.

Contre vents et marées

J'en ai fait l'expérience au lendemain de ma nomination au poste de Premier ministre. Il fallait faire face aux conséquences du premier choc pétrolier, qui avaient été jusque-là esquivées. La France vivait au-dessus de ses moyens. Il fallait s'attaquer à l'inflation, pallier le décalage existant entre des revenus en hausse et une production dont l'accroissement restait à la traîne. Ce bilan, il convenait non seulement de le dresser mais d'annoncer encore les mesures qui s'imposaient. En un mot, cela débouchait sur une augmentation de l'impôt sur le revenu. Les entreprises n'étaient pas, elles aussi, épargnées par cet effort.

Ce plan placé sous le signe de la nécessité et de l'urgence, il me fallut l'élaborer sans complaisance pour quiconque. Après avoir établi le diagnostic, n'appartient-il pas au médecin de prescrire le traitement apte à remettre le malade sur pied ? Peut-on reprocher alors au praticien, la longueur et les désagréments des remèdes ?

La présentation du plan ne souleva pas l'enthousiasme. Seulement 32 % des Français accordaient une chance de réussite aux mesures présentées. Parmi les sceptiques figurait un bon nombre des électeurs de la majorité. Le président de la République soutint sans faillir mon action en dépit des risques d'impopularité. Les manifestations syndicales se donnèrent libre cours. Tout cela paraissait peu encourageant, mais gouverner ne signifie pas toujours chercher à plaire. La confiance des Français se renforça au fil des mois et, contre toute attente, les élections de mars 1978 furent gagnées.

Ma *deuxième nature*

Peut-on renoncer à la sincérité ? Jamais cette éventualité ne m'effleura l'esprit. La sincérité représente pour ainsi dire ma deuxième nature. L'homme politique ne doit ni se leurrer lui-même, ni fourvoyer ses électeurs. Dans le dessein d'obtenir un succès immédiat, il pourrait être tenté de tenir à son public les propos lénifiants qui flattent ses oreilles. Certes, il est difficile de résister à ce chant des sirènes. Comment ne pas se laisser séduire par la popularité ? Peut-on renoncer à piloter le pays avec la boussole des sondages ? Est-il possible de pas être obnubilé par les objectifs de réélection ? Je déplore de devoir le constater : trop souvent les politiques oscillent au gré des fluctuations de l'opinion et de la météorologie électorale. Censés guider la collectivité, ils subissent en fait les péripéties de son jugement.

Gouverner avec des « boules Quiès »

Lorsque l'opinion désapprouve des mesures qu'il estime trop contraignantes, il faut savoir rester ferme. Dès que des décisions apparaissent indispensables pour sortir des difficultés, il faut maintenir le cap.

À la fin des années soixante-dix, je connus ce genre de situation. La sidérurgie traversait alors une crise profonde. Afin de retrouver compétitivité et avenir, un changement radical s'imposait. En rester au *statu quo* pourrait amener l'effondrement de cette importante activité nationale. Quant à l'unique thérapie possible, il s'agissait d'un remède de cheval. Il aboutissait à de douloureuses conséquences sociales. Il exposait des centaines de familles à connaître un dramatique bouleversement de leur vie quotidienne, car les licenciements étaient inévitables.

Ainsi donc, la Lorraine, le Nord, le Pas-de-Calais, la Haute-Normandie devaient rénover leurs structures industrielles. Aux mesures sociales indispensables venaient s'adjoindre des programmes de reconversion. Syndicats et médias se déchaînèrent. Dans les régions frappées, la colère enfla. Il fallut y faire face et modeler son comportement sur celui d'Ulysse se faisant boucher les oreilles à la cire afin de résister au chant des sirènes. J'ai parlé alors de la nécessité dans certains cas de « gouverner avec des boules Quiès ». Certes, il était tentant de jeter l'éponge. Mais cette politique de l'autruche n'eût fait qu'ajourner l'échéance fatale et pour les Français bernés, dur aurait été le réveil tardif. Aux citoyens, il faut accorder le statut de personnes adultes pourvues du sens de la responsabilité.

À cet égard, puis-je le souligner, la télévision apparaît comme un redoutable révélateur. Je me souviens d'un soir où j'étais l'invité d'une émission à grande écoute. À son issue, le producteur vint me trouver et déclara : « Les choses se sont bien passées car vous avez dit ce que vous pensez. Permettez-moi de vous encourager à persister dans cette attitude. Sachez que lors d'un entretien télévisé, le spectateur découvre sur-le-champ si vous dites ce que vous pensez ou si vous cherchez à dissimuler votre opinion. »

Savoir évaluer le moment opportun

La constance dans les convictions connaît ses limites. La meilleure des actions tournera court à partir du moment où elle n'est pas clairement expliquée. Certaines décisions importantes nécessitent une préparation avant leur mise en orbite. Ceux qui en subissent les conséquences doivent être amenés à les comprendre, sinon à les accepter. Les délais idéaux, les exigences de l'action ne vous les accordent pas toujours. Je suis payé pour le savoir dans la mesure où j'abordais mes fonctions de Premier ministre au cœur d'une période de mutation économique étendue à l'échelle mondiale. La France, rappelons-le, a enduré de 1975 à 1980 les secousses de deux chocs pétroliers successifs.

Peu de temps m'était imparti. Afin de pallier cette lacune, il me sembla urgent de recourir à l'explication permanente et répétée. Au risque parfois de lasser… Il fallut attendre 1983 — et les leçons d'une expérience aventureuse — pour que le message fût enfin complètement compris. On vit même apparaître un « barrisme de gauche » !

Du premier au deuxième choc pétrolier, mon discours demeura donc identique. Sans cesse je fis appel à l'effort et au sacrifice. En 1981 malgré l'inflation mondiale et le chômage, l'essentiel pour la France était sauvegardé.

Soyons tout de même réalistes. Notre monde se trouve marqué par de multiples contraintes. Il n'est donc pas toujours possible d'affirmer ses convictions de manière aveugle. Si certaines concessions doivent être parfois consenties, elles ne doivent en aucun cas contredire la ligne arrêtée. Jamais je n'ai enfreint cette règle. Peut-être ai-je eu la chance de ne pas être confronté à une situation extrême. Si, dans un esprit de conciliation, je fus parfois contraint de garder le silence, jamais, en revanche, je n'acceptai d'exprimer le contraire de ma pensée.

Aurais-je pour autant toujours évité le mensonge ? Il m'arriva certes de pratiquer la restriction mentale ou le mensonge dit mondain, sinon politicien au niveau du microcosme. Je ne crois pas cependant avoir jamais manqué à la loyauté.

Expliquer et écouter

La fidélité aux convictions n'empêche pas que dans certaines circonstances, un changement de point de vue peut être parfaitement fondé. En rien, il ne mettra en cause la sincérité. Tout juste importe-t-il alors de le faire savoir et d'expliquer les raisons qui le justifient. Dans l'hypothèse où, faute d'informations suffisantes, on aurait fait fausse route, on n'hésitera pas à en faire l'aveu. Ne pas dissimuler les difficultés de gouverner s'intègre également dans le cadre de la sincérité. Il faut que l'opinion sache ce qu'un gouvernement peut faire et ce qu'il ne peut pas faire.

Il est vrai que l'écoute tend, à l'heure actuelle, à s'émousser. L'intense médiatisation a pour résultat de dévaluer la politique. Celle-ci tourne au spectacle. Le caractère à la fois kaléidoscopique et superficiel de l'information tend à disperser l'attention du citoyen. Surinformé et désinformé à la fois, il en vient à boire l'actualité sans soif. Dans ce domaine aussi, il faudrait savoir remettre les compteurs à zéro. Une cure conjointe de sobriété, d'honnêteté et de sincérité, voilà à mes yeux le remède apte à restituer à l'homme politique et aux médias la confiance des citoyens et à éviter la crise de la démocratie.

Geneviève Barrier

Le courage

PROFIL : GENEVIÈVE BARRIER

Il n'est guère besoin de présenter le professeur Geneviève Barrier, pionnière de l'analyse obstétricale, directrice du Samu de Paris et du service d'anesthésie-réanimation de l'hôpital Necker.

Trop souvent, en revanche, on ignore qu'elle est enfant de la balle. Son père était ce que, bien après Balzac, on nommait encore médecin de campagne. En 1992, aux éditions Odile Jacob, elle publia un livre de souvenirs intitulé La Vie entre les mains. *Passionnant ouvrage, il permet d'évaluer la distance qui sépare la médecine d'aujourd'hui de celle d'un passé pourtant récent.*

Implicitement ce livre pose également une question. En dépit de ses avancées scientifiques, la médecine actuelle n'a-t-elle pas quelque peu négligé la chaleur humaine et ce dialogue entre le praticien et son patient qui étaient à eux seuls les premières clés de la guérison ?

Voici quelques croquis empruntés à la plume de madame Barrier. Ils constituent la meilleure des introductions à sa contribution consacrée au courage.

Enfant, Geneviève Barrier suivait son père lorsqu'il entreprenait à vélo, la tournée de ses malades.

« Il y avait encore beaucoup de cas de tuberculose en ces années-là. Ils étaient soignés par des pneumothorax, c'est-à-dire l'insufflation d'air dans la plèvre. Comme l'Auvergne a un excellent climat, les jeunes gens étaient adressés à mon père pendant les vacances où ils étaient autorisés à sortir du sanatorium. Il les surveillait médicalement et toutes les semaines gonflait régulièrement leur pneumothorax. Tout cela m'intéressait beaucoup. Il m'expliquait ses préparatifs, j'allais porter à ma mère la casserole réservée à cet usage. Elle y faisait bouillir longtemps aiguilles et seringues dont il se servait pour la ponction pleurale. Il m'expliquait l'anatomie de la plèvre et des poumons sur les illustrations de ses livres. Lorsqu'il "gonflait le pneumo", le tube de caoutchouc branché d'un côté sur l'aiguille l'était à l'autre bout à un

tube en verre en U, fixé sur une planchette verticale, et remplie d'eau colorée à l'éosine. Lors des préparatifs, je vérifiais scrupuleusement que le liquide arrivait bien à la même hauteur dans les deux branches du U. Quelle formation ce fut pour moi, que la médecine passionnait ! »

Bien avant le début de ses études médicales, Geneviève Barrier fera l'expérience du geste médical.

« À partir de quatorze ou quinze ans, j'ai souvent assisté mon père pour des interventions de petite chirurgie, que tous les médecins de campagne faisaient à l'époque. Il avait à côté de son bureau une grande salle d'examen. Elle comportait une table, une radio, une vitrine renfermant tous ses instruments chirurgicaux, une lampe à alcool pour flamber les bistouris, une étagère avec tous les produits désinfectants et antiseptiques, et les fameuses casseroles dans lesquelles on faisait bouillir les seringues et les pinces.

« Lorsqu'un malade ou un blessé arrivait, il demandait la permission que je reste. Cela amusait les patients et tous acceptaient. Quand il faisait une radioscopie, il me montrait les différents organes. Puis je l'aidais à suturer les plaies avec des crins ou du fil de lin lorsque les crins manquaient, à nettoyer plaies et bosses, et surtout à faire des plâtres. »

Ainsi, sur le terrain, Geneviève Barrier apprit à retenir la vie.

(Les citations sont extraites de
La Vie entre les mains,
paru aux éditions Odile Jacob, 1992.)

Le courage

Geneviève Barrier

Si la férocité étiole le courage humain, la civilisation ne l'affaiblit-elle pas tout autant ? À l'aube du siècle, Anatole France posait la question. À la veille de son terme, la réponse est affirmative.

SANS RÉPIT AUCUN, la marche du monde et son recensement médiatique nous font gravir les sommets de la lâcheté. Naguère, l'Argentine puis le Chili s'insérèrent dans le catalogue de la férocité. À l'heure présente, la Bosnie, la Somalie et le Rwanda y entrent à leur tour. Or, s'ils ne vont pas jusqu'à jouer l'air du consensus, les violons de la conscience universelle n'en mettent pas moins une sourdine à leur partition. La civilisation du XXe siècle se serait-elle mithridatisée contre la violence ? Ici, l'appétit de pouvoir d'un homme, là, la volonté d'expansion d'un groupe de pression la transforment en auxiliaire.

Face à l'atroce et aussi puissants soient-ils, les gouvernements baissent les bras. L'annexion de l'Autriche, l'émergence des camps de concentration seraient-elles tombées dans les oubliettes de l'histoire ?

Passe-t-on du général au particulier, l'apathie apparaît identique. Car, à un moment ou à l'autre, l'ignominie guette chacun d'entre nous au coin de la rue, voire au sein de notre famille. Voici un enfant dont le calvaire domestique est connu du voisinage, voilà une fillette qui au vu et au su de l'entourage subit les assauts sexuels d'un père ou d'un grand-père. Vaines constatations dans la mesure où elles stagnent dans les abysses du non-dit. Elles n'en n'amènent pas moins une autre : la carence de courage est le complément direct de la férocité. Comme elle ne revêt pas un caractère d'exception, force est d'en déduire que quelque chose cloche du côté de notre civilisation.

Diffusés à l'échelle planétaire, feuilletons télévisés et films à succès marqués du sceau de la violence n'ont cessé de circuler sous les yeux de l'enfance. Maléfiques livres d'images, ils viendront imprégner le subconscient des petits pour resurgir ensuite dans leur vie quotidienne. D'éloquentes études furent effectuées à ce sujet. L'une d'elles devait récemment émouvoir le Congrès des États-Unis. Elle chiffrait par milliers les scènes de meurtre, de torture ou de viol dont l'enfant se trouvait gavé au cours d'une année. Lorsqu'on connaît le degré de suggestibilité d'un jeune et sa propension au mimétisme, l'émoi des sénateurs américains semblait bien fondé. Pour peu que les circonstances s'y prêtent et que le milieu familial manque de cohésion, ce poison ne risquait-il pas de refaire surface dans le comportement ?

On pense à la langue d'Ésope, « meilleure et pire des choses ». Sa capacité motrice, sa puissance d'évocation, la télévision ne pourrait-elle les mettre au service de la promotion du courage ? Lui arrive-t-il occasionnellement de le faire, elle s'engage alors dans l'impasse. Son approche du courage se limitera à une exaltation de l'audace physique, à la célébration du héros qui brave un péril présent. Car voilà du spectaculaire et lui seul a quelque chance de faire grimper l'Audimat. Mais *quid* du courage d'esprit ? Qu'en est-il de la fermeté, de la mise en valeur d'idées novatrices aptes à préserver le mental des lâchetés quotidiennes ? À de telles interrogations, répond un silence de banquise. « Tout ça manque de sensationnel » répliqueront tout au plus les palpeurs de conjoncture, les ingénieurs en émotions.

Étaler avec complaisance attentats, meurtres dans les camps et autres aspects sanglants du conflit israélo-palestinien, voilà du solide ! Illustrer le courage conjoint d'un Shimon Pérès et d'un Itzhak Rabin qui, adversaires politiques, doivent affronter leurs extrémistes respectifs afin de faire avancer la paix, semble autrement difficile. Car l'image a ses limites. Du reste, montrer à la télévision, si la chose était possible, le déroulement des tractations israélo-palestiniennes à Oslo eût voué les négociations pour la paix à un échec certain. En un mot, si le courage moral n'a pas sa place sur un présentoir, l'étalage sied comme un gant à la férocité. Or, notre civilisation se came à l'iconographie.

Gratter en surface l'actualité récente suffit à le démontrer. Qui connaît Aung San Suu Kyi avant que le prix Nobel de la paix ne lui soit attribué en 1991 ? Cette distinction ne fit pourtant qu'entériner la longue lutte menée pour les droits de l'homme et la liberté par la courageuse Birmane assignée à résidence dans son pays. Pourtant, écrits et argumentaires relatifs à son combat ne faisaient pas défaut.

Il fallut le déclencheur du Nobel pour que les caméras de la télévision se braquent sur sa personne. Sans « accroche » forte, tout sujet semble privé d'intérêt. Ne dut-on pas attendre que Cori Aquino prenne le pouvoir aux Philippines pour que les atrocités, la vénalité et le népotisme du régime Marcos soient mis en évidence ?

Jadis, plume à la main, le redresseur de torts, au sens noble du terme, luttait de plain-pied contre l'injustice. Par un pamphlet, Voltaire put ainsi mobiliser l'opinion publique en faveur de Calas. L'écrit et la tradition orale enseignaient le courage. Dans son Plutarque, l'écolier apprenait les vertus des hommes illustres. Le conte évoquait pour lui la défaite de l'ogre vaincu par la détermination du Petit Poucet. Aujourd'hui, rien n'est possible sans la « pragmatique sanction » octroyée par la télévision.

Dans *L'Espoir*, André Malraux le souligne : « Le courage, une chose qui s'organise. Il vit, il meurt, il faut l'entretenir comme les fusils. » Bien avant lui, Sénèque notait que « faute d'adversaires, le courage s'étiole. » Au cours des dernières décennies, une Europe pacifiée et ouatée d'un douillet confort ne laissa-t-elle pas le fusil nommé courage rouiller dans son râtelier ?

N'était-il pas du reste une pétoire démodée, utile tout au plus à quelques marginaux laissés-pour-compte du progrès ? Minoritaires étaient les personnes que les avancées de la santé publique ne dispensaient pas du courage et de l'effort. Dans le domaine du travail régnait un imperturbable beau fixe. L'emploi avait la fermeté du béton et ses avantages concomitants semblaient assurés de la pérennité. De ses harpes, la publicité tirait des ronrons prometteurs. Contre un rien, pour une bagatelle, elle vous tendait le plateau de la jeunesse, de la beauté, de la santé. Tout de suite et sans effort, la chose allait sans dire. Tout était rond. À jamais les angles aigus se trouvaient abolis.

Puis patatras ! Maladies dites de « civilisation » et épidémies reviennent au galop. Une insécurité omniprésente craquelle la société « policée ». Le progrès technique tue l'emploi, ce qui par effet de ricochet amène chômage, exclusion, toxicomanie et criminalité. L'homme avait oublié de méditer la pensée de Guillaume le Taciturne : « Par beau temps comme par mauvais temps, souviens-toi que le temps change. » Le courage redevient donc une valeur nécessaire.

Par bonheur, jamais la petite flamme ne s'éteignit totalement. Le courage, nous autres médecins, le rencontrons au quotidien. Il habite la mère soignant un enfant handicapé. L'accidenté contraint d'affronter une vie amoindrie par les séquelles de la catastrophe doit constamment y faire appel. Imagine-t-on les efforts titanesques que doit fournir un être jeune affligé d'une grave maladie chronique ? Souvent cet admirable courage se nourrit aux mamelles de la solidarité.

On pense aux associations de malades, aux Alcooliques anonymes, à ces regroupements de chômeurs qui œuvrent pour des actions de formation et de recherche d'emploi.

Le courage a de multiples facettes. Peut-on considérer comme courageux, ce jeune homme fervent du saut à l'élastique ou cet autre qui, au volant de sa grosse cylindrée, crève le plafond de la vitesse ? La réponse est affirmative. Pourtant, il s'agit en l'occurrence d'un courage narcissique et totalement égocentrique. Il procède du désir de connaître ses limites et représente une sorte de défi lancé à soi-même. Une fois l'exploit accompli, que reste-t-il au héros, sinon la volonté d'un nouveau dépassement et ainsi de suite, peut-être jusqu'à la mort. Autant le dire : cette forme de courage, résolument individuelle, ne gratifie pas d'un iota la communauté humaine, mais ce courage physique permet de belles images.

Examinons à l'inverse le cas du jeune médecin engagé dans la périlleuse aventure de Médecins du monde ou de Médecins sans frontières. Son courage est oblatif. Sortant de son *ego*, il marque ainsi son adhésion à cette communauté humaine. Seul, on reste dans le courage narcissique, ensemble on apprend à combattre la misère morale et physique de la communauté. On communie dans la même cause. À lui seul, ce sentiment d'appartenance à un groupe où tous convergent vers un commun idéal, apparaît salvateur. Maintes fois, les survivants des camps de concentration le rappelèrent : soudés par leur foi, les déportés politiques parvenaient à conserver leur dignité. Ainsi survivaient-ils mieux que les isolés. En outre, ils avaient une longueur d'avance sur leurs codétenus. En effet, le courage militant dont ils avaient fait preuve avant leur arrestation contenait en germe un facteur de survie. Ce courage, Lucie Aubrac le définit en ces termes : « Le résultat d'une action spontanée dictée par la générosité ou la réprobation... ensuite, il a fallu décider de nos objectifs, préparer notre stratégie et trouver les moyens d'en réussir l'aboutissement... Héroïsme et courage ne sont pas des mots de notre vocabulaire mais nous affirmons la volonté de garder ou de reconquérir notre bien le plus précieux : la dignité de l'homme. »

Sans vouloir comparer la période actuelle aux années quarante, une ère difficile s'annonce, où certaines idéologies racistes renaissantes reçoivent le soutien de la monstrueuse union de l'informatique et de la spéculation financière. Il faudra beaucoup de courage pour s'opposer à cet ordre qui jouit d'un certain consensus. Pourtant, la dignité de l'homme est à nouveau en danger, lorsque au lieu de produire des biens et par conséquent des emplois, le chef d'entreprise spécule et titille son ordinateur relié à toutes les Bourses du monde. Il peut ainsi, sans rien produire, peser sur les changes et le cours des matières premières, entraînant un cortège de misères. Il sera glorifié comme chef d'entreprise, et pourra devenir « l'homme de l'année », celui qui aura le mieux rémunéré ses actionnaires.

La dignité de l'homme est en danger lorsqu'un club sportif « achète » ou « vend » un homme. Certes, à la différence du bétail, le prix n'est pas fixé au kilo sur pied, mais aux points ou aux buts marqués en championnat.

La dignité de l'homme est offensée lorsque, malgré les difficultés actuelles, un pays encore riche comme la France n'est pas capable d'offrir un toit à tous ses concitoyens.

La dignité de l'homme est offensée lorsque des hôpitaux publics, dont la vocation première consiste à soigner les gens, refusent d'accueillir en urgence des malades qui ne correspondent pas à leur projet médical ou aux désirs de leurs responsables. Une seule cause à toutes ces dérives : la lâcheté, qui conduit à suivre la pente générale, mais en descendant.

Dès lors, il convient d'avoir le courage de crier casse-cou, d'opposer un veto à l'individualisme, de démanteler les corporatismes, d'endiguer le dépérissement de la morale. L'égoïsme est aussi desséchant que suicidaire, puisqu'il débouche sur la cohorte de la désespérance, de l'exclusion et de la toxicomanie dont est malade le corps social. « Seigneur, donnez-moi la force et le courage de contempler mon cœur et mon corps sans dégoût », disait Baudelaire. Puissions-nous accomplir ce souhait, et contempler notre société sans dégoût !

Il est grand temps de fourbir nos fusils, d'en venir à une autodiscipline avant que des facteurs exogènes ne nous imposent cette nécessaire réforme. Sachons calquer notre comportement sur celui de certains démunis. Souvent, ils l'emportent sur nous en matière de dignité et de courage et il est dommage qu'ils ne fassent pas la « une » des magazines. Si télévision il faut, qu'elle soit éducative. À elle d'exhumer les vertus oubliées. Leur réapparition insufflera de l'espoir et du courage aux jeunes et aux personnes les plus vulnérables de notre société. Le courage virtuel qui sommeille au plus profond de nous-mêmes doit être exhaussé et revalorisé. Parallèlement, les schémas établis par les bateleurs de l'opinion seront mis à leur juste place : le rebut. Regardons plutôt les créateurs qui souvent ont le courage de vivre à contre-courant.

La somme des courages individuels construit une société courageuse. Il est donc fortement recommandé de relever la tête. Et n'oublions pas le cœur. C'est de lui que vient le mot courage.

HENRI BISMUTH

le respect d'autrui

PROFIL: HENRI BISMUTH

D'Égypte, de Pologne, d'Israël, du Mexique, d'Italie ou d'ailleurs, sans cesse les équipes chirurgicales affluent au centre hépato-biliaire de l'hôpital Paul-Brousse à Villejuif. Ces praticiens étrangers viennent y suivre une formation auprès du professeur Henri Bismuth, grand patron de la transplantation hépatique.

Dès leur arrivée, les visiteurs naviguent de surprise en étonnement. Céans, ils éprouvent l'impression de se trouver projetés au XXIe siècle. Ici, l'information se trouve au service de la transparence. En effet, l'établissement est truffé d'ordinateurs à écran tactile. Une simple pression digitale suffit à faire apparaître les chercheurs des différents laboratoires. Autre poussée du doigt et on se trouve en prise directe avec tel ou tel bloc opératoire. Avec émerveillement, les stagiaires en concluent que la France sut édifier pour le professeur Henri Bismuth une structure digne des compétences et du talent de ce chirurgien.

Ces qualités, le grand praticien les avait déjà lorsque, après trois ans, il fut nommé chef de service en 1977.

Depuis 1974, ce service pratique les transplantations hépatiques et, dès cette date, sa notoriété atteint une dimension internationale. De tous les azimuts commencent à arriver des chirurgiens. Le moins que l'on puisse dire est que les confrères étrangers tombent de haut en découvrant le cadre au sein duquel l'équipe du professeur accomplit des prodiges. Ancien hospice, l'hôpital Paul-Brousse bat alors des records de vétusté. Quant aux assistants, ils sont logés dans des caravanes, voire dans une cuisine. Au spectacle de cet environnement digne du XIXe siècle, les médecins étrangers concluent que la France traite bien pauvrement les pionniers d'Hippocrate.

S'imaginer que soudain l'État décida d'entreprendre une opération de type Cendrillon correspondrait à une vue de l'esprit. L'édification d'un centre hépato-biliaire permettant le passage de l'antédiluvien au futurisme aura comme principal artisan le professeur Bismuth lui-même.

■ La greffe du nerf de la guerre

Souvent, aux yeux de certains, un savant revêt l'aspect du professeur Cosinus perdu dans ses spéculations. Cette assimilation caricaturale ne saurait concerner le chirurgien. Chez lui, la « patte » travaille en osmose avec l'intellect. Ainsi, au terme des années quatre-vingt, Henri Bismuth décide de prendre le taureau par les cornes. Avec opiniâtreté, il va passer à l'assaut des responsables. Créer un Centre hépato-biliaire méritant ce nom au sein de l'hôpital Paul-Brousse ? La direction générale de l'Assistance publique objecte que sept à neuf années seraient nécessaires à l'édification d'un tel bâtiment. Puis, à force de discussion, les autorités le reconnaissent : il existerait, certes, un moyen de diligenter l'affaire. Seulement, la méthode supposerait que le professeur veuille bien retrousser ses manches afin de trouver lui-même une partie du financement.

Qu'à cela ne tienne ! Henri Bismuth va relever le défi. Pour la réussite de son projet, ce spécialiste de la greffe du foie va, avec un identique talent, entreprendre une greffe de ce nerf de la guerre qu'est l'argent. Quatre mois lui sont dévolus afin de réunir le tiers du coût de la construction. Le professeur se multiplie. De la ville de Paris et du conseil général du Val-de-Marne, il obtient des subventions. Ensuite, il battra la campagne afin de faire affluer de multiples donations privées.

Quarante-deux mois plus tard, le 3 mars 1993, le Centre hépato-biliaire de Villejuif sera inauguré.

« J'aurais été soldat si je n'étais poète » écrivit Victor Hugo. Quant à Henri Bismuth, il confesse volontiers aujourd'hui qu'à l'aube de ses études, il s'en fallut de peu pour qu'il opte en faveur des beaux-arts. Pourtant son père, fonctionnaire des Postes à Tunis, nourrit l'ambition de voir son fils s'orienter vers la médecine. Car, dans la famille Bismuth on évoque périodiquement une anecdote. Un jour, le petit Henri âgé de quatre ans est renversé par un mouton. La chute provoque une plaie superficielle qui n'en saigne pas moins abondamment. Alors que tout autre bambin éclaterait en sanglots à la vue de l'hémoglobine, l'enfant demeure impavide. Ce calme provoque l'attendrissement amusé de l'entourage et on lui prédira alors : « Toi, tu seras chirurgien. »

■ Beaux-arts ou homme de l'art

En attendant cet hypothétique accomplissement, le jeune Henri effectue de solides études secondaires. Une fois le baccalauréat décroché, il entend bien monter à Paris. Afin d'obtenir l'accord de ses parents, il déclare vouloir faire des études de médecine. Mais in petto, cet amoureux de peinture rêve plutôt à La Leçon d'anatomie *de Rembrandt.*

Artiste, il va le devenir dans la mesure où, par métaphore on baptise le chirurgien homme de l'art. Car, dès son arrivée à Paris, il sera adopté par un cercle d'amis totalement impliqués dans la médecine. Ainsi donc va-t-il chanter dans un amphithéâtre car le voici bel et bien devenu carabin.

Au début de l'internat, on ne saurait à son propos parler de vocation. En revanche, Henri Bismuth, infatigable bosseur, effectue le parcours classique avec la conscience qui le caractérise. Puis, à petits pas, son appétit pour la médecine va être aiguisé. Sur son chemin, la rencontre de fortes personnalités infléchira sa carrière vers la chirurgie. Dans la personne du professeur Jacques Hepp à l'hôpital Bichat, il découvre ainsi un second père. Non seulement ce grand chirurgien est un opérateur de haut niveau mais ses qualités humaines vont de pair avec sa dextérité. Nul mieux que lui ne sait se mettre à l'écoute d'un patient. C'est à partir de la nature profonde du malade que M. Hepp décide de l'opportunité d'une intervention. Avec lui, Henri Bismuth développera son respect inné de l'être souffrant.

Avec ce grand patron naîtra également sa passion pour le foie. Au début des années soixante, cet organe demeure encore terra incognita. Ce sera en 1963 qu'aura lieu aux États-Unis la première transplantation hépatique.

Sa nomination de chirurgien des hôpitaux de Paris va accélérer le rythme de ses activités. De front, il mène la clinique, la recherche et l'enseignement de l'anatomie. À l'hôpital Beaujon, sous la direction du professeur Jean-Pierre Benhamou, son second mentor, il débute une thèse consacrée à l'anastomose-porlo-cave chez le rat. Elle représente le premier travail français de microchirurgie expérimentale.

Puis à Villejuif, dans le service du professeur Monsaingeon, il commence à s'occuper de transplantation hépatique sur un plan expérimental avec le chien. En 1974, il franchira le grand pas et pratiquera la première greffe humaine réussie.

Dès lors, ce perfectionniste n'aura de cesse d'améliorer ses techniques d'intervention et le suivi des personnes greffées. En 1981, il parvient à « réduire » des foies adultes pour les greffer à des enfants. Puis, en 1988, il réussit le prodige d'utiliser un seul foie pour deux transplantations.

Aujourd'hui, c'est au rythme de quinze greffes par mois que l'équipe du professeur Bismuth réalise les transplantations. À un an de l'intervention, le taux de succès atteint quatre-vingt-six pour cent. Homme modeste au sourire voisin de celui de Woody Allen, Henri Bismuth n'en éprouve pas moins une légitime satisfaction lorsque la célèbre Mayo Clinic américaine lui envoie une lettre d'éloges sur son Centre hépato-biliaire. Au rendez-vous de l'an 2000, il arrive avec quelques années d'avance.

le respect d'autrui

HENRI BISMUTH

Là où est l'amour des hommes
Là est aussi l'amour des métiers.

Hippocrate.

LORSQU'UN CHIRURGIEN S'EMBARQUE pour une opération difficile, par exemple une transplantation hépatique, qui peut durer douze heures, il entre dans une dimension où le reste n'existe plus. Les heures disparaissent. Il ne sent pas la faim. Quant à l'ennui, n'en parlons même pas. Il perd la notion de sa propre fatigue. Comme ces grimpeurs à mains nues qui abordent une façade, il entre en osmose avec la situation, impliqué de tout son être dans le déroulement de son action, tendu vers le terme auquel il faut la mener.

Et comme le grimpeur à mains nues qui ne peut s'arrêter qu'une fois le sommet atteint, le chirurgien, lui, ne peut s'arrêter que lorsque la tâche est achevée. Menée à bien. Il n'a pas le choix. Pourtant, contrairement au grimpeur qui ne peut demeurer entre ciel et précipice, le chirurgien, lui, aurait la possibilité matérielle de s'interrompre.

Ce qui l'en empêche ? Le respect de son patient. De cet homme qui lui a confié sa vie. Cette vie pour laquelle, lui, chirurgien, se bat comme s'il s'agissait de la sienne propre, parce qu'il en a accepté pleinement la responsabilité. Agir autrement serait trahir l'immense confiance de l'Autre, ce qui est impensable. Voilà pourquoi le respect d'autrui s'impose à moi en tête des valeurs essentielles, la première des qualités que doit avoir un médecin. Car c'est, bien entendu, en médecin que je ressens les choses.

Et en tant qu'homme ? me direz-vous. Je ne puis dissocier. Car... quel métier aurais-je pu choisir si je n'avais pas été médecin ? À cette question qu'il m'est souvent arrivé de me poser, j'avoue n'avoir jamais pu apporter d'autre réponse que... médecin, alors que les arts, mon autre passion, n'auraient pas pu être un métier.

Toutes mes activités, mes préoccupations non familiales sont tournées depuis toujours — ou presque — vers la médecine et la chirurgie. Je consacre, à cette dernière surtout, l'essentiel de ma vie. C'est donc à travers cette dimension professionnelle que s'est forgée mon expérience d'homme. Et c'est à travers elle que je ressens avec force cette exigence du respect d'autrui.

Considérer l'autre comme soi-même

Je ressens, en effet, le respect d'autrui comme une exigence, une disposition de l'individu, un état d'esprit qui fait que l'on prend en compte la personne qui est devant soi et qui n'est pas un objet. Respecter autrui, c'est lui accorder d'exister indépendamment de soi-même, d'avoir une identité, une image que l'on sent avec autant de force que sa propre individualité. Et cela quels que soient sa race, sa couleur de peau, ses opinions, son sexe, son âge, la sympathie ou l'antipathie que l'on éprouve pour lui.

Respecter autrui, c'est le considérer comme soi-même. Je ne mets, dans cette affirmation, aucune référence religieuse, car je ne suis pas croyant. Lorsqu'un malade vient consulter le médecin que je suis, ce n'est pas le malade que je vois en lui. Encore bien moins la pathologie, ou l'organe qui aurait besoin de mon intervention. C'est, bien entendu, l'homme, la femme, mon égal que je considère. Un égal qui a besoin de mon aide et au service de qui je mobilise mes connaissances médicales. D'abord pour établir le diagnostic, puis pour indiquer le traitement.

Un médecin ne devrait-il pas se « déshumaniser », « prendre un recul nécessaire » pour mieux traiter son patient ? m'a-t-on demandé lors d'une interview. Certainement pas ! Jamais. Il n'y a aucun recul à prendre pour soigner autrui. Rien à déshumaniser, bien au contraire. Il y a à se mettre à sa place pour le traiter au mieux.

Et lorsque je dis traiter au mieux, je sous-entends une démarche volontariste. Un acharnement à bien faire, ce qui parfois est difficile. Voire même très ardu. Mais que l'on s'en écarte un tant soit peu, et l'on ressent un grand malaise. Cette évidence m'a frappé dès le début de mes études, dès mes premiers contacts avec des malades. Très jeune médecin, déjà, le fait que l'on puisse prescrire un traitement imparfait me révoltait. Je le ressentais comme un intolérable manque de respect à l'égard d'autrui.

Maintenant ? Il m'a fallu aller beaucoup plus loin dans cette voie car j'ai autour de moi une équipe. Je ne me contente plus d'être responsable de mes propres actes, je le suis également de ceux de l'ensemble de cette collectivité qu'elle constitue. Je me sens profondément impliqué dans sa façon de travailler bien sûr, mais tout autant dans son état d'esprit, dans les valeurs qui y sont prises en compte et appliquées.

C'est à moi à donner le ton, et à veiller à ce qu'il soit tenu. C'est donc à moi à faire en sorte que ceux qui m'entourent aient cette sensibilité particulière : le respect d'autrui. C'est une qualité que je détecte immédiatement chez les individus, avant même de les voir à l'œuvre ! À ceux de mes assistants qui la possèdent au plus haut point, je sais que je peux confier mes malades en toute tranquillité. Ils se dérangeront tout de suite, si on les appelle à deux heures du matin parce que le patient qu'ils ont opéré la veille présente une complication. Ils ne se contenteront jamais de donner quelques conseils au service de garde... Avant de se rendormir sur leurs deux oreilles !

Eh oui, cela arrive aussi parfois, le respect d'autrui n'étant pas également partagé. Tous ne le possèdent pas de la même manière, au même degré. Je le crois inné. Peut-on l'acquérir lorsqu'on ne l'a pas ? Je n'en suis pas certain. Mais au moins, lorsqu'on en possède une parcelle, est-il possible de le cultiver, de l'amplifier. Comment ? Par l'exemple.

L'exemple répété, l'exemple souligné. Aussi, je ne rate jamais une occasion au sein de mon équipe, de mettre en lumière toute action qui s'écarterait, si peu que ce soit, de cette valeur qui dépasse très largement le cadre d'une qualité individuelle. Tout simplement parce qu'elle s'exerce sur autrui. De là à conclure que plus grande est la responsabilité que l'on accepte vis-à-vis d'autrui, plus exigeant doit être le respect dû, il n'y a qu'un pas, que je franchis résolument.

Le poids de sa propre vie en balance

On compare souvent le chirurgien au pilote de ligne. L'un et l'autre, en effet, exécutent des actes de haute technologie qui demeurent totalement hermétiques aux personnes qui se confient à eux. Les malades pour l'un, les passagers pour l'autre. Ainsi, l'un et l'autre ont la responsabilité de la vie d'autrui.

Cependant, tandis que le pilote engage sa propre existence dans l'exercice de son métier, puisque s'il pilote mal et que l'avion s'écrase, il aura le même sort que ses passagers, le chirurgien qui fait une fausse manœuvre lors d'une intervention, lui, meurt rarement en même temps que son patient.

C'est le poids de sa propre vie, que le chirurgien n'engage pas physiquement dans son acte professionnel, comme y est contraint le pilote, qui fait toute la différence. Une différence essentielle qui se traduit par un surcroît de responsabilité. Et une conscience suraiguë de cette dernière.

J'ai vu, je puis le dire, des chirurgiens atterrés par une situation qui se compliquait en cours d'intervention, pris qu'ils étaient d'une angoisse indicible parce qu'ils savaient qu'ils tenaient la vie du malade entre leurs mains.

Et que de fois, en salle d'opération, on voit celui qui opère transpirer à grosses gouttes parce qu'une difficulté surgit ! Et avec quelle rapidité et quelle humilité les meilleurs font appel à un autre spécialiste, à côté d'eux, pour essayer de trouver la parade au plus vite !

Sans cette conscience décuplée de sa responsabilité, sans ce respect absolu de la vie d'autrui, l'angoisse terrible dont je parle n'existerait pas. Et le chirurgien ne ferait que constater l'échec en se disant tranquillement : « Bon, ça se complique. Il ne peut pas s'en sortir. » Cela, je ne l'ai jamais vu. Une telle attitude n'existe pas. Elle est impensable au sens fort du terme : que l'on ne peut penser.

Non, on ne peut penser ne serait-ce qu'un instant, trahir l'immense confiance de cet Autre qui est venu vous trouver, à qui vous avez proposé de lui ouvrir le ventre, de lui faire une opération qu'il ne connaissait même pas, qui peut être très risquée, mais qu'il a acceptée parce qu'il s'en est remis à vous, le chirurgien.

Pas plus qu'on ne peut imaginer un instant ne pas faire l'impossible pour sauver une vie. « Mais il en disparaît tous les jours, et par milliers... Pourquoi une vie serait-elle si précieuse ? », pourrait-on objecter. Je n'ai qu'une réponse : « Parce que cette vie-là, j'en suis responsable. Du fait de l'immense confiance offerte, et que j'ai acceptée. » Et face à cette confiance, ce n'est pas ma vie, comme le pilote d'avion, que je mets en balance, mais beaucoup plus encore. Une implication totale de moi-même. Par respect, je ne peux donner moins.

L'*honnêteté, tout simplement*

Au sein de notre équipe, nous faisons de la chirurgie lourde. Nous enlevons de grandes parties du foie, ou l'organe tout entier que nous remplaçons par un autre. Lorsque débute une intervention, on ne peut jamais savoir quelles difficultés il faudra affronter. Il n'y a pas de routine. Chaque cas particulier est à résoudre au pied levé, sur le tas, sans hésitation. En sachant que la moindre erreur peut être mortelle.

Dès que la décision est prise d'opérer, bien avant le jour J, le poids de la responsabilité est si lourd que la sensation éprouvée est physique. Comment se manifeste-t-elle ? Par l'extrême urgence que l'on ressent de se préparer minutieusement à l'acte. Exactement comme un chef militaire le fait d'une offensive armée.

Moi, ce ne sont ni de troupes, ni de munitions, dont j'ai besoin, mais d'examens. De beaucoup d'examens, parfois pour déterminer le plus précisément possible l'acte à faire. Il me faut aussi l'avis des autres spécialistes, et je dois encore m'assurer, une fois de plus, de mes propres connaissances, des derniers progrès techniques qui ont été réalisés depuis la dernière fois que j'ai eu à affronter le type précis d'intervention qui m'attend.

Enfin, arrive le moment où la certitude s'installe : je sais que je suis prêt à prendre la décision ultime pour mener à bien le geste qui donnera les meilleures chances. Je n'ose pas dire « pour réussir », car il arrive malheureusement que la maladie ne puisse trouver de solution, mais au moins, je sais que le maximum a été fait. Faire le maximum, en définitive, n'est jamais qu'une question d'honnêteté. Et si le respect d'autrui n'était, justement, que de l'honnêteté ? Proposer ce qui est honnête. Correspondre à l'image de compétence et de sérieux professionnel que les autres ont de vous. Être digne de leur confiance.

Cela suppose donc, dès le début, lorsqu'on est étudiant, que l'on travaille avec acharnement pour acquérir les connaissances qui feront de vous un médecin capable. Et puis, lorsqu'on est devenu ce médecin capable, être digne de confiance suppose que l'on remette sans cesse ses connaissances à jour, au fur et à mesure des nouvelles découvertes, de l'avancement des technologies de pointe.

Enfin, ce qui est honnête, lorsqu'un patient vient vous voir, c'est de l'examiner à fond. De vous acharner — j'ai déjà employé ce mot — à comprendre son cas. D'instaurer cette relation directe entre le malade et son médecin, sans laquelle je ne conçois pas la médecine. D'être à l'écoute. De prendre le temps qu'il faut, même s'il en faut beaucoup, pour lui poser de nouvelles questions, revenir sur un point précis, sur tel ou tel type de douleur qu'il ne parvient pas à vous décrire, jusqu'à ce que votre diagnostic soit parfaitement clair.

Proposer ce qui est honnête, c'est en plus, ne pas aller au-delà de ce que l'on sait faire. Tout chirurgien n'accomplit pas avec la même perfection tous les types d'interventions. Certains gestes sont si complexes ! Alors, lorsqu'on se trouve devant un domaine qui n'est pas précisément le sien, il n'y a qu'une phrase à prononcer : « Cela, je ne peux pas le faire. Je vais vous confier à quelqu'un d'autre. » Et, restons honnêtes, ce « quelqu'un d'autre » ne sera pas forcément un ami, mais le professionnel que l'on considère comme étant le meilleur de sa spécialité. Celui par qui, soi-même, on accepterait en toute confiance d'être opéré.

Enfin, proposer ce qui est honnête, ce peut être aussi ne rien proposer du tout ! Si, dans le cas du patient qui vient vous voir, vous-même, chirurgien, vous estimeriez qu'il ne faut pas l'opérer, eh bien, dites-lui que vous ne l'opérerez pas parce qu'il ne le faut pas. C'est simple. C'est honnête. « Honnête, si vous l'êtes vraiment... dites-vous la vérité au malade qui est perdu ? » s'enquiert-on parfois, lors de conversations amicales. Non. L'honnêteté, justement, m'interdit de délivrer une telle condamnation. Car ce n'est pas ce genre de vérité qu'un malade vient chercher auprès de moi. Celui qui est gravement atteint ne pose jamais la question. Il sait déjà. Il me demande seulement ce que je propose. Le type d'intervention.

Au fond, le respect d'autrui doit exister dans toutes relations humaines, et donc dans tout métier. Mais s'il en est un où cette valeur est particulièrement important, c'est bien en médecine. Car la sanction est la vie.

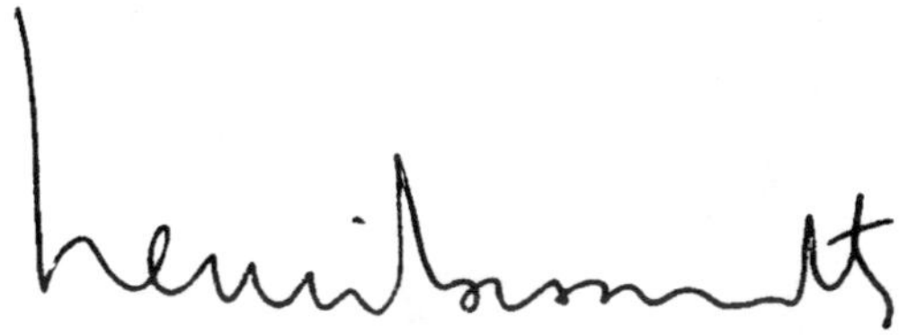

CÉSAR

PROFIL: CÉSAR

À l'issue de sa conquête des Gaules, César s'installa du côté d'Alésia. Thébaïde protégée par l'anonymat de la rue Roger, son atelier jouxte également la statue du Lion de Belfort. Singulière mitoyenneté citadine, observera-t-on. César Baldaccini, le visionnaire contre Bartholdi, sapeur-pompier de l'académisme ! C'est un peu le face-à-face de la Cicciolina avec la reine Victoria en majesté.

Existe pourtant un dénominateur commun. Coulé dans le bronze, le lion de la place Denfert-Rochereau n'est qu'une « réduction » du gréseux cerbère veillant aux marche orientales de la France. Quant à l'art césarien, la « compression » ne lui tint-elle pas lieu de mamelle ? Réduction, compression, même si c'est à la mode de Bretagne, les voici dès lors cousins.

Jupiter sait si César suscita des comparaisons ! Ne fut-il pas entre autre étiqueté « Benvenuto Cellini de la ferraille » ? Voici qui semble un tantinet vachard. Mais enregistrerait-il une telle perfidie, le plus sensible des sismographes ne marquerait pas la moindre secousse du côté de l'intéressé. Dans une telle hypothèse, il serait même capable d'en rajouter. Avant lui, rappellerait-il avec une feinte gloriole, Michel-Ange fut Toscan.

Belle occasion de le constater : entre l'aîné et le cadet, la similitude pilaire apparaît frappante. Mais les choses n'en restent pas là. Le critique d'art Pierre Restany souligne : « César admire Michel-Ange pour la tension des masses, l'élégance du contrôle des volumes dans le gigantisme des proportions, la vie des formes issues du marbre dont il respecte les valeurs. César dans la ferraille, le plastique, le cristal ou le bronze soudé n'oubliera jamais la leçon de Michel-Ange ».

De Tokyo à New York, de Djedda à Sao Paulo, César, sculpteur génial et prolifique, jouit d'une popularité médiatique sans égale. À la densité de son œuvre correspond un personnage non moins extraordinaire.

■ "Aux vins renomés"

Pourtant, le 1er janvier 1921, l'enfant qui voit le jour dans le quartier de la Belle-de-Mai à Marseille, n'est en rien issu de la cuisse de Jupiter. La Belle-de-Mai est alors le fief de l'immigration italienne. Plus tard, le sculpteur déclarera avoir longtemps conservé le complexe de l'Italien. Surprenante démarche mentale car, Marseille, creuset méditerranéen, apparaît par certains aspects plus proche de la Toscane qu'elle ne l'est de Paris. Sans doute ce sentiment procède-t-il de l'humble condition familiale. À l'origine, son père est tonnelier. Ensuite, il ouvrira rue Loubon un petit bar à vin : « Aux vins renomés.» Par son orthographe chancelante, l'enseigne le démontre : au sein de la famille Baldaccini, on n'a jamais pu rester longtemps sur les bancs de l'école. César ne fera pas exception à la règle. Entré à la communale à huit ans, il en ressort deux ans plus tard. Désormais, il va aider son père en livrant le vin. Entre deux transports de bouteilles, le garçon se plaît à dessiner. Un jour, de passage dans la boutique, un voyageur de commerce observe le travail de l'enfant. Ébloui, il déclare aux parents : « Il est doué, ce petit. Pourquoi ne l'envoyez vous pas aux Beaux-Arts ?» Dans l'esprit des parents, l'idée va faire son chemin. À quinze ans, sa mère le fait inscrire à l'école des Beaux-Arts de Marseille. Son professeur Cornu a été praticien chez Rodin. Les mains de ce tailleur de pierre sont marquées par la beauté des doigts. Le Pouce de César en sera peut-être l'effet résurgent.

La guerre amène ses désordres et son cortège de contraintes. À l'époque le service militaire est remplacé par les chantiers de jeunesse. Ensuite réquisitionné par le STO, César devient chauffeur d'un médecin militaire allemand. Sa carte de travail obligatoire lui permet de monter à Paris. En 1943, il passe le concours d'entrée aux Beaux-Arts de Paris et sera d'abord admis comme élève temporaire. Parallèlement il passe dans les ateliers de Gaumont dont il apprécie assez peu les aptitudes pédagogiques. Aux Beaux-Arts, il est élu « grand massier » des sculpteurs par les élèves de l'école.

Les notions d'art, de sculpture, d'œuvre se développeront dans son esprit par l'effet de hasards. Pour lui, ce qui compte, c'est le manuel et la technique. Dans le Var, chez un ami qui tient un atelier de menuiserie industrielle, il apprend à se servir de la soudure à l'arc. Il soude des fragments de pièces de machines afin d'en faire des personnages. Véritable touche-à-tout, il effectuera ensuite un stage de céramiste à Montpellier.

■ Faute de marbre on prend du fer

Au cours de ces années, César vit au jour le jour. Acheter des pierres, s'outiller, louer un local, de telles dépenses outrepassent ses moyens. Même l'achat d'un sac de plâtre met ses maigres finances en péril. Pourquoi

n'utiliserait-il pas le fer ? À l'état de déchets, il est omniprésent et gratuit. L'idée lui en vient à Paris, rue Bonaparte, en découvrant une photo d'une sculpture de l'Espagnol Pablo Gargallo. Elle représente un pâtre. Son côté inventif, l'importance accordée aux structures, voilà qui le séduit.
Des amis provençaux à Trans possèdent une petite usine. À sa disposition ils mettent tous les déchets métalliques qui encombrent leurs ateliers. Plus tard, d'autres amis parisiens lui prêtent au local et un poste à souder dans une usine de mobilier métallique à Villetaneuse. Pierre Restany le constate : l'année 1954 marquera pour César la conquête du métal. Le Nu assis représente la première étape. Quelques mois plus tard suivra Le Torse. De manière frappante, il suggère la décomposition cadavérique.
César est alors âgé de trente-trois ans. Long à venir, le succès sera désormais fulgurant. Le traîne-savates du Boul' Mich' franchit la Seine et débarque dans les beaux quartiers. La première exposition aura lieu faubourg Saint-Honoré chez Lucien Durand en 1954. En 1955 et 1956 ce sera la galerie Rive Droite. À propos de la maîtrise de César, le critique Alain Bosquet aura alors une jolie notation : « Le miracle dans l'affaire, c'est que la femme soit tout à fait femme, l'insecte totalement insecte et leurs composants des clous on ne peut plus clous. »
Puis en faisant ses nus et ses insectes lui viendra en 1956 l'idée de réaliser des reliefs. Il s'agit de grandes plaques verticales à la texture écailleuse. Ainsi dans « l'homme de Draguignan » existe une synthèse entre la ferraille apparente et le relief.
César n'hésite pas à se transformer en une sorte de chiffonnier. Avec sa camionnette, il fait tous les cimetières de voitures et visite les ferrailleurs. Son butin, il le transporte à Villetaneuse. Ainsi aura-t-il l'idée des compressions. Car rien n'échappe à son sens de l'observation. Sur les chantiers, il remarque que les camions écrasent les pièces dont le sol est jonché. Ainsi avec deux boîtes de sardines écrasées comme une galette sur une plaque de métal, il fera en 1957 un objet compressé qu'il nomme Le Déjeuner sur l'herbe.

■ Coup de foudre pour un mastodonte

1957, voilà pour lui l'année du grand chelem. Après la biennale de Venise, il expose à celle de Sao Paulo puis obtient le premier prix de participation étrangère à celle de Carrare. À Londres, la Hanover Gallery lui ouvre ses portes. Son épouse Rosine et lui-même sont enfin délivrés de cette gêne qui si longtemps leur colla aux talons. Le succès va aller crescendo. En 1958, il remporte le troisième prix du Carnegie Institute à Pittsburgh. Suivra la même année une médaille d'argent à l'Exposition

universelle de Bruxelles.
1958 sera encore le millésime d'un double coup de foudre. Le premier s'appellera Anna, sa fille qui vient de naître. Quant au second, il est typiquement césarien. À Gennevilliers, la Société française de ferraille installe une grosse presse. César est fasciné de voir ce mastodonte transformer des voitures en paquets de ferraille de plus d'une tonne. À son exaltation suit aussitôt le jugement artistique. Il va faire des compressions dirigées, il dose les charges, fait des paquets choisis. Du style : mettez-moi une voiture noire, deux capots rouges et douze pare-chocs. Ainsi peut-on obtenir l'effet recherché aux endroits voulus.
Dans sa bonne ville de Marseille où il n'avait pas mis les pieds depuis quatorze ans, il revient en 1960. Il y expose ses premières compressions de voitures au Salon de mai. Les réactions sont alors mitigées. César va adhérer au groupe des Nouveaux réalistes fondé par Pierre Restany qui préfacera une autre exposition de compressions à Londres.
La Victoire de Villetaneuse en 1963, Le Pouce en 1965 marquent une transition qui en 1967 débouche sur une innovation : la découverte du polyuréthane. Matière idéale qui reproduit le phénomène du lait qui bout. Cette forme molle l'enchante. Il produira La Grande Expansion orange qu'il exposera au Salon de mai.
Si 1993 vit l'installation d'une œuvre monumentale à La Défense, Le Pouce en bronze d'une hauteur de douze mètres, César en 1995 n'est pas près de mettre les pouces. Ne va-t-il pas présenter dans les galeries nationales du Grand-Palais à Paris la rétrospective réalisée par les musées de Marseille ? À 74 ans César n'a pas perdu la foi. Du reste, un autre César prénommé Jules l'écrivait : « les hommes croient ce qu'ils désirent. »

l'Humilité

César

*Dans tout acte de création, c'est toujours
la première fois. Angoissante et merveilleuse,
c'est elle qui vous apprend qu'on ne sait rien,
elle qui vous enseigne le sens terrible et
fascinant de l'humilité.
Voyez Picasso, Calder, ou Giacometti :
en dépit de leur immense talent,
peut-être même grâce à lui,
ils étaient restés humbles.
Ce n'est pas une question d'origine sociale,
ni de milieu. C'est l'attitude de celui
qui veut continuer à créer.*

NÉ À LA BELLE-DE-MAI, dans un quartier populaire de Marseille, je suis passé de la communale aux Beaux-Arts, sans transition. J'y ai même été professeur quelques années plus tard. Tous ceux que j'ai pu côtoyer là-bas étaient fils d'avocats, de médecins, de notaires ; baignés de culture dès l'enfance, ils avaient rêvé les brouillards de Turner ou déjeuné avec Manet, tandis qu'en moi ces noms n'évoquaient absolument rien : mon ignorance était totale. Pourtant, devant la nécessité de faire quelque chose — je répugne aujourd'hui encore à parler d'œuvre d'art —, nous nous retrouvions tous logés à la même enseigne, celle de l'erreur, du doute et de l'opiniâtreté.

À l'époque, j'ignorais tout de la créativité, sans quoi j'aurais peut-être renoncé devant l'ampleur de la tâche que je m'étais inconsidérément fixée. Tailler un bloc de marbre, sculpter un morceau de bois, ou travailler la terre n'est rien : contrairement à l'idée que l'on s'en fait généralement, la pratique, fréquente et régulière, y suffit. On peut tourner un pot, c'est facile, mais ce qui importe réellement, c'est ce que l'on met dedans. C'est cette part magique et indéfinissable que l'on apporte à la matière.

Posséder une bonne technique est à la portée de n'importe qui : ce qui l'est moins, c'est d'avoir quelque chose à dire. Tout réside dans la notion du message et de sa réciprocité. En effet, si la sculpture m'a permis de me rendre le monde intelligible, elle fut surtout pour moi un formidable moyen d'apprendre : dans une société qui veut que, sans les mots pour le dire, on soit jugé presque incapable de produire quelque chose d'intelligent, elle est un outil pour comprendre et me faire comprendre, pour apprendre aussi bien que pour enseigner.

L'artiste — s'il faut utiliser ce terme — participe du monde qui l'entoure, et doit penser son art par rapport à un environnement moderne. Penser une sculpture *in situ* ne permet pas de développer un sentiment de supériorité. *Le Pouce* en bronze, exposé à La Défense, en est une illustration parfaite, à plus d'un titre. Sa taille actuelle — douze mètres — l'intègre complètement à un environnement contemporain. Par ailleurs, s'il s'agit là d'un véritable travail de plasticien, ce n'est pas encore une œuvre de modelage : on ne peut donc pas parler d'œuvre d'art.

Pour en revenir à l'acte de création proprement dit, je me souviens d'avoir entendu dire : « Il faut faire un enfant à la nature. » En effet, il n'est pas question de la copier : elle est belle par elle-même. L'humilité du créateur va donc consister à la sublimer, à jouer avec elle.

J'ai souvent été amené à rencontrer Giacometti : à une certaine époque, nous habitions le même immeuble. Je me demandais alors pourquoi ses femmes étaient toutes si maigres, comme s'il s'était arrêté à sculpter l'armature de leur corps. Pour moi qui aimais tant la plénitude grasse des femmes de Maillol, c'était un pur mystère. J'ai fini par comprendre : ce que Giacometti recherchait, c'était l'espace. Ces femmes, que j'avais trouvées si maigres étaient devenues aussi grosses que celles représentées par Maillol, tandis que les femmes plantureuses de Maillol maigrissaient à vue d'œil ! La densité d'un corps ne se limite pas forcément à la mesure que l'on s'en fait.

En cuisine aussi, il faut savoir mesurer, calculer, peser. J'en suis quant à moi rigoureusement incapable ; Roger Vergé le peut et, indépendamment de sa toque remarquable, je l'admire aussi pour cela.

J'aime manger autant que j'aime les femmes, et je suis même capable à l'occasion d'assaisonner une salade ou de préparer une entrecôte à la pizzaïola dont vous me diriez des nouvelles — saisie, puis accompagnée d'une sauce à base de tomates fraîches et de câpres, c'est un vrai régal. Pourtant, je ne pourrais pas vous indiquer les quantités nécessaires à son élaboration, ce qui avait le don d'exaspérer mon ami Lino Ventura, lequel ne cuisinait jamais sans son livre de recettes. Bien sûr, je ne crois pas qu'il y ait une façon de faire meilleure qu'une autre ; je crois plus simplement qu'il y a des personnalités différentes, et des sensibilités qui s'accommodent mieux que d'autres de certaines méthodes.

J'ai eu l'occasion récemment de créer pour une école, et je me suis aperçu que la plupart des enfants ignoraient tout de la réalité tangible, immédiate de l'art. Certains d'entre eux ne possèdent pas cette forme d'esprit abstrait que l'on attend d'eux : leur intelligence autant que leur sensibilité exigent un rapport avec le concret que seules quelques écoles permettent de réaliser. On en trouve heureusement qui les « récupèrent », et leur offrent la possibilité de s'investir — et de réussir — dans un métier. Cela aurait pu être mon cas, avec plus ou moins de bonheur. En effet, si j'avais dû par exemple étudier la maçonnerie, j'aurais appris moi aussi à mesurer, à calculer, toutes choses pour lesquelles je me sais profondément inapte.

J'ai appris à dessiner parce que c'est la règle lorsque l'on étudie à l'Académie des beaux-arts ; il en a été de même pour Giacometti, Balthus, ou Matisse. Mais certains sont plus doués que d'autres, et laissent pressentir, à travers le dessin, la peinture ou la sculpture, un tempérament, une personnalité hors du commun. Je l'ai déjà dit : je préfère trouver chez un élève ces dispositions particulières qui ne s'enseignent pas plutôt qu'une technique impeccable, froide, mécanique et sans âme. Picasso disait souvent : « Tout ce que tu prendras de moi sera pour moi un honneur. » J'ai subi de nombreuses influences, été porté par de multiples courants, j'ai tracé quelques chemins que d'autres à leur tour ont bien voulu suivre ; chacun doit pouvoir allonger ainsi la chaîne d'un maillon supplémentaire, qui sera suivi d'autres.

Le passé inspire le présent : ma curiosité a puisé d'abord dans le passé, avant de se tourner ensuite vers des artistes contemporains. Je pense bien sûr à Giacometti, à Picasso, mais également à Duchamp, Bacon ou Calder. Ce que je fais aujourd'hui, je le leur dois : c'est un échange permanent des uns aux autres. Autrefois, l'artiste créait pour le roi, après quoi il a commencé de créer pour lui-même. De nos jours, il a enfin repris sa place au sein de la société dans laquelle il vit : il n'est plus solitaire et misérable comme le voulait la tradition romantique. Entièrement réintégré, il en est pleinement acteur. À travers de nouveaux espaces, il cherche à trouver de nouveaux langages ; les fontaines de Niki de Saint-Phalle et de Tinguely à Beaubourg, ou les sculptures mobiles de Calder à La Défense en font la démonstration.

Mais pour arriver à cela, il faut disposer soi-même d'un espace à soi, d'un lieu pour créer. Quand j'étais à l'Académie, je n'imaginais pas utiliser un jour d'autres matériaux que la terre ou la pierre ; sublimes, leur prix me les rendait aussi inaccessibles que l'atelier dans lequel, tel Rodin, j'aurais pu sculpter d'après un modèle. J'ai donc dû me tourner vers des matériaux moins nobles, des lieux moins lumineux, moins exaltants, plus abordables. La lumière, du moins, me fut donnée. J'en parle en Provençal, mais qu'importe le ciel : qu'elle soit de la Grèce ou du Midi, de Bretagne ou de Normandie, qu'elle soit chaude ou froide, elle est l'une des composantes essentielles de la beauté, visible en tous lieux pour qui sait la voir.

Mon lieu à moi, ce fut une entreprise de mobilier métallique à Villetaneuse. Parce que pour être sculpteur comme n'importe quel artiste, il faut un lieu.

Grâce à Germaine Richier et à Maillol, qui avaient ouvert la voie, et parce que j'étais déjà très attiré par Gargallo et Picasso, j'ai commencé d'utiliser des matériaux plus fous les uns que les autres. Par manque d'argent, mais également par jeu, et par goût. En 68, je m'amusais avec des polyuréthanes : on n'en a pas beaucoup parlé, d'ailleurs. Avec des copains, on rassemblait des étudiants autour d'un site — une université, un musée —, et j'apportais des polyuréthanes que je malaxais dans de grands récipients, avant d'y ajouter des agents gonflants. J'inventais des formes qui durcissaient en quelques minutes, après quoi je tendais aux étudiants des scies bon marché que j'avais pris soin de faire acheter, pour qu'ils s'en coupent un morceau comme une part de gâteau. *In situ*. C'est ce que les Américains appellent un *happening*. Selon moi, c'est avant tout une question d'échange.

Par tempérament, je ne suis pas collectionneur : cela explique sans doute que je ne me sois jamais préoccupé d'acquérir des œuvres imaginées par des artistes que j'apprécie pourtant ; du reste, je n'en possède pas même qui soient de moi. Toujours entre deux hôtels — ce qui n'est pas fait pour développer l'instinct de propriété —, j'aurais eu quelque difficulté, il est vrai, à m'abîmer dans cette sorte de contemplation de l'œuvre qui exclut tout esprit critique, ou qui s'abstient du moins de la juger. En revanche, certains artistes ont su se constituer au fil des ans de fantastiques collections d'œuvres d'art : je me souviens entre autres d'avoir admiré chez Arman une extraordinaire collection d'arts africains, et d'armures japonaises et la collection d'art contemporain de Bernar Venét est absolument remarquable !

Quant à moi, perpétuellement armé d'un marteau et d'un burin, je suis animé trop souvent par le besoin de modifier dans une œuvre ce qui me paraissait encore, deux jours auparavant peut-être, parfait ou presque. Je crois que c'est une question de nature ; étant d'une nature inquiète, je vis dans le doute. En insatisfait permanent, je suis toujours en train de me juger, de me corriger.

On ne peut pas toujours se reposer sur l'acquis : il suffit quelquefois de partir quarante-huit heures pour se faire une idée, mais il me paraît vraiment essentiel de prendre du recul par rapport à son travail, qu'il soit ou non achevé. Il arrive alors que l'on ait d'agréables surprises, et que l'on ose se dire enfin : « Tiens, c'est plus intéressant que je ne le croyais. » Mais ce n'est pas toujours le cas. Les causes en sont multiples. Il peut s'agir de la lumière — changeante selon l'heure du jour et de l'année —, de l'espace d'exposition — il ne s'agit pas toujours de celui qui avait été initialement choisi —, ou des matériaux qui ont déterminé son élaboration.

S'il est des œuvres que je ne pourrai jamais remettre en question, comme les compressions, il en est d'autres qui posent encore problème après qu'elles ont été achevées. Ainsi, lorsque je passe du côté de Saint-Germain, je ne peux m'empêcher de penser que le *Centaure* qui y est exposé — il s'agissait à l'origine d'un hommage que j'avais souhaité rendre à Picasso — pourrait supporter certaines améliorations : je n'en suis pas entièrement satisfait.

À l'inverse, à l'occasion de mes voyages, j'ai pu retrouver aussi des sculptures qui m'ont agréablement surpris malgré le temps passé depuis leur création, des œuvres au sujet desquelles j'ai pu me dire après coup : « C'est beaucoup mieux que je ne l'escomptais ! »

Il reste que la frustration, le goût amer de l'inachevé et la soif de perfection dominent : la matière ne se laisse pas si aisément séduire par le désir de l'artiste. Plus ou moins attirante, elle est comme une femme : semblable à toutes les autres par la forme, elle se singularise par une sensibilité différente, un langage à elle ; il en va ainsi pour la ferraille.

Installé dans la banlieue nord de Paris, et parce que je commençais à chercher ce que l'on appelle la belle ferraille, je me suis mis à fréquenter les ferrailleurs : et petit à petit, je suis également devenu plus sophistiqué. Dans ce monde de la récupération, un peu comme dans l'univers de ceux qui vont aux puces, il y a ceux qui savent, et il y a les autres qui marchent en aveugles.

Dans n'importe quel matériau, je cherche des solutions adaptées qui me permettent de le manipuler au mieux de ses spécificités, en jouant avec lui pour pouvoir le dominer : je cherche d'abord le sens qui est le sien, avant de seulement songer à lui imposer le mien. Il faut savoir écouter son instinct. Et faire travailler ses dons. Je crois profondément en cette part de don qui est indissociable de l'acte de création ; mais plus que tout, je suis fermement convaincu que tout au long de cet enfantement pénible et douloureux de l'œuvre, le don n'entre que pour dix pour cent. Sans lui, l'art serait impossible, mais c'est le travail qui va lui permettre de s'extirper de la gangue qui l'emprisonne, ce matériau initial dont l'artiste parvient à se jouer.

Pour reprendre une image qui m'est chère, les mains sont impuissantes à créer si elles ne communiquent pas avec le cerveau. Même si, parfois, un accident préside à la naissance d'une œuvre.

Enfin, par-dessus tout, certaines rencontres ont été pour moi particulièrement marquantes ; quand, à trente-cinq ans, un artiste n'est toujours pas reconnu, il cherche à se manifester, à se faire protéger. J'ai eu trente-cinq ans en 1955. Cette année-là, il y eut la biennale de Venise à laquelle je fus convié : pour la première fois, je pus exposer aux côtés de personnalités aussi importantes que Giacometti ou Adam. S'il peut sembler superficiel d'attacher un tel degré d'importance au fait d'être connu, il reste cependant indiscutable que, tout seul, on n'arrive à rien. C'est grâce à Picasso que j'ai pu faire une exposition à Vallauris ; et par leur soutien constant, Féraud et Nadal, que j'avais connus aux Beaux-Arts, m'ont aidé à devenir ce que je suis. Estimant que j'étais doué, ils m'ont en quelque sorte porté. Ils me disaient toujours : « Tu es doué. » J'étais peut-être doué, mais il n'en demeure pas moins vrai que j'étais inculte.

J'ai fait récemment une rétrospective à Marseille. Sans que j'en aie totalement conscience, ce fut vraisemblablement pour moi l'occasion d'offrir une part, si infime soit-elle, de ce que j'ai reçu.

Philippe Desmarescaux

La Création

PROFIL :
PHILIPPE DESMARESCAUX

Il était une fois un homme des villes qui vit le jour comme homme des champs. Toutefois, sa mutation citadine devait l'amener à s'occuper, entre autres, du monde agricole. Et si l'histoire de ce grand patron commença le 16 juillet 1938 dans un gros village du nord de la France, les activités présentes de notre personnage se ramifient en un éventail de cent quarante pays.

CAR C'EST aux quatre coins de la planète que rayonne Rhône-Poulenc. Premier groupe chimique français, il se classe au septième rang à l'échelle mondiale. Sa polyvalence embrasse les intermédiaires organiques et minéraux, les spécialités chimiques, les fibres et polymères, l'agrochimie et un vaste secteur santé qui s'étend des sérums et vaccins à la pharmacie humaine en passant par les produits vétérinaires et la nutrition animale. En 1993, le chiffre d'affaires consolidé atteignit 80,6 milliards de francs (58,8 de ventes à l'étranger). Huit pour cent de cette somme, soit 6,4 milliards, furent investis dans la recherche et le développement. Ajoutons que les effectifs de « l'armée » du groupe s'élèvent à 81 678 personnes dont 35 332 stationnées sur le territoire français. À sa tête, on trouve le directeur général Philippe Desmarescaux. Il représente le fameux cas d'ambivalence urbaine et rurale auquel nous faisions allusion.

■ Rhône-Poulenc joue le Concerto champêtre

Caestres, non loin de Cassel et d'Hazebrouck, est le village natal de Philippe Desmarescaux. Cet arrondissement n'appartient pas au Nord ch'timi mais au Westhoek flamand, pointe extrême poussée par l'ethnie néerlandaise sur le territoire français. Si la toponymie et, dans une moindre mesure, le style de vie témoignent encore de ces origines, l'usage de la langue flamande s'est, au fil des décennies, rétréci comme la peau de chagrin. Tandis que le grand-père de Philippe Desmarescaux le parlait encore

couramment, lui-même n'en retient que quelques bribes.
Si, comme l'affirmait Sully, « labourage et pâturage sont les deux mamelles de la France », ce nord du Nord paraît alors bien français. Au sein de ce contexte agricole, les activités de la famille Desmarescaux tournent autour de la polyculture et de la fromagerie. Si Philippe opta pour une voie différente, ses six frères et sœurs s'inscrivirent dans cette tradition séculaire. En 1977, ils créèrent la marque de produits laitiers Steenvoorde dont les camions sillonnent les routes de l'hexagone.
Tout jeune, Philippe Desmarescaux affirme sa vocation pour la chimie et la physique. Après de solides études secondaires effectuées au collège catholique d'Hazebrouck, il descend à Paris et fera math sup. et math spé. au lycée Lavoisier. Toujours à Paris, on le retrouve à l'École nationale supérieure de chimie dont il reçoit le diplôme. Il y adjoindra un doctorat ès sciences physiques.
En 1961, ses débuts professionnels restent placés sous le signe de l'étude car il entre au CNRS comme attaché de recherche. Sa spécialité sera l'électrolyse à l'état solide. Cette recherche qu'il n'abandonnera jamais, il la poursuit chez Progil à partir de 1966. Il s'agit de l'une des sociétés chimiques qui constitueront quelques années plus tard le groupe Rhône-Poulenc. Il y met au point un programme d'étude de l'électrolyse du chlore qui reste toujours exploité.

1974 sera pour lui une sorte de retour à la terre. Il est, en effet, nommé directeur des recherches de la division agrochimie du groupe Rhône-Poulenc. Au sein de cette section, il sera successivement directeur du marketing et de l'export, directeur général et président-directeur général en 1982. Parallèlement à ces fonctions, il assume de 1980 à 1982, celles de directeur général de la division spécialités chimiques. Dès 1980, il siège au comité exécutif du groupe Rhône-Poulenc.
Si le phytosanitaire et l'agro-alimentaire restent en quelque sorte ses violons d'Ingres, la responsabilité en incombe peut-être à ses origines terriennes. Fort de ses connaissances, il est parfaitement conscient que longtemps un décalage exista entre ces deux systèmes de valeurs que représentent le monde industriel et le monde agricole. En matière écologique demeurait un passif à récupérer. Ces écarts se trouvent en voie d'être résorbés. Naguère, les doses de matières chimiques utilisées à l'hectare se chiffraient par kilos. Aujourd'hui, il s'agit de quelques grammes de produits dégradables. En frôlant le degré de nuisance zéro, la recherche de pointe parvient peu à peu à éliminer les scories inhérentes aux balbutiements du progrès. Cependant, à propos des avancées techniques, il serait indécent de faire la fine bouche. Songeons à ces criquets venus du Sahel. Lorsque, formant une masse de cinquante tonnes, dix milliards de ces individus s'abattent sur plusieurs milliers

d'hectares de terrain, la végétation entière est anéantie. Une telle remise en mémoire aide à comprendre que le remède n'est pas pire que le mal.
Il y a de l'ubiquité chez Philippe Desmarescaux. Ses responsabilités qui, au fil des années, s'accrurent de manière quasi exponentielle (en octobre 1994, il fut nommé président du secteur chimie de Rhône-Poulenc) l'amènent à dévorer du kilomètre par blocs de cent mille.
Homme à vocation internationale, en 1986, il présida la filiale américaine du groupe Rhône-Poulenc.
Outre-Atlantique, Rhône-Poulenc qui, le 15 juin 1995 fêtera son centenaire, pèse un poids considérable.
Comme aux États-Unis, le prestige culturel de la France n'est pas moins étendu, Rhône-Poulenc tient compte de ce facteur. Lorsque à New York ou dans quelque autre ville, le groupe monte une opération de relations publiques, outre le buffet français, on offre aux invités un concert de... Francis Poulenc. Car, né en 1899, le compositeur était issu de la famille fondatrice. En écoutant l'adagio de son Concerto champêtre, *les Américains éprouvent sans doute l'impression qu'au sein des dynasties industrielles françaises, même les rameaux artistiques inscrivent leur inspiration dans la ligne de l'entreprise.*

La Création

PHILIPPE DESMARESCAUX

Avec mes connaissances,
qui ont leurs limites, et mes intuitions,
qui doivent compenser, avec le temps,
quel que soit l'angle sous lequel je me place,
je ressens cette formidable pousseé
faisant évoluer le monde,
et plus largement l'univers, avec un tel
souci de perfection et de sophistication
qu'elle offre, ce faisant, à l'homme,
à la fois acteur et spectateur,
de nouvelles conditions de développement
et d'épanouissement.

COMME ÉLÉMENTS DE PREUVE de cette poussée évolutive, qu'il me suffise d'abord de rappeler le point de vue de l'homme de science, qui tend à mettre en évidence l'expansion de l'univers à partir d'un *big bang* initial, ce qui semblerait jeter un pont entre la physique nucléaire et l'astrophysique, l'infiniment petit et l'infiniment grand ; de souligner le point de vue de l'ingénieur, qui cherche à augmenter les performances des matériaux en contrôlant l'ordre de leur structure ; de signaler aussi le point de vue du biologiste, qui constate la sophistication progressive des êtres vivants, depuis le protozoaire jusqu'à l'homme, qui fait progresser quotidiennement la connaissance des gènes de l'espèce humaine et des mécanismes fondamentaux de la vie, et qui participe encore à l'élaboration de nouvelles thérapies ; de parler enfin du point de vue du simple citoyen, acteur économique, qui se rend compte du progrès de l'organisation de l'État et de l'économie, sans parler des libertés nouvelles qui lui sont offertes.

Vers une conscience toujours plus organisée de l'univers

Certes, il faut prendre une échelle de temps convenable, adaptée : le siècle plutôt que l'année, pour apprécier tous ces progrès. Et il faut reconnaître qu'il y a des périodes de régression. Cependant, malgré ces dernières, se dégage indiscutablement une tendance générale : la grande spirale de la vie s'élève irrésistiblement par relais, suit la ligne maîtresse de son évolution ; une conscience toujours plus organisée de l'univers passe de main en main et son éclat grandit.

Tout geste, tout acte, toute pensée, est à l'origine d'une cascade de conséquences influencées par la dynamique initiale et débouchera finalement sur un pas en avant ou un recul pour l'univers, pour l'humanité : une naissance, une vie sauvée ou un avortement ; une innovation, un emploi créé ou sauvé, un progrès technique, économique ou social ; une parole réconfortante ou un regard de haine, ou même d'indifférence, un simple battement d'aile de papillon peut transformer le monde.

Nous pouvons tous, nous devons tous, participer à cette création. Chacun doit le faire avec ses talents, en assumant ses limites, ses insuffisances, mais surtout avec la conscience de participer à une grande œuvre, à la grande aventure de l'humanité, en communion — pour ceux qui ont la foi — avec Dieu, créateur suprême, qui a mis en l'homme les moyens de sa propre création. Et c'est aussi une façon simple de rassembler, de concerter : l'action et la réflexion ou la méditation ; la réalité et le rêve, ou l'espérance ; le quotidien et l'éternel.

Il ne faut pas croire que cette mission est réservée à une élite politique, économique, scientifique ou religieuse. Il ne s'agit pas d'écrire l'histoire qui ne retient que l'essentiel ou le superficiel, mais de construire un monde, une humanité complexe, sophistiquée, riche d'opportunités, pouvant offrir les bases, les fondements, d'un nouveau pas de progrès pour les multitudes de demain qui exerceront à nouveau leurs talents, leurs libertés et assumeront à leur tour leur part de création.

Comme l'écrivait Teilhard de Chardin : « Plus je m'analyse, plus je découvre cette vérité psychologique que nul homme ne lève le petit doigt pour le moindre ouvrage sans être mû par la conviction plus ou moins obscure, qu'il travaille infinitésimalement pour l'édification de quelque définitif, c'est-à-dire l'Œuvre de Vous-même, mon Dieu. » Plus prosaïquement, Bernanos disait : « On n'attend pas l'avenir comme on attend le train : on le fait. » Il s'agit donc d'une œuvre collective qui ne peut se faire qu'en nous intégrant dans diverses communautés comme l'entreprise, l'association, les affaires de la cité, et l'Église. Œuvre qui doit être faite pour l'homme, pour tous les hommes.

Cependant, comment participer à une telle création dans l'ambiance pessimiste de cette fin du XXe siècle, marquée par une forte récession économique qui frappe surtout les plus faibles, et par des luttes religieuses extrémistes parmi les plus obscures ? Évitons de tomber dans un tableau trop sombre, n'oublions pas toutes les avancées qui ont marqué cette époque. Par exemple, les progrès fantastiques des communications qui permettent à un grand nombre de connaître le monde par le son, l'image ou le contact direct. Et revenons donc concrètement à ce que peut vouloir dire, aujourd'hui, pour un responsable d'entreprise, participer à la création.

Participer à la création

Participer à la création, c'est tout d'abord contribuer à l'évolution des connaissances technologiques, en pratiquant une certaine prudence. Car un fait nouveau, une innovation, ne doit être exploité de façon générale qu'après avoir mesuré tous les risques secondaires et les effets à long terme. Aussi, pour progresser, faut-il renforcer la coopération entre la recherche fondamentale universitaire, et la recherche industrielle appliquée, et faciliter un langage commun. Cette nouvelle approche s'est développée en France depuis le début des années quatre-vingt, grâce à un changement des mentalités et avec l'aide de personnalités scientifiques qui ont su passer outre les tabous et engager leur autorité dans cette voie. Nous avons pu, dans le groupe Rhône-Poulenc, apporter notre part à cette évolution en lançant, par exemple, le programme Bio-Avenir, en coopération avec l'Inserm, le CNRS et l'INRA. Ce rapprochement devrait ouvrir de nouvelles voies dans la thérapeutique du cancer et dans celle des maladies du système nerveux. Cependant, les industriels devraient aller plus loin, et aborder l'étude sociologique de l'impact de nouvelles technologies, de nouveaux produits. Et à partir de ces études d'impact, il faudrait favoriser au niveau de la recherche, les connaissances qui représentent une priorité pour notre avenir.

Changer les mentalités

Participer à la création, c'est aussi favoriser l'interaction entre le monde professionnel et le monde professoral. Il faut accepter des remises en cause fondamentales et trouver les moyens nouveaux de leur mise en œuvre, en mettant en route quelques expériences isolées pouvant servir d'exemple. En effet, la situation est dramatique dans les universités, mais tout aussi préoccupante dans les grandes écoles d'ingénieurs qui n'ont pas la dimension internationale, la pluridisciplinarité nécessaires pour réussir dans un climat de plus en plus compétitif.

Mais, par-delà les problèmes liés à la qualité de l'enseignement, aux domaines scientifiques à couvrir, et à l'ouverture internationale, il faut avant tout assurer la formation d'entrepreneurs, de meneurs d'hommes, de créateurs, alors que, bien souvent, nos écoles préparent des nantis qui se croient protégés par leurs diplômes, qui recherchent la sécurité et non pas le combat, et préfèrent l'administration à la PME en création. Préparer très tôt nos jeunes à devenir responsables, autonomes, indépendants et surtout créateurs, c'est assurer les emplois de demain.

Défier l'avenir

Participer à la création, pour finir, c'est savoir diriger une entreprise, en faisant face à court terme et à long terme, avec perspicacité et courage, à chaque événement. C'est aussi prendre en compte les effets et les conséquences lointaines de son activité et de ses produits. En effet, nous ne pouvons laisser en héritage aux générations futures, nos friches industrielles, nos déchets à risques parfois, nos carcasses de voitures... En tant que chimistes, nous n'avons pas toujours eu bonne conscience. Après avoir servi aveuglément et abondamment la société de consommation, l'industrie chimique accusée pour ses excès dans les années soixante, a dû se remettre en cause en récupérant au mieux un passif, et en optimisant ses produits, avec le souci de la sécurité et de la santé de l'homme. Ainsi que de la préservation de son environnement.

Demain, en utilisant tout son nouveau savoir, toutes ses nouvelles technologies de pointe, la chimie pourra aider de nombreuses industries situées en aval, à prendre en compte de nouvelles exigences : recyclage du papier et des matériaux divers, peintures sans solvants, détergents biodégradables, traitement des eaux, etc.

Mais le véritable défi est devant nous, dans les années 2025, avec une population de plus de dix milliards d'hommes, revendiquant un niveau de bien-être très supérieur au nôtre, et exerçant leurs activités avec une conscience encore plus aiguë de l'importance de l'environnement. Il est donc temps de préparer le monde de demain. De former les nouvelles générations à relever ce grand défi. Et de s'appuyer fermement sur le progrès scientifique et technologique, pour faire émerger des solutions nouvelles.

« Si le passé est inutilisable, le présent insaisissable, le futur imprévisible, il faut faire appel à l'utopie. Il faut percevoir dans le présent, le possible ignoré et ne pas attendre de tout savoir pour prendre le risque de l'action. » (Paul VI.)

C'est le moment plus que jamais pour chacun d'entre nous de participer à la création.

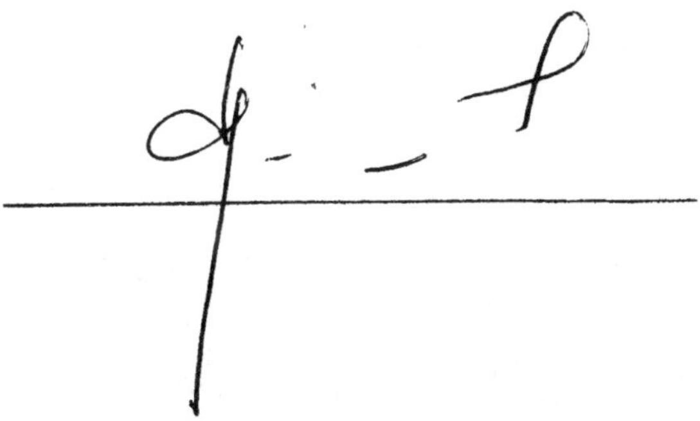

ROLAND DUMAS

La Tolérance

PROFIL: ROLAND DUMAS

D'une génération à l'autre, cette famille eut la veine lyrique. Ainsi, de son grand-père, Roland Dumas hérita d'une belle voix de ténor. L'espace de trois années, il cultiva ce don au conservatoire de Paris. Bernard Lefort, futur patron du palais Garnier y fut son condisciple. Tous deux travaillèrent sous la houlette de Jeanne Goupil.

LES LIVRETS de nombreux opéras, Roland les conserve en mémoire. Ténor de renom, il l'est du reste devenu. Toutefois, une bifurcation a marqué sa carrière. Ce fut en qualité de ténor du barreau qu'il accéda à la notoriété. La scène ne lui est pas pour autant demeurée étrangère.

Il s'agit, en l'occurrence, de la scène internationale. Successivement, il détint, en effet, le portefeuille des Affaires européennes, puis celui des Affaires extérieures. Ce survol global d'une carrière fertile en zigzags amène une question : aussi doué puisse-t-il être, comment un homme de prétoire peut-il de plain-pied embrayer sur les champs de mines posées par l'actualité aux quatre coins de la planète ? La raison en est que, toujours, maître Roland Dumas fut un personnage aux activités protéiformes. À côté de ses études de droit, il a passé le diplôme de l'École libre des sciences politiques. Notons qu'il apprit également à s'exprimer couramment en anglais, allemand, russe, espagnol et italien. Il possède même quelques rudiments de chinois. Parallèlement, il entama une brillante carrière de journaliste avec la politique étrangère pour spécialité. Le regretté Pierre Charpy qui fut son confrère à l'Agefi évoquait ainsi cette période : « Nous avions pour Roland Dumas de l'admiration. Debout à cinq heures pour être au journal à six heures, il prenait des cours de chant l'après-midi. Le reste du temps, il faisait son apprentissage d'avocat en bûchant ses dossiers jusque tard dans la nuit. » Au sens noble de ces mots, Roland Dumas apparaît donc touche-à-tout et tâcheron à la fois.

■ Affaires étrangères sur le terrain

Il voit le jour le 23 août 1922 à Limoges. À la force du poignet, son père, Georges Dumas, s'est hissé du rang de modeste fonctionnaire à celui d'inspecteur des finances. La mouvance familiale s'inscrit dans la tradition de la gauche radicale socialiste. On y retrouve l'athéisme, le libéralisme et le pacifisme chers à Jean Jaurès. À l'aube de la guerre, Georges Dumas est mobilisé comme capitaine d'aviation. Au lendemain de la défaite, il s'impliquera totalement dans la Résistance. Arrêté par les Allemands, il sera fusillé à Brantôme (Dordogne) le 26 mars 1944. Aujourd'hui, une avenue centrale de Limoges porte son nom.

En dépit des typhons, le jeune Roland poursuit ses études. Fait rare à l'époque, au lieu de choisir la ligne classique avec latin et grec, il a opté pour le bac moderne placé sous le signe des maths et des langues vivantes. À Lyon, il commence son droit et les sciences politiques. Puis, à l'image de son père, il participe à la Résistance. Arrêté en 1942, il parvient à s'évader.

À l'issue des turbulences consécutives au conflit, c'est à Paris qu'il reprend le collier estudiantin. Avec succès, il court plusieurs lièvres à la fois. À l'École des langues orientales, il s'initie au russe et au chinois. Une bourse de deux ans lui permettra ensuite d'aborder l'anglais à Londres.

Dès 1946, il se lance dans le journalisme. D'abord modeste rédacteur-traducteur à l'Agence économique et financière, il passe ensuite à un autre média : Le Journal. Féru de politique étrangère, on lui confie de grands reportages. Le monde arabe et musulman devient sa spécialité. Il interviewe aussi bien Mossadegh, Premier ministre du shah d'Iran que Neguib, le général putschiste égyptien qui a renversé le roi Farouk. Ses articles dénotent une rare clairvoyance. En 1951, à propos du clergé islamique, il écrivit : « Directement mêlé à la vie politique, il a repris en mains toute la population. »

■ Barreau, l'ascension fulgurante

Le glissement de Roland Dumas vers le barreau ne sera pas une conséquence du fameux principe selon lequel « le journalisme mène à tout à condition d'en sortir. » Il s'agira d'un choix délibéré. Ses antécédents paternels ne seront pourtant pas étrangers à la réussite de cette mutation. Deux anciens de la Résistance, camarades de Georges Dumas dans la clandestinité, choisiront, en effet, le jeune avocat comme défenseur.

Le premier cas est celui de Georges Guingouin. Instituteur devenu chef de maquis FTP, il est accusé en 1953 de crimes commis par des maquisards incontrôlés. Roland Dumas plaidera « la politique » et obtiendra l'acquittement. Quant à Jean Mons, secrétaire général de la Défense nationale, on lui imputera

des fuites au profit du parti communiste lors de la guerre d'Indochine. En se fondant sur le dossier, Roland Dumas parviendra à le démontrer : seuls sont coupables deux fonctionnaires placés sous les ordres de Jean Mons. Ce dernier sera donc acquitté.
Grâce à ce double succès, voici maître Roland Dumas sur les rails. Au fil des décennies on le retrouvera dans les affaires Ben Barka, Markovic et de Broglie. Il deviendra aussi défenseur du Canard enchaîné.

■ De la politique et des beaux-arts

Ce contact permanent avec la politique incite notre Rastignac à faire le grand plongeon. Famille, amis, clients, tout l'amène à regarder vers la gauche. En 1953, la rencontre de François Mitterrand fera fonction d'étincelle. À l'époque, le futur président de la République se trouve à la tête de UDSR, parti charnière de centre gauche. À partir de 1956, Roland Dumas siégera à l'Assemblée nationale sur les bancs de ce mouvement. Puis, au lendemain du ténébreux « attentat » de l'Observatoire, il sera témoin à décharge lors de l'inculpation de son ami François Mitterrand pour outrage à magistrat.
La politique militante ne monopolise tout de même pas son attention. La carte du parti socialiste, il ne la prend qu'en 1972. Et il faudra attendre l'élection de François Mitterrand à la présidence pour voir Roland Dumas prendre place au sein du groupe socialiste au Parlement.
En fait, avant 1983, date à laquelle son premier maroquin (les Affaires européennes) lui sera attribué, il s'est largement investi dans sa carrière d'avocat. Son talent et son art de la négociation le classent au sein du peloton de tête. Au 28 de la rue de Bièvre, son cabinet est voisin de la résidence de François Mitterrand. En dehors des nombreuses affaires politico-pénales déjà évoquées, un goût marqué pour les arts et les lettres l'ont conduit à se spécialiser également dans les affaires touchant à ces domaines. Ainsi défendra-t-il les intérêts de Chagall et de l'Opéra. Mais il s'occupera tout aussi bien des héritiers de Giacometti, de Braque ou de Jacques Lacan.
Le cas de Pablo Picasso est particulier. Du vivant de celui-ci, une profonde amitié a lié les deux hommes. Après la disparition du maître, Roland Dumas prendra en mains les intérêts de sa veuve Jacqueline. Car le montant de l'héritage à partager est fabuleux. Il atteint 1,251 milliard de francs 1977. Cependant, l'affaire dépasse le cadre d'une histoire de très gros sous. Toujours Pablo Picasso se trouva en osmose politique et morale avec son ami et avocat. Aussi va-t-il lui confier une mission délicate. Guernica, le chef-d'œuvre consacré à la guerre civile espagnole, Picasso entend bien le voir un jour regagner son pays d'origine. Mais à ses yeux, ce rapatriement ne

saurait intervenir avant le rétablissement de la République. Or, en 1973, à la veille de sa disparition, l'artiste, s'il constate une évolution outre-Pyrénées, ne sait pas davantage que quiconque comment la situation va évoluer. À Roland Dumas, il laissera le soin de déterminer l'époque opportune. Six ans après la mort du général Franco, le 10 septembre 1981, Guernica *sera accroché dans une salle du musée du Prado à Madrid. Car si la République n'a pas été proclamée, une monarchie libérale place désormais le pays sous le signe des lumières et de la tolérance, valeurs pour lesquelles Roland Dumas a toujours combattu. Sa récente nomination à la présidence du Conseil constitutionnel va lui permettre de persévérer dans leur pratique.*

La Tolérance

ROLAND DUMAS

L'Antiquité ignorait la tolérance.
Cette notion est, sans nul doute,
une valeur moderne.
Un comportement individuel éclairé
par un thème de référence universel.
Pascal qualifiait d'intolérance
« la tyrannie de l'esprit qui fait
que l'on veut imposer à autrui
une opinion que l'on ne peut obtenir que
par d'autres voies. »

S'ACHEMINER SUR LA VOIE de la tolérance implique donc un combat personnel. Celui qui consiste à trouver le juste équilibre entre sa propre conviction et le respect de celle d'autrui, sans pour autant se priver de l'action.

On a toujours la faiblesse de croire que l'on est tolérant. Et s'il m'arrive parfois de me prendre en flagrant délit de défaut de tolérance, aussitôt, je me corrige. Juste corollaire d'une démarche d'hygiène mentale fondée sur la surveillance de soi. Mais je me garde, toujours, à trop vouloir me contrôler, de ne point m'autoriser. Car à qui veut entrer dans son domaine, la tolérance impose aussi de se déterminer. Tout en se fixant des limites. Pour reprendre un précepte cher à Voltaire, « je refuse très peu de chose mais je tâche de refuser les mêmes choses à tout le monde et de ne point m'écarter des principes que je me suis faits. » De l'éducation, de la réflexion personnelle, et de cet ingrédient difficile à cerner que l'on qualifie d'inné dépend notre aptitude à la tolérance.

Mais c'est dans la pratique de celle-ci qu'un homme forge son évolution. Socialiste et probablement laïc, mon père s'est un jour porté au secours d'un prêtre, maltraité dans la rue par quelques athées un peu excités. Cet exemple m'est resté en mémoire et fait partie de mon acquis. Anticlérical moi-même, étant jeune, je me laissais gouverner par des idées révolutionnaires et « péchai » par excès d'athéisme. À cette époque, désireux que j'étais d'entrer au barreau, je me pris cependant d'intérêt pour un homme d'Église, en outre très bel orateur, le révérend père Riquet. J'allais souvent écouter ses prêches, à Notre-Dame. Cela aiguisa ma raison. Il devint un ami et le resta jusqu'à la fin de sa vie. Je ne dis pas qu'il m'ait convaincu. Mais rejeter l'idée d'une autre approche métaphysique de ce qui relie l'individu à l'existence ou à la non-existence de Dieu, eût confiné à de l'intolérance. La religion est un débat que j'aurai avec moi-même pendant longtemps. Mais je resterai fondamentalement laïc...

À ce titre, je fus l'un des premiers à dénoncer dès 1974 dans *L'Avenir socialiste*, l'esprit théocratique des institutions d'Israël. La tolérance découle aussi d'un effort élémentaire d'objectivité. Son seuil minimum est le respect de l'existence physique de chacun. Le maximum, ce doit être la quête au travers de l'autre de sa propre vérité... En fait de vérités il en existe bien sûr d'établies. On ne saurait sous la bannière de l'ouverture d'esprit, transiger avec la justice, ou encore faire l'apologie du crime. Devenu avocat, j'eus pour devoir d'expliquer les situations qui conduisent quelqu'un à commettre une faute envers la société. La profession de défenseur n'incline pas plus qu'une autre à transgresser les bornes de la tolérance : il ne s'agit pas de cautionner des actes objectivement répréhensibles. Mais la fonction vient renforcer la belle et juste idée de Marguerite Yourcenar : « Quelle que soit la noirceur d'un homme, il y a quelque chose en lui qui mérite d'être défendu, proposé. » Convaincu, ou non, de l'innocence de son client, un bon avocat doit donc se tirer d'affaire par la seule portée de sa démonstration. Où, ailleurs que dans une cour de justice, l'écoute de l'argumentation d'autrui trouve-t-elle meilleur terrain d'apprentissage ? Mais l'avocat est avant tout celui que l'on appelle quand on se trouve dans la détresse. Il doit placer son honneur au-dessus de sa carrière, et remplir une mission avant d'exercer un métier. J'ai eu, il est vrai, le privilège de plaider des causes qui, pour certaines, ont accru ma notoriété. J'ai défendu en 1960 les membres du réseau Jeanson, poursuivis pour aide au

FLN algérien. Je fus partie civile en 1965 pour la famille Ben Barka contre les auteurs de l'enlèvement, en plein Paris, du *leader* de l'opposition marocaine.

Pour célèbres qu'aient été ces affaires, j'y ai défendu le droit à la liberté d'expression. Qu'il s'agisse d'activisme politique face à la dérive totalitaire d'un régime, ou d'opposition intellectuelle à la morale établie par le biais de littérature ou de tout autre travail artistique, ce droit est inaliénable. Le cas Roger Gilbert-Lecomte, dont je me chargeai en 1969 est, à ce titre, exemplaire. À l'écart du mouvement surréaliste, ce jeune poète avait formé à quinze ans au lycée de Reims, avec ses amis René Daumal et Roger Vailland, le groupe des Frères simplistes. Quelques années plus tard, il prônait dans la revue du mouvement, *Le Grand Jeu*, la déstabilisation de toutes les certitudes ancrées par des siècles d'éducation morale rigide et l'avènement d'une poésie mystique et nihiliste totale. Gilbert-Lecomte usait de drogues dures pour atténuer sa douleur existentielle et traduire, à travers ses textes, les défaillances de la conscience. À sa mort en 1943, son œuvre revint naturellement à son père.

Avant de décéder à son tour, ce dernier désigna comme légataire universelle, une femme n'ayant aucun lien de sang avec la famille, la gouvernante, madame Urbain. Contre le désir des amis du poète, elle s'opposa à la parution de la correspondance de Roger Gilbert-Lecomte, prétextant « que le jeune homme avait assez fait souffrir sa famille de son vivant, et qu'il était hors de question de continuer après sa mort. » Malgré la volonté de l'héritière, le tribunal autorisa ladite publication, réclamée par les amis de l'écrivain et le ministre de la Culture d'alors, André Malraux. La justice reconnut que madame Urbain possédait bien un droit de regard sur l'œuvre mais que, par ailleurs, elle outrepassait ce droit. Cette affaire fut l'une des premières brèches dans l'attitude abusive dont font preuve les héritiers de certains auteurs. Les circonstances, et mon intérêt pour la propriété littéraire et artistique du point de vue juridique, m'ont, il est vrai, souvent permis de concilier mon plaisir intellectuel et professionnel. Mon métier m'offrit le bonheur de côtoyer des artistes qui pèsent sur le patrimoine culturel et sur les valeurs du XXe siècle. Leurs œuvres matérialisent le sens, profond, de l'humanisme.

André Malraux disait que « l'histoire de l'art entière, quand elle est celle du génie, devrait être celle de la délivrance : car l'histoire tente de transformer le destin en conscience, et l'art de le transformer en liberté. » À sa manière, Pablo Picasso m'investit d'une mission historique qui allait dans ce sens, lorsqu'il me confia de son vivant, le sort de son chef-d'œuvre *Guernica*. Il me laissa juger du jour où, après le rétablissement des libertés démocratiques, le tableau reviendrait enfin en Espagne... Ainsi, il n'y a de tolérance que dans l'engagement individuel pour un principe universel et les artistes l'ont toujours merveilleusement démontré. Mais cette éthique, applicable par tous et pour tous est trop souvent malmenée. Constat d'autant plus triste s'il surgit à la lumière de ce que l'on a coutume de nommer les grandes circonstances d'une existence.

« S'il faut être juste pour autrui, il faut être vrai pour soi, soulignait Rousseau, c'est un hommage que l'honnête homme doit rendre à sa propre dignité. » Par deux fois, vrai pour moi-même, je fus bien obligé de l'être. D'abord pendant l'Occupation, puis durant la guerre d'Algérie, sur la question essentielle du colonialisme. Soit dans deux contextes différents et charnières de notre histoire qui se chargèrent, sans ménagement, d'affiner l'échelle de mes valeurs. En me révélant simplement, dans le désordre du moment, une tautologie : que la grandeur des comportements humains ne se puise nullement à la source de leur milieu social, de leur foi, ou de leur option politique. Louis Aragon, dans *La Rose et le Reséda*, son magnifique poème sur la Résistance, le formulait plus élégamment :

Celui qui croyait au ciel, celui qui n'y croyait pas,
Fou qui songe à ses querelles au cœur d'un commun combat.

Pendant l'Occupation, j'ai côtoyé de francs salopards de gauche, des grands clercs de droite et des religieux agissant comme des héros. Sur la question algérienne, j'ai observé des comportements de socialistes, ou de proches de mon parti qui ne furent guère admirables et à l'inverse, ceux de bons bourgeois libéraux qui furent très dignes. J'ai assisté en somme, à la division des hommes en fonction de valeurs ou de références qui n'étaient pas celles que j'aurais imaginées.

De tout cela, il reste tout de même un enseignement. Que les clivages moraux ou intellectuels se manifestent rarement là où on les attend. Ils apparaissent à la lumière d'un événement, ou d'une situation qui interpelle personnellement notre conscience. Pourtant, combien de fois m'a-t-on demandé si la tolérance était une valeur de gauche ? Ou si la conviction politique ne ramenait pas fatalement la pensée sur les sentiers du dogme ? J'appartiens depuis fort longtemps à un mouvement dont la philosophie et les idées ont pour but la transformation de la société. Aurais-je dû, par peur de faire naître une confrontation avec moi-même, me priver d'assumer, au sein de l'État, une charge me permettant de les faire avancer ? La foi qui n'agit point, est-ce une foi sincère ? Disposer du pouvoir de décision implique de trancher en respectant au mieux ses convictions. Il ne signifie pas que l'on doive manquer de respect à un point de vue contraire. Quant à la gestion de ses contradictions, elle est inhérente à l'exercice de la politique. Tenter de faire évoluer les mentalités d'une société, ou orienter l'avenir d'un pays otage d'un environnement international s'accomplit dans la durée. Il en résulte un nécessaire arbitrage entre l'idéologie ou l'idéal et la réalité de la vie publique. C'est de cette collusion entre la poursuite d'un dessein et le respect des paramètres existants que surgit le recours à la tolérance.

Les alliés tout désignés sont alors la patience, la détermination, et la conscience profonde de ce qui est utile et juste. Le but est de convaincre sans imposer, puisque « toute contrainte sur le dogme est abominable » comme le résumait si bien la pertinence de Voltaire et « qu'ordonner de croire est absurde. » L'une des vertus de l'homme d'État réside dans sa capacité à la conciliation. Le ministère qui me fut confié, les Affaires étrangères, est un de ceux qui exigent le plus de tempérance. Et soumet quelquefois à rude épreuve le plus solide sens de la réserve. D'inévitables relations d'État à État imposent d'entretenir des rapports de bonne intelligence avec des régimes qui outrepassent les commandements élémentaires des droits de l'homme. Toutefois, le souci de diplomatie et les contraintes imposées par les rapports officiels qui incombent au ministre ne l'empêchent heureusement pas de conserver son opinion. Ou, plus subtilement, de rester sur son quant-à-soi et marquer son désaccord en adoptant la plus stricte sobriété de comportement. C'est malheureusement l'attitude qui prévaut, lorsqu'on voyage dans une grande partie du monde. Je n'étais pas encore ministre lorsque j'eus la malencontreuse idée de me rendre dans la Grèce des « colonels ». Certes, une tyrannie, en Grèce, n'a jamais produit les effets exorbitants qu'elle aurait pu connaître ailleurs. Néanmoins, la tristesse que dégageait alors ce pays pourtant chargé de la lumière des dieux, m'est aujourd'hui encore indicible. Au moment où nos concitoyens se détournent des urnes, saturés paraît-il, d'une surdose d'élection, peut-être serait-il souhaitable qu'ils méditent ce que signifie, dans un pays dit « civilisé », cette absence première de « civilité » qu'est la disparition de toute élection libre...

Pour ma part, j'ai cherché très tôt à appréhender hors de nos frontières la différence de mentalités ou les atavismes culturels responsables du déterminisme des peuples. Étudiant, je me suis passionné pour les langues et en tant que journaliste, dans les années cinquante, j'ai effectué de nombreux reportages dans les pays musulmans. Je me suis rendu alors au Maghreb, en Égypte, Irak, Iran, au Pakistan, etc. J'ai rapidement compris, entre autres subtilités, que les mots en Orient et en Occident n'avaient pas la même valeur. J'ai aussi appris à aimer le tiers monde... Tout en essayant d'y défendre, à chaque fois que mes fonctions ministérielles ou mes devoirs d'individu me le permirent, le concept d'égalité entre les hommes. La curiosité culturelle est la clé de la compréhension et de l'absolue nécessité de tolérance. En tant que père, j'ai cherché plus tard à susciter chez mes enfants ce sens de la relativité face à une vérité trop simpliste. Les enfants sont impétueux, manichéens. Ils jugent et condamnent sans nuance. Mais à trop vouloir les faire profiter de mon expérience, je me suis trouvé pris au piège de ma propre intolérance. Trop exigeant, j'ai tenté de peser sur le caractère de certains d'entre eux dans l'espoir de diriger leur destin... J'avais oublié que, pour eux comme pour moi, il en irait probablement de même avec la tolérance qu'avec la sagesse. Elle s'imposerait d'elle-même, avec le temps. Le philosophe, (il s'agit en l'occurrence de Jean-Jacques Rousseau) n'a-t-il pas dit : « La jeunesse est le temps d'étudier la sagesse, la vieillesse est le temps de la pratiquer. L'expérience instruit toujours, [...] mais elle ne profite que pour l'espace qu'on a devant soi. »

Roland Dumas

GILBERT FORRAY

l'Honneur

PROFIL : GILBERT FORRAY

Compte tenu de sa position de grand chancelier de la Légion d'honneur et de chancelier de l'ordre national du Mérite, le général d'armée Gilbert Forray désire que sa notice biographique demeure succincte. En voici les étapes.

LE GÉNÉRAL D'ARMÉE Gilbert Forray est né le 6 février 1930 à Paris. Admis à Saint-Cyr en octobre 1948, à la sortie de l'École d'application de l'infanterie, affecté au 6e Régiment de tirailleurs sénégalais.

Désigné pour servir en Extrême-Orient en juillet 1952, il est affecté au 26e Bataillon de marche de tirailleurs sénégalais avant de prendre le commandement d'un commando de débarquement au Nord-Vietnam.

Rapatrié en décembre 1954, il est affecté à l'École d'élèves officiers de Cherchell puis rejoint le 11e Régiment d'infanterie coloniale en 1956.

Il sert ensuite à la mission militaire française auprès du gouvernement royal lao en septembre 1957, comme commandant de promotion d'élèves officiers, puis directeur des études de l'Académie royale. Rapatrié en décembre 1959, il est affecté en Algérie au 24e Régiment d'infanterie de marine comme commandant de compagnie.

Admis en octobre 1961 à l'École d'état-major, il est ensuite désigné comme aide de camp du général chef d'état-major de l'armée de terre. En mai 1965, il prend les fonctions de directeur de l'instruction du 43e Régiment blindé d'infanterie de marine.

Stagiaire à la 81e promotion de l'École supérieure de guerre de septembre 1967 à août 1969, il rejoint à l'issue du stage le groupe d'études générales de l'état-major de l'armée de terre.

Désigné pour servir à Djibouti en septembre 1972, il commande le 5e Régiment interarmes d'outre-mer. À son retour en métropole en septembre 1974, il prend les fonctions de chef du service d'information et de relations publiques des armées.

Commandant la 3e Brigade mécanisée en Allemagne à compter du 1er septembre 1977, il devient adjoint aux opérations du général commandant la 1re Division blindée, le 1er juillet 1978. Il est ensuite nommé sous-chef d'état-major de l'armée de terre le 1er janvier 1979.

De 1980 à 1983, il commande les écoles de formation de l'armée de terre à Saint-Cyr-Coëtquidan. En octobre 1983, il commande la force d'action rapide à sa création.

Chef d'état-major particulier du président de la République de 1985 à 1987, il est nommé secrétaire général de la Défense nationale puis chef d'état-major de l'armée de terre, fonctions qu'il quitte à l'issue de la guerre du Golfe.

En avril 1991, il est nommé conseiller d'État en service extraordinaire. Il est nommé grand chancelier de la Légion d'honneur, chancelier de l'ordre national du Mérite, le 5 juin 1992.

Le général Forray est grand-croix de la Légion d'honneur, grand-croix de l'ordre national du Mérite. Titulaire de sept citations, il a été une fois blessé en opérations.

L'Honneur

GILBERT FORRAY

À qui exerce les hautes et prestigieuses fonctions de grand chancelier de la Légion d'honneur, il paraît naturel de poser la question : « Qu'est-ce que l'honneur ? » Question naturelle, certes, mais réponse, ô combien, difficile !

Au XVIIe siècle, Boileau écrivait : « L'honneur est comme une île escarpée et sans bords. » Cette île mystérieuse, si proche et pourtant si éloignée, comment y aborder, avec quels sentiments ; par où l'escalader, avec quels bagages la visiter ? En la décrivant, Boileau voulait, sans nul doute, illustrer le caractère à la fois concret mais insaisissable de cette vertu, la difficulté à la définir avec précision et pourtant, son impérieuse nécessité.

Dans la brume incertaine qui entoure cette « île », quatre mots me viennent alors à l'esprit : immensité et cependant banalité du sujet, méfiance, humilité enfin.

Ces quatre mots présents à l'esprit, il faut tenter de définir l'honneur, et alors, alors seulement, se demander si l'honneur est encore une valeur de notre temps, ou plus simplement une valeur encore nécessaire.

Immensité : en effet, le mot honneur côtoie, englobe, tutoie tant et tant de notions et de vertus — la loyauté et la fidélité, le courage, le devoir et la justice, la patrie et le sacrifice, en définitive, l'homme. Ne dit-on pas homme d'honneur, comme on disait honnête homme, soulignant ainsi que se rejoignent dans leurs racines étymologiques la dignité des comportements, l'humanisme et une culture assumée, maîtrisée et bien tempérée.

Le deuxième mot qui me vient à l'esprit est celui de banalité : il ne s'agit pas, naturellement, de la banalité de l'honneur, qui est justement tout, sauf banal, mais de la banalité qui guette celui qui, aujourd'hui, tente de s'exprimer sur un tel sujet. Des esprits éminents l'on fait : Euripide, Démosthène, Montaigne, Corneille, Voltaire, Vigny, Dumas, Musset, Bernanos, Saint-Exupéry et tant d'autres ! Comment, dès lors, écrire quoi que ce soit qui serait un peu nouveau : pari impossible !

Quant à la méfiance et à la prudence auxquelles ce mot nous invite, elles ont une double justification : dès lors que l'on disserte des « grands principes », il est tellement facile d'en parler… mais tellement plus difficile de les respecter. Comme le dit plaisamment la chanson de Guy Béart : « Au nom des grands principes et en vertu des grands sentiments. »

Ou comme l'exprime plus crûment encore ce proverbe américain, cruel et méchant mais porteur d'une part de vérité : « Quand l'invité parle de son honneur, l'hôte doit compter ses petites cuillères. »

Il est, en outre, une autre raison à la méfiance : il ne faut pas confondre l'honneur et les honneurs. Si le premier mot se doit de rester discret, car il correspond à l'être, le risque existe, en notre siècle de médiatisation, de voir le deuxième se rattacher abusivement au paraître.

C'est bien pourquoi il convient de réfléchir à l'honneur, en se gardant du péché d'orgueil et, soyons clairs, en toute humilité. Qui peut, en effet, je vous le demande, dire de lui-même la tête haute et les yeux dans vos yeux, qu'il a toujours été un parfait homme d'honneur, en tous chemins et en tous lieux, dans la dialectique contraignante qui peut opposer un jour, dans la conscience de tout homme, la morale à l'efficacité, la fidélité au réalisme, l'intérêt particulier à l'intérêt général ? Car l'honneur, comme le courage, ne se mesure pas sur l'échelle d'un thermomètre ; il n'est pas d'instrument pour l'évaluer. En réalité, en maintes circonstances, l'homme se retrouve face à la maxime de La Rochefoucauld : « Le difficile n'est pas de faire son devoir, mais de savoir où il est. »

Les quelques réflexions précédentes nous ont permis d'aborder puis d'escalader, avec peine mais en toute connaissance de cause, cette « île escarpée » dont parlait Boileau. Nous voici maintenant devant le paysage, brumeux, et il nous faut en esquisser les perspectives, les reliefs et les couleurs.

L'honneur touche à l'essentiel de ce qui fait précisément l'homme ; il constitue une des caractéristiques qui le différencient fondamentalement de l'animal. Car si le chien sait être fidèle, s'il sait ressentir de la joie, de la peine ou de la tristesse, s'il sait à la rigueur se sacrifier pour son maître, il ne le fait pas par honneur mais par fidélité. Et s'il fuit, je ne crois pas qu'il en éprouve de la honte.

L'être qui sait se sacrifier pour l'honneur appartient donc à une espèce d'une essence particulière : il est capable de donner sa vie, le cas échéant sans utilité pratique ou immédiate. S'il le fait, en toute liberté et en toute conscience, c'est au profit d'une idée, d'une notion, ou faute de savoir mieux la définir, d'un « quelque chose » qui le dépasse. Tel est bien le sens du cri royal de François Ier : « Tout est perdu, fors l'honneur », ce qui veut bien dire que l'honneur ne fait pas partie de tout, mais se situe au-delà et au-dessus de tout.

Montesquieu, réfléchissant aux rapports de la loi, du devoir et de l'honneur, écrivait : « Dans les cas mêmes où les lois ont une force, elles en ont toujours moins que l'honneur : le devoir est une chose réfléchie et froide, mais l'honneur est une passion vive, qui s'anime d'elle-même et tient, d'ailleurs, à toutes les autres. »

L'honneur est donc porteur d'une transcendance, d'un dépassement, non seulement par rapport au monde extérieur, à la collectivité, à la nation, à la famille, mais aussi par rapport à l'idée que l'individu se fait de lui-même. Comme l'écrit Robert Badinter : « L'honneur est un rapport profond avec soi-même, c'est la fidélité à ses convictions quoi qu'il puisse en coûter. »

C'est pourquoi il est plus difficile de définir l'honneur, que de définir son contraire, le déshonneur : si par exemple, la loyauté est une des qualités, parmi d'autres, de l'homme d'honneur, la trahison est un stigmate sans réplique du déshonneur ; un homme d'honneur est un homme fier : le déshonneur efface la fierté car il entraîne avec lui la honte. L'honnêteté, par ses racines étymologiques, appartient à l'honneur, mais le mensonge illustre le déshonneur.

Ainsi défini par rapport au monde extérieur, l'honneur est une vertu d'humanisme, car l'honneur nous ramène à l'homme, c'est-à-dire, sur cette planète, à l'essentiel. N'est-ce pas ce que signifie cette réflexion du général de Gaulle gravée sur la pierre de Colombey : « En notre temps, la seule querelle qui vaille est celle de l'homme. C'est lui qu'il s'agit de sauver, de faire vivre et de développer. »

Mais à ces réflexions d'ordre général, je me dois d'ajouter celles du grand chancelier que j'ai l'honneur d'être : en effet, il me faut évoquer ici l'incomparable capital d'honneur que représente l'ordre de la Légion d'honneur.

Doit-on rappeler à cet égard le discours de Roederer à la séance du 25 floréal an X du Corps législatif qui vit le projet soumis à la discussion de cette assemblée : « Législateurs, la Légion d'honneur est une institution morale qui ajoute de la force et de l'activité à ce ressort de l'honneur qui meut si puissamment la nation française » ? Doit-on rappeler aussi la devise de l'Ordre : HONNEUR ET PATRIE ?

Depuis sa création, le 29 floréal an X, la Légion d'honneur a rassemblé des cohortes de soldats, de savants, d'artistes, d'hommes de lettres, de musiciens, des hauts fonctionnaires, bref de Français de toutes conditions selon la belle définition qu'en donnait Freville au Corps législatif : « La Légion d'honneur réunit dans la même récompense ceux qui, sur le champ de bataille ou dans les fonctions civiles, se sont distingués, pour la défense de la même cause. Elle met aussi en rapprochement des hommes dont l'âme s'est trouvée en harmonie pour la gloire et la liberté ; elle convoque toutes les professions autour de l'autel de la patrie : là, elle leur montre l'objet de leurs efforts ; là , tous apprennent qu'on n'appartient réellement ni aux fonctions législatives, ni à l'armée, ni à l'administration, ni à la diplomatie, ni à l'ordre judiciaire, ni aux sociétés savantes ; qu'on appartient à la République seule et que les citoyens ne doivent avoir dans les différentes carrières entre lesquelles ils se partagent, que divers chemins pour arriver au bonheur de lui être utiles. »

Comment citer quelques noms au milieu de plusieurs centaines de milliers d'autres qui, pour leurs mérites éminents, ont reçu cette distinction ? Trouvant dans leur exemple une illustration parfaite de la transcendance que j'évoquais tout à l'heure, je pense naturellement à Jean Moulin ou à Pierre Brossolette, sacrifiant volontairement leur vie au profit de leur patrie.

Illustration de l'héroïsme militaire, comment ne pas penser parmi des millions d'autres soldats au capitaine Henri de Bournazel, choisissant de sauter avec son poste plutôt que de se rendre. Saint-cyrien moi-même, ayant commandé l'École spéciale militaire de Saint-Cyr, je ne puis davantage oublier la première attaque de 1914 en casoar et en gants blancs. Sacrifice inutile, dira-t-on : peut-être, en effet, au plan de l'efficacité immédiate, mais qu'en est-il au plan de la transcendance ? Comment ne pas citer aussi Leclerc, faisant, à Koufra, le serment de continuer le combat jusqu'au jour où le drapeau français flotterait à nouveau sur Strasbourg ?

À l'héroïsme extrême, d'autres ont su joindre l'héroïsme du quotidien tout au long de leur vie : je pense à Edmond Michelet. Jette-t-on un regard sur la science placée au service de l'homme, les noms de Pasteur, Laplace, Ampère, Gay-Lussac, Claude Bernard et Branly se présentent à l'esprit. Honneur aussi à l'industrie lorsque avec un André Citroën, elle contribue à la renommée de notre pays à travers le monde, et à son développement industriel.

Si la Légion d'honneur récompensa des peintres tels que Ingres, Corot, Manet, Braque et Chagall, elle fut aussi attribuée à des acteurs comme Coquelin et Louis Jouvet qui œuvrèrent à merveille au service de la culture française à travers le monde...

Premier ordre national, la Légion d'honneur est également venue honorer d'illustres étrangers : citons parmi d'autres Goethe, Rossini, Liszt, Verdi, Chaplin, Churchill, Eisenhower...

À cette cohorte d'hommes illustres, il faudrait ajouter tous ceux qui, sur les champs de bataille des Première et Deuxième Guerres mondiales, de l'Indochine, de l'Algérie, des théâtres d'opérations extérieures, ont combattu avec honneur et ont reçu cette distinction.

Mais il faut penser aussi à tous ceux qui ont combattu sur bien d'autres champs de bataille moins évidents et pourtant tout aussi honorables au sens étymologique du terme : champ de bataille de l'économie, champ de bataille de la lutte contre la maladie, contre la misère, champ de bataille de la solidarité, champ de bataille des travailleurs discrets, dévoués et consciencieux.

Tous seraient là pour montrer, s'il était possible de les interroger, qu'il n'y eut pas dans leur personne d'opposition entre l'honneur et les honneurs, mais bien au contraire la reconnaissance légitime par les honneurs, de l'honneur qu'ils firent à leur pays, voire à l'humanité tout entière.

Tout cela est bel et bon, dira-t-on. Mais l'honneur n'est-il pas une vertu dépassée, à ranger au magasin des accessoires inutiles ?... Et l'on ne manquera pas d'ajouter que la jeunesse, davantage préoccupée de vertus qu'elle estime plus « concrètes », angoissée devant l'avenir, n'y attache plus autant d'importance que naguère.

Je ne crois pas que ce soit le cas, mais si cela était, j'y trouverais cependant une explication qui serait, en définitive, une raison d'espérer : si les jeunes ne tiennent pas l'honneur pour une vertu aussi cardinale que nécessaire, ne serait-ce pas parce que le monde dans lequel ils vivent, le monde qui leur est en quelque sorte « offert », celui dont ils recevront l'héritage, ne leur donne quotidiennement avec ses inégalités, ses crises, ses guerres, ses injustices, que des exemples répétés et multiples de déshonneur collectif, voire individuel ? Si bien que tout discours théorique sur cette vertu se heurte à l'épreuve des faits, et ne peut entraîner que dérision ou désintérêt de la part des jeunes, qui ont la générosité de leur âge.

Mais ces derniers seraient alors paradoxalement sources d'espérance : car ce n'est pas l'honneur que les jeunes récuseraient ainsi, mais en deuxième analyse le déshonneur : comment leur reprocher alors d'espérer un monde meilleur ? Utopie, rêverie ?

Songeons alors à ce qu'écrivait Saint-Exupéry : « Il faut attacher son char à une étoile. » Me voici donc au milieu de cette « île escarpée et sans bords » que Boileau avait décrite. Ai-je réussi à en décrire la physionomie et à en imaginer les contours ? Peut-être, à moins que l'honneur ne soit une sorte d'espace infini, un rassemblement de particules immatérielles, échappant à toute analyse rationnelle ou scientifique.

Et si tel était le cas, comment s'en étonner : honneur, homme, patrie, peut-on réellement faire le tour de ces mots essentiels ?

YVON GATTAZ

l'entreprise

PROFIL : YVON GATTAZ

Patron des orfèvres, saint Éloi est par voie de conséquence celui d'Yvon Gattaz, lui-même orfèvre en matière de patronat. Entamer ainsi le profil de celui qui, de 1981 à 1986 fut le patron des patrons peut de prime abord choquer la haute sidérurgie. Mais le fait d'apprendre qu'Yvon Gattaz raffole de ce genre de plaisanterie et ne répugne pas à en faire usage, devrait désarmer les plus rigoureuses sphères du béton précontraint.

AINSI DONNE-T-ON D'EMBLÉE LE la du personnage. Car celui qui fut le quatrième président de ce CNPF fondé en 1946, n'est en rien taillé sur le même patron que la plupart de ses collègues. En 1981, au lendemain de son élection, la presse note son permanent sourire. Elle enregistre le contraste avec M. François Ceyrac, son prédécesseur. Au cours de son double mandat, ce dernier ne disposa, en effet, que de trois 29 février pour décoincer ses zygomatiques.

En fait, bien que centralien de formation, Yvon Gattaz se trouve doté d'un humour de normalien. Mais autant le préciser : s'il affectionne la saine rigolade on ne saurait de nulle manière le présenter tel un petit rigolo.

On l'a baptisé « Vroum-vroum » tant il pilote son existence comme d'autres le font d'une formule 1. La présidence du CNPF, son bâton de maréchal, fut le simple corollaire de sa propre réussite industrielle obtenue à la force du poignet. Il trouva par surcroît le loisir de fonder l'Ethic (Entreprises de taille humaine industrielles et commerciales) et écrivit d'une plume légère trois ouvrages de poids. Il est également membre de l'Académie des sciences morales et politiques.

Le succès grâce aux échecs

Il naquit le 17 juin 1925 à Bourgoin (Isère) de parents enseignants. Probablement les forces telluriques dégagées par cette petite ville confèrent-elles le sens de l'humour aux natifs du cru puisque Frédéric Dard, le créateur de San Antonio y vit également le jour. Marceau Gattaz, le père d'Yvon, ainsi que la mère sont instituteurs. Excellent peintre paysagiste à l'huile, Marceau Gattaz abandonnera l'enseignement pour se consacrer à son art et deviendra ultérieurement conservateur du musée local.

Yvon et son frère cadet Lucien fréquentent la communale avant de passer au collège de Bourgoin. Brillant élève, il sera le meilleur bachelier de l'Isère. Il passe ensuite au lycée du Parc à Lyon. Il parie alors de faire math sup. et math spé. au cours d'une même année. Cela relève de la gageure et il se trouvera sur le point de jeter l'éponge. Puis, un soir, un concours d'échecs l'oppose à son professeur de mathématiques. Yvon le bat à plate couture. « Vous jouez bien, jeune homme », constate le perdant avant de s'enquérir : « Que faites-vous ? — Je suis votre élève », rétorque le champion. En ce début d'année scolaire, Gattaz s'est, en effet, installé au fond de la classe ! Le professeur et son disciple vont passer un accord : « Vous m'entraînerez aux échecs et je vous donnerai des leçons de math. » Ainsi, grâce aux échecs, Yvon Gattaz connaîtra le succès aux deux concours des Mines et de Centrale.

En avant pour Centrale, mais pourquoi ne pas suivre parallèlement des études de droit ? Ce sera pour Yvon une magnifique occasion de cultiver son goût pour le canular. Avec un copain, ils décident, quel que puisse être le sujet proposé en économie politique, de traiter l'un et l'autre la loi monétaire de Fischer.

Tous deux seront magnifiquement reçus. Pince-sans-rire, Yvon en profitera pour édicter la loi de Gattaz : « Pour obtenir sa licence, il suffit de commenter la loi de Fischer. »

Ingénieur diplômé de Centrale (il sortit major de sa promotion) à vingt-trois ans, il installe ses pénates chez Citroën à un poste directorial. Très vite, il va aspirer à l'indépendance. Avec son frère Lucien qui est également son beau-frère (ils ont épousé deux sœurs), il décide de créer une entreprise. Sur les proches d'Yvon et de Lucien s'abat dès lors la consternation. Comment ces inconscients peuvent-ils abandonner des situations enviables pour se lancer dans l'aventure ? « Mes petits, ne faites pas ça » supplie le père de famille. Dans son émotion, l'excellent homme oublie que naguère il jeta son tableau noir d'instituteur aux orties afin de peindre ses propres tableaux.

■ Avec deux ailes

« Bonne renommée vaut mieux que ceinture dorée » proclame la sagesse des nations. Dorés ? Ils n'ont rien du Pérou les locaux de la nouvelle firme. Sis au numéro 20 de la rue Oberkampf à Paris, ils se tapissent au fond d'une cour qui pourrait être celle des miracles. Pour tout équipement, on y trouve un four flanqué de deux perceuses. Le lavabo n'est tout de même pas factice car il y a l'eau courante. Quant à la renommée, elle se limite à la vague raison sociale des prédécesseurs : les produits Radiall. Sa notoriété ne dépasse pas le pâté de maison. On en fera Radiall tout court en conservant les deux « l » qui aideront peut-être au décollage.

Il se fera presque à la verticale. Du XIe arrondissement de Paris on passe rapidement au septième ciel. Aujourd'hui, Radiall, numéro deux international et première en Europe pour les convecteurs coaxiaux, équipe les boîtes noires de la flotte aérienne mondiale. L'entreprise peut même prendre les choses de haut car ses produits sont présents sur les satellites qui gravitent autour de la planète bleue. Et quelle carte de visite ! Des usines à Voiron (retour aux sources dauphinoises !) et dans la région parisienne, six filiales en Europe, des laboratoires et quelques mille deux cents employés. Une brigade de quatre-vingts chercheurs pratiquent pour Radiall le remue-méninges permanent. De fait, ce ne sont pas des chercheurs car Yvon Gattaz n'aime guère ce mot. Et il cite Charles de Gaulle qui se plaisait à dire : « Des chercheurs on en trouve, mais des trouveurs on en cherche. » Les trouveurs de Radiall innoveront notamment dans le domaine des télécommunications par fibres optiques.

■ RPR vu par Colbert

Une série de questions vient à l'esprit : M. Yvon Gattaz dort-il ? Lui arrive-t-il de s'alimenter ? Et s'il a le loisir de se détendre, quels sont alors ses violons d'Ingres ?

Que l'on se rassure : la qualité de son sommeil est telle qu'il peut en amputer de deux tiers la durée normale. Sur le chapitre de la table, il tendrait à suivre la recommandation de Valère, l'intendant d'Harpagon : « Il faut manger pour vivre et non vivre pour manger. » Le gibier est alors son unique extra. Car, et c'est ici que sa pensée diverge de l'éthique défendue par Brigitte Bardot, il adore la chasse. Parfois en Seine-et-Marne, il va en compagnie d'amis tirer le faisan et le perdreau. Comme sports, il pratique le ski, le vélo et le tennis. Dans sa maison de Gagny en Seine-Saint-Denis, il lui arrive de s'exercer au billard.

Comme il ne va jamais au cinéma et reste un très modeste téléspectateur, il consacre le temps ainsi gagné à la lecture d'ouvrages historiques et à une passion concomitante : sa collection d'autographes. On le trouve intarissable à propos de ses lettres signées par Henri III et Charles IX et du manuscrit de Jocelyn écrit par Lamartine. La perle de son trésor est une missive de Colbert traitant du RPR. De cette manière, le ministre le Louis XIV désigne la « Religion prétendument réformée » (le protestantisme). Ainsi donc, et cela l'enchante, Yvon Gattaz avait un illustre précurseur. Ne lui a-t-on pas assez souvent reproché sa manie de créer des sigles ? Force est de le reconnaître : il n'y va pas de main morte dans cette spécialité. À titre d'exemples, citons la BBF (Bureaucratie de bonne foi) ou les

STH (Syndicat de taille humaine).
Son principal violon d'Ingres demeure pourtant le travail. Toutes les circonstances lui sont bonnes pour le pratiquer. Ainsi, ayant reçu une balle de tennis dans l'œil, un décollement de la rétine mit sa vie professionnelle entre parenthèses. Plongé dans l'obscurité, il en profita pour dicter au magnétophone ses idées sur l'entreprise. Il en résultera un ouvrage : La Fin des patrons. Il sera publié plus tard mais représente déjà le début de sa vie publique.

■ Sus à la cellulite industrielle !

Désormais, il part en croisade permanente. Cet homme est le cousin de Lagardère. On l'imagine déclamant : « Si tu ne viens pas à Gattaz, Gattaz ira à toi. » En 1973, peu après la publication du programme commun socialo-communiste, il fonde avec trois amis Les Quatre Vérités, organe destiné à défendre le néolibéralisme avancé. Véritable brûlot, cette feuille colle aux talons des ennemis de l'entreprise : sus à la cellulite industrielle, à bas les technostructures, foin des avantages acquis !
Son cheval de bataille ? L'entreprise moyenne. Afin de la défendre, il crée l'Ethic. Sans cesse, il propose, encourage, parraine. Au départ, vingt-cinq sociétés suivront le mouvement. En 1981, lorsqu'il accède à la présidence du CNPF, elles se retrouvent mille cinq cents. Le mouvement édicte des règles rigoureuses. Ainsi, le PDG doit observer le « décitemps ». Cela signifie qu'il consacrera un dixième de son temps à l'opinion. Rapidement les pouvoirs publics prendront l'Ethic au sérieux.
Davantage qu'un patron, Yvon Gattaz le bosseur est un boss à l'américaine. François Ceyrac, en 1977, croit habile de l'intégrer au CNPF et l'incite à participer à la commission exécutive. Lorsqu'il publiera son manuscrit La Fin des patrons, l'ouvrage donnera de l'urticaire au Landerneau patronal.
Ses principes ? En voici un échantillon :
pas de nomades, un jour dans la construction, le mois suivant dans les ordinateurs ;
pas de technocrates obsédés par le carriérisme fonctionnarisé ;
pas de paternalisme, ni de robotisation ;
le patron doit pouvoir diriger à vue et à voix.
Enfin, last but not least : « plutôt que de vous réfugier, diplôme en poche, dans les entreprises de renom, donnez naissance à des sociétés, donc à des emplois. »

■ De la présidence à la bombe

En 1981, l'arrivée de la gauche au pouvoir désarçonne quelque peu le CNPF. Le second mandat de François Ceyrac se trouve sur le point d'expirer. Il importe donc de trouver un battant. À Yvon Chottard, considéré comme un apparatchik, le conseil général puis l'assemblée préféreront le

volcanique Yvon Gattaz.
Début janvier 1982, au 31 avenue Pierre Ier de Serbie, siège du CNPF, le nouveau président se retrouve dans le saint des saints. Situé au deuxième étage, face à l'ascenseur, le bureau du patron des patrons occupe la pièce 213. Un huissier vêtu de bleu et non pas un cerbère en assure la garde. On est prié d'apporter sa chaleur humaine car la pièce est froide. Elle n'est pas meublée, mais encombrée par une table de réunion et un aberrant bureau qu'un prix de l'inconfort devrait récompenser. Avec un humour corrosif digne de l'auteur britannique Jerome K.Jerome, Yvon Gattaz décrira ultérieurement ce cadre pickwickien dans son livre Les patrons reviennent *(Robert Laffont).* Dans cet ouvrage paru en 1988, il expose par le menu les péripéties de son mandat qui s'achèvera en 1986. Avec le pouvoir, les syndicats et sa propre organisation, le dialogue aura été son arme souveraine. Toujours, il fut ferme, intraitable mais courtois. Comment imaginer que son retour à la vie civile pourrait entraîner le désœuvrement ? Janus-Yvon Gattaz reprend ses deux faces : le chef d'entreprise et le croisé militant. Qu'il s'occupe de Radiall, la chose va sans dire. Mais son nouveau dada réside dans la réconciliation de l'école et de l'entreprise. La fondation de Jeunesse et Entreprise aura la pédagogie pour finalité. En liaison avec l'Éducation nationale, il met sur orbite le projet : « Les entreprises parlent aux jeunes de classe de quatrième. » Limpide et précise, une brochure Bien dans ton métier *explique l'alpha et l'oméga de vingt-huit métiers avec l'estimation des débouchés futurs. Sa diffusion à sept cent mille exemplaires sera assortie d'un tour de France avec conférences, tournage de films, visites d'usines et parrainage de classes de quatrième par des entreprises.*
Aux yeux d'Yvon Gattaz, cette campagne aura joué « le rôle d'une bombe psychologique, dont les effets à retardement devraient se faire longtemps sentir chez les élèves, leurs parents et les enseignants. »
En un mot , M. Gattaz est un artificier qui n'aime guère les artifices.

L'entreprise

Yvon Gattaz

Nombreux sont ceux qui, aujourd'hui encore, sourient dès que l'on aborde la question, pourtant brûlante d'actualité, des valeurs porteuses de cette exceptionnelle entité qu'est l'entreprise.

Ceux-là s'acharnent à conjuguer au présent les restes moribonds d'une lutte des classes dépassée par les nouvelles réalités économiques et oublient au passage que Germinal *fut écrit il y a plus d'un siècle pour qu'un jour, justement, il soit permis d'en parler au passé.*

ILS IRONISERONT SANS DOUTE sur la valeur la plus connue de cette entité : la valeur commerciale, c'est-à-dire prix de vente et prix de revient dont la différence, tout comme dans la comptabilité de la ménagère, conditionne le profit, permettant l'investissement, la croissance, l'embauche... et la survie.

Si l'on remonte à l'étymologie latine, *valor* signifiait bien la qualité physique, intellectuelle ou morale de quelqu'un, et la détermination mathématique d'une grandeur ou d'un prix n'est arrivée que plus tard.

La philosophie, elle, a posé en terme de valeur ce que le monde prend comme idéal ou comme norme, et l'échelle des valeurs est bien cette hiérarchie établie entre des principes moraux. L'entreprise serait donc plus connue par ses valeurs-prix que par ses valeurs-principes, et c'est dommage. Et pourtant elle tourne ! Et si elle tourne, ce n'est sûrement pas par les seules astuces, combines ou malversations qui ont fait quelques mauvaises réputations. La durée dans l'entreprise ne s'obtient que par le respect intangible de certaines valeurs. Octave Gélinier avait donné l'exemple, il y a près de trente ans, en rédigeant *Morale de l'entreprise et destin de la nation*, ouvrage qui a servi de fondement idéologique à la création, en 1976, du mouvement des entreprises à taille humaine Ethic, dont le sigle ne fut pas le simple fait du hasard.

Dès cette époque, et au risque de passer pour des idéalistes naïfs auprès de quelques affairistes sans scrupule, nous avons cherché, à Ethic, à promouvoir certaines valeurs-principes : respect total de la parole donnée, respect de l'environnement, respect de l'intérêt général, sincérité des comptes fiscaux et sociaux, honnêteté des rapports avec les collaborateurs et prise en compte de leurs préoccupations personnelles.

Curieusement, cette charte Ethic n'a pas fait sourire et le mouvement créé avec vingt-cinq entrepreneurs motivés a grandi jusqu'à deux mille adhérents, six ans plus tard. C'est à cette date, en 1981, que j'ai dû abandonner sa présidence pour celle du CNPF où j'ai tenté d'assurer la défense de l'entreprise, mais aussi sa promotion et même sa réhabilitation, à travers une respectabilité qui ne lui est pas due mais qu'elle doit gagner par sa rigueur constante.

Dès cette époque, nous étions loin de l'euphémisme tenace : un patron ne peut être un enfant de chœur, maxime stupide excusant tous les abus et effaçant opportunément les états d'âme chez les indécis.

Mes confrères, créateurs et chefs d'entreprises, connaissent bien les impératifs de leur succès : tout d'abord l'équilibre du compte de résultat car personne, et surtout pas le personnel, ne pardonne à un patron de laisser sombrer son entreprise ; puis création des emplois, heureuse conséquence du succès économique ; mais aussi respect d'un certain nombre de principes qui feront la réputation même de l'affaire et sa pérennité.

Les dérives mafieuses ont sévi à toutes les époques et la tentation est grande pour les plus malins de faire fortune par la tromperie, avec le moindre effort. Les scandales ont toujours existé et la *décennie casino* des années quatre-vingt a été largement polluée par les scandales financiers des *golden boys* tels Boesky ou Milken dont les fortunes verticales ont été construites sur la ruine de milliers d'épargnants, forme moderne du brigandage de grand chemin. Les scandales mafieux de l'Italie contemporaine remontent aux plus hauts niveaux de l'État où les synonymes corruption, concussion et prévarication rivalisent sur le terrain. Mais là encore, ces turpitudes conduiront à l'assainissement. Dans tous les pays, les gendarmes de la Bourse, la SEC *(Securities Exchange Commission)* aux États-Unis, la COB (Commission des opérations de Bourse) en France, sont d'une intransigeance croissante et chez nos voisins transalpins l'opération *mani pulite* (mains propres) n'est pas qu'une occasion d'apprendre aux jeunes une exception de genre de la grammaire italienne, mais bien une opération de salubrité publique.

Il est certain que depuis qu'il existe de par le monde des échanges commerciaux, la toute première des valeurs fut celle du respect de la parole donnée, de l'engagement du contrat, même verbal. Les marchands de bestiaux de mon pays natal, le Dauphiné, étaient sans doute illettrés lorsque j'étais enfant, mais je me souviens qu'ils se tapaient dans la main pour sceller un contrat définitif sur la valeur de la bête. Et malheur à celui qui aurait tenté de revenir sur ce prix gravé, sinon dans la pierre, du moins dans les mémoires.

Cette morale historique excluait sans appel les tricheurs du monde des marchands, bien avant la création des tribunaux eux-mêmes. De nos jours, certaines professions, après les corporations, ont gardé ces traditions d'honneur. En Italie même, en marge des turpitudes étalées dans la presse, il existe des réseaux de sous-traitance et de cotraitance entre des petites entreprises complémentaires, dont la fidélité même fait la puissance : un kilo d'abeilles est plus efficace qu'un kilo d'éléphant, si l'essaim reste soudé.

Lorsque, *ex nihilo,* nous avons créé Radiall en 1952, nous avons, mon frère et moi, pris l'engagement, dès le départ, d'une totale honnêteté vis-à-vis des clients, des fournisseurs, de l'État et, cela allait de soi, vis-à-vis du personnel. Or le comptable vint nous informer, un jour, d'une facture lointaine apparemment impayée et adressée à un client que nous connaissions bien. Quelle ne fut pas ma surprise d'entendre ce dirigeant me répondre sans détour : « Nous connaissions ce retard, mais si vous ne nous aviez pas relancés énergiquement, nous ne vous aurions pas payés et nous aurions ainsi amélioré nos propres comptes. » Cynisme sans humour. Notre pronostic de l'époque se réalisa peu après : de telles méthodes condamneraient cette entreprise car la réputation d'honnêteté commerciale, par bonheur, est un atout essentiel à la pérennité d'une entreprise.

Ici, la valeur « respect de l'engagement » est un impératif qu'on peut difficilement transgresser sans la sanction, plus ou moins tardive, de la dernière ligne du bilan, cette note annuelle incontestable et incontestée qui ne souffre pas d'appel. Il est dommage que d'autres milieux économiques ou financiers puissent y échapper, tels les spéculateurs et les politiques. Les spéculateurs ont la vie belle car ils savent que leurs propres anticipations, si elles font boule de neige, déclencheront le mouvement dans le sens même qu'ils auront imposé et ils en tireront un immense profit. C'est le terrorisme des nouveaux gourous financiers et surtout monétaires.

En politique, seule une faible minorité est malhonnête, mais elle déteint malencontreusement sur toute la corporation que l'on accuse d'indulgence, voire de complicité. « Ils se tiennent tous par la barbichette », clame sans nuance l'homme de la rue excédé, s'étonnant de la mansuétude apparente des hommes politiques indiscutablement honnêtes envers tel confrère à l'échine souple et aux semelles élastiques.

Un grand patron français s'est exclamé, il y a quelque temps : « Il faudra bien qu'un jour un élu aille enfin en prison. » Il n'y en avait alors aucun. Il semble, aujourd'hui, que l'on se préoccupe enfin, dans tous les pays modernes, de sanctionner commissions, pots-de-vin, trafics d'influence et autres délits d'initiés.

Dans ce domaine, l'entreprise se doit de donner l'exemple, mais il est curieux de constater que si les rapports d'entreprise à entreprise sont généralement sains, il en va souvent différemment dès lors que l'État ou une collectivité entre en jeu. Dans ce cas, il faut que les sanctions soient semblables pour les deux parties et que la corruption passive soit punie comme la corruption active largement sollicitée. Selon les pays, les usages commerciaux apportent une indication non négligeable sur la fiabilité de la parole donnée. Ainsi, en Chine, après d'âpres négociations, le contrat est définitif. Personne ne le contestera et il n'est nul besoin d'avocat pour chercher la faille de rédaction qui permettrait le contournement.

À l'inverse, les États-Unis comptent à Washington plus d'hommes de loi que de chauffeurs de taxi. Ce foisonnement révèle la fragilité des contrats signés et surtout la volonté affichée des signataires d'abuser leur partenaire commercial s'ils en ont la possibilité légale. « C'est la règle du jeu », affirme celui-là, avec une bonhomie trompeuse ; or celle-ci est malsaine car elle donne raison aux plus retors et supprime une partie de la confiance, ciment indispensable de tout contrat.

Sur l'échiquier des transactions commerciales, la France est bien placée et ses traditions de respect de la parole sont restées fortes, au point que certains de ses partenaires étrangers ont parlé, à l'occasion, de naïveté. Pourtant, il serait regrettable que dans les rapports commerciaux internationaux, les pays les plus confiants dussent s'aligner sur les coutumes des plus méfiants, transformant ainsi les contrats en prédossiers de contentieux. Le modèle français doit continuer à promouvoir cette valeur essentielle de l'entreprise qu'est le respect inconditionnel de l'engagement contracté.

Mais l'entreprise est aussi porteuse d'autres valeurs importantes que l'on ne peut ignorer : la sincérité des comptes, le courage, le respect de l'intérêt général, la promotion des hommes, la formation des jeunes, la réhabilitation du travail.

La sincérité des comptes fiscaux et sociaux fait partie de l'honnêteté tout court dont nous avons vu qu'elle est bénéfique à terme pour l'entreprise elle-même. La tricherie fiscale trouve souvent une excuse facile dans les anomalies légales organisées par les États eux-mêmes, anomalies contre lesquelles il faut lutter. Mais on peut remarquer que les meilleures entreprises, à la réputation commerciale solide, sont toujours en règle avec le fisc et les organismes collecteurs de la protection sociale.

L'entreprise est une école de courage. En effet, on y prend à tous les niveaux des initiatives, donc des responsabilités qui sont sanctionnées par un succès ou un échec. De plus, l'entreprise est le seul lieu où l'on a le courage de « faire faux », sans recherche utopique d'une exactitude totale qu'on ne peut atteindre. C'est la mécanique et ses ingénieurs qui ont inventé la tolérance de fabrication, cette erreur reconnue d'avance mais contenue dans des limites préaffichées. Dire à l'avance que la cote ne sera pas mathématiquement exacte est, plus qu'une leçon de modestie, une véritable preuve de courage.

Le respect de l'intérêt général n'apparaît pas comme une obligation première de l'entreprise. Et pourtant, il est essentiel pour cette réputation même de l'entreprise auprès de nos concitoyens. Pendant des décennies, celle-ci a été considérée comme le champ clos de la lutte des classes et aussi comme gravement polluеuse. Vers les années 1982-1983, nous sommes arrivés à la réhabiliter au moment précis où elle était la plus meurtrie par des mesures et des prélèvements inquiétants, et c'est à ce moment précis qu'elle fut enfin reconnue créatrice de richesses et d'emplois, fonction d'une exceptionnelle noblesse sociale. Mais ce titre même entraîne des obligations vis-à-vis de la communauté tout entière. L'entreprise ne peut donc dissocier son intérêt particulier évident (l'équilibre de son compte de résultat) de l'intérêt général. Comme on l'a dit souvent, l'entreprise est citoyenne, même si elle ne dispose pas de bulletins de vote politique dans les élections du dimanche. Le respect de l'environnement, des collectivités locales, de l'écologie, fait partie de sa fonction.

La promotion des hommes relève de son intérêt direct. C'est une banalité d'affirmer de nos jours que ce sont les hommes qui font et feront le succès de l'entreprise. L'évidence est enfin acquise et, là encore, le mouvement Ethic croit avoir joué un rôle dans cette reconnaissance. Pour atteindre le succès, l'entreprise a besoin d'organiser le travail de ses équipes, de développer cet effet ruche qui manque congénitalement aux Français, plus doués de talents strictement individuels, comme l'imagination créatrice, l'adaptabilité, l'initiative et la débrouillardise. Or l'effet ruche, inné chez les insectes sociaux, s'organise dans l'entreprise pour la performance de la communauté. C'est la tour que Saint-Exupéry demandait aux hommes de construire ensemble pour éviter de s'entre-déchirer. La tour-entreprise est un objectif exaltant pour ceux qui en acceptent les règles et les contraintes. Et les réussites sont à la hauteur de l'enthousiasme collectif.

La formation des jeunes n'est pas, comme on le croit souvent, une valeur récente de l'entreprise. Le compagnonnage était déjà, au siècle dernier, l'école des jeunes par les anciens qui avaient à cœur de transmettre ce qu'ils avaient acquis comme un devoir professionnel.

En France, on a pu croire que cette formation était annexée depuis toujours par l'Éducation nationale, gérante exclusive de tout enseignement, surtout depuis la loi Astier qui, en 1919, plaça les écoles d'enseignement technique sous le contrôle de l'État et imposa, un peu plus tard, aux entreprises le paiement d'une taxe d'apprentissage. L'obligation de formation se trouva ainsi transformée et les entreprises s'estimèrent de ce fait déresponsabilisées, avec une parfaite bonne conscience puisqu'elles avaient payé leur écot. Dans le même temps, l'Allemagne, qui n'était pas mieux placée que nous pour l'apprentissage à cette époque, entreprit une démarche inverse, demandant aux entreprises d'accepter la responsabilité de la formation duale, cette formation alternée, mi-théorique en école, mi-pratique en entreprise, qui devait donner de très bons résultats. C'est ainsi que le chômage des jeunes est aujourd'hui très inférieur en Allemagne, ainsi que sa durée moyenne.

Depuis quelques années, et sous l'impulsion de quelques associations, dont Jeunesse et Entreprise, que nous avons créée en 1987, une prise de conscience se manifeste chez les chefs d'entreprise français qui se demandent si l'on doit laisser le monopole de formation à l'Éducation nationale ou s'il ne faudrait pas, selon les besoins, mettre l'accent sur la formation continue en donnant la priorité aux postes qui manquent le plus cruellement dans nos entreprises.

Cette formation des jeunes constitue bien une nouvelle valeur de l'entreprise. Celle-ci passe de *l'entreprise-centre de profit* pour les actionnaires et *gagne-pain* pour les salariés à *l'entreprise formatrice* où toutes les parties seront finalement gagnantes. Il est probable que la prochaine vocation des syndicats, actuellement en perte d'audience historique, ne sera plus la grève pour la défense des avantages acquis, mais bien la formation du personnel dans laquelle ils peuvent jouer un rôle majeur et totalement nouveau : défendre simultanément, et sans *aggiornamento* doctrinal, l'entreprise et ses salariés.

La réhabilitation du travail, enfin, est un phénomène récent. Depuis l'origine des temps, le travail a été considéré comme aliénant et destiné à satisfaire, dans la peine, des besoins matériels élémentaires. Puis, dans les pays modernes où, par bonheur, on ne meurt plus de faim dans les rues, malgré les drames criants de la pauvreté et du chômage, le travail changea peu à peu d'acception. Il fut, lui aussi, curieusement réhabilité en même temps que l'entreprise vers 1983, au moment où on l'attendait le moins. Il n'était plus un mal nécessaire mais une promotion psychologique, une réalisation de soi, même si sa rareté actuelle le rend encore plus attractif. D'aliénant qu'il fut pendant des siècles, le travail est devenu libérateur. Les femmes le vivent d'ailleurs de cette façon, elles qui veulent être libérées. Et il est curieux de voir les très rares chômeurs aisés chercher activement du travail pour leur satisfaction personnelle et le sentiment de se rendre utile. Il est encourageant de constater aussi l'ardent désir d'occupations utiles de la part de retraités en forme physique et intellectuelle, redoutant par-dessus tout les risques d'inaction. On comprend mieux de ce fait, la frustration multiple du chômeur, privé de ressources et d'occupation, cette forme la plus angoissante de la pauvreté moderne. Le travail ainsi anobli est bien une des valeurs de *l'entreprise donneuse d'emploi.*

On le voit, le rôle clé de l'entreprise dans la vie d'une nation lui confère, et lui impose peut-être, des valeurs qui, même si elles constituent des contraintes, font sa réelle grandeur.

CLAUDE HENRION

l'Amour

PROFIL:
CLAUDE HENRION

« Je ne peux jamais me substituer aux musiciens. Ce sont eux qui savent jouer. Mon rôle est d'assurer que chacun d'entre eux puisse traduire toutes les nuances et la richesse de son instrument. Ensemble nous créons une musique autrement plus grandiose que celle que nous aurions jouée séparément. »

Ni Pierre Boulez, ni sir Neville Mariner ou quelque autre chef d'orchestre n'est l'auteur de ces propos. La paternité en revient à Claude Henrion. Même s'il joue du piano à ravir et voue une sorte d'amour à l'orgue dont il fait ses délices, ne recherchez pas son nom dans les pages d'un quelconque dictionnaire des interprètes.

Enfant, il rêva d'être chef d'orchestre. Aussi cet industriel de renom se plaît-il à expliquer sa politique d'entreprise par une image musicale. Du reste, ses collaborateurs se trouvent au fait de sa mélomanie. Ils lui offrirent naguère une authentique baguette de maestro. En guise d'ouverture au profil de Claude Henrion, n'hésitons donc pas à battre la grosse caisse.

Après avoir triomphé sur d'autres champs de bataille, Claude Henrion créa Lafarge Nouveaux Matériaux. Au départ, en 1986, lui-même et une secrétaire employée à mi-temps constituent l'ensemble du personnel. Petite mais puissante locomotive à laquelle il accrochera 136 sociétés au cours des six années qui suivront. En 1995, l'ensemble occupe 4 000 personnes et réalise un chiffre d'affaires de 4,5 milliards. Voilà qui permet à M. Henrion de ne pas passer pour un plaisantin lorsqu'il affirme que « la crise » est une calembredaine.

Au cours d'une carrière bien remplie, les chasseurs de têtes le prirent souvent pour proie. Selon leur jargon, il est, en effet, un « faiseur de pluie ».

Il y a un fond de vérité dans cet allégorique cliché. Magicien, il l'est sans doute quelque peu, cet homme qui refuse l'appellation de technocrate pour revendiquer celle de littéraire. À titre de preuve, notons qu'il sait dilater le temps afin de donner des conférences en Amérique comme en Europe sur les sujets qui lui tiennent à cœur. Qu'elles embrassent l'organisation de l'entreprise ou l'informatique, ses spécialités annoncées, cela ne saurait surprendre. Mais souvent elles empiètent sur les terres de l'humanisme. Ainsi fera-t-il une causerie comparative consacrée aux convergences entre le Moyen Âge et l'époque contemporaine. On le verra encore aborder l'histoire des religions judéo-chrétiennes.

■ Polyglotte par capillarité

« On est curieux à proportion qu'on est instruit », écrivait Rousseau.
Les connaissances, Claude Henrion ne se contenta pas de les engranger à l'école. Les yeux bien ouverts, jamais il ne séchera l'une des leçons données par l'université de la vie. Aujourd'hui, il pense que sa famille, l'époque et le lieu de sa naissance jouèrent un rôle essentiel dans la formation de son caractère.
Dans la famille Henrion, l'état de notaire appartient à la tradition. En allant ouvrir une étude au Maroc, M. Henrion père pimentera cet usage d'un zeste d'aventure. Ses quatre enfants, dont Claude, vont grandir dans un extraordinaire pays fraîchement marqué par l'empreinte de Lyautey. Du reste, Claude voit le jour à Rabat, en 1934, année de la mort du maréchal. Française jusqu'au bout des ongles, la famille Henrion n'en bénéficie pas moins d'une extraordinaire ouverture sur le monde. Ainsi, en l'honneur d'un ancêtre connu pour ses travaux archéologiques en Grèce, l'apprentissage du grec se fait en famille, génération après génération. La nurse est italienne, la domesticité espagnole, arabe et berbère. Par capillarité, Claude Henrion va devenir polyglotte. N'oublions pas l'anglais car son père fut, en 1917, interprète auprès de l'armée américaine. Il en résultera qu'il sera le premier en 1942 à découvrir l'imminence du débarquement américain au Maroc, car dans la forêt voisine, il entend la fanfare du sultan s'entraîner à jouer Stars and Stripes.
Après le cycle secondaire effectué au Maroc, Claude Henrion va s'asseoir à Paris sur les bans de l'Essec et préparera conjointement une double licence d'anglais et d'espagnol. Mais c'est la soif d'apprendre et non la course aux diplômes qui le motive.
Ainsi, « par sensualité », il s'amuse à passer un certificat de psychologie, puis un autre, de droit. Sa récréation consiste à aller écouter les conférences données par André Siegfried à l'École des sciences politiques. Il cultive également sa passion pour la musique. Il s'éreinte à donner des leçons d'anglais afin de disposer de l'argent nécessaire pour louer à l'heure un studio équipé d'un orgue.
De 1959 à 1962, la guerre d'Algérie le bloquera. Sergent dans l'armée de l'air, il n'aura pourtant pas l'occasion d'apprendre à piloter et restera ce que l'on nomme alors « un gonfleur d'hélices ».

■ L'informatique sur les fonts baptismaux

C'est par la porte de l'édition qu'il effectue son entrée dans la vie professionnelle. Hatier sera le cadre où il fera ses premières armes. Spécialisée dans le livre scolaire, l'entreprise souffre alors de structures vétustes. Chef du service administration commerciale, puis directeur de l'organisation et de la mécanographie en 1964, il dépoussiérera la vieille maison en y installant le premier ordinateur IBM 360 utilisé en France.

Ainsi donc, il tient en France l'informatique sur les fonts baptismaux. Chez Perkins, premier fabricant de moteurs Diesel, où il entre en 1965, sa mission consistera à réorganiser la production avec assistance de l'informatique. Cette réalisation sera couronnée d'un tel succès qu'il rédigera un ouvrage appelé à faire autorité : L'Informatique, révolution totale.

Il traverse ensuite la Manche pour devenir administrateur directeur chez Massey Ferguson United Kingdom.

L'informatique reste son incontournable spécialité puisqu'il s'occupe de la mise en œuvre de leur software évolué. Mais il est également responsable des exportations vers cent quarante-trois pays ainsi que de la production des matériaux de travaux publics.

Dans l'esprit des chasseurs de têtes, Claude Henrion commence à devenir le trophée rêvé. Chez Rhône-Poulenc, où il prend la direction informatique et la division textile, il va restructurer. Les effectifs passeront de 25 000 à 12 000 personnes en quelques mois.

En 1976, il passera aux Nouvelles Galeries pour y prendre la direction générale. Alors qu'elles perdaient chaque année quatre pour cent de part de marché, il va en quatre ans rénover la stratégie commerciale et multiplier les ventes par trois.

Suivra en 1980 un retour à l'édition. Directeur commercial chez Hachette, il remet d'aplomb le secteur de la vente au détail. La prise de contrôle de Hachette par Matra l'amènera à quitter le groupe.

Chez Lafarge Coppée, en 1983, il devient codirecteur général du groupe opérationnel Réfractaires. Une fois de plus le succès ne sera pas réfractaire. À un déficit chronique atteignant 150 millions en 1983, succédera l'équilibre dès 1984. Quant aux exportations elles enregistrent une hausse de 36 % en 1983-1984.

Ce sera en 1986 qu'il créera ex nihilo une division autonome du groupe Lafarge Coppée : Lafarge Nouveaux Matériaux, avec le succès que l'on sait.

Aussi est-il courant qu'ancien lauréat de la Fondation Eisenhower et récompensé par le prix Centi d'informatique pour son ouvrage L'Ordinateur et l'entreprise moyenne, Claude Henrion aille donner des conférences dans les universités américaines de Columbia, Stanford et Texas University.

Sur l'un des murs du bureau de Claude Henrion figure un petit tableau. On y voit les ailes déployées, l'envol d'un oiseau à partir d'un œuf. Belles armoiries parlantes !

l'Amour

Claude Henrion

Tout à trac,
un verre à la main lors d'un cocktail,
vous m'avez demandé de vous écrire
un petit texte sur la valeur de base
de ma vie et de vous dire, là,
spontanément, quelle était cette valeur.
Sans hésiter, je vous ai répondu :
l'amour.

Et me voici, au lendemain de cet entretien, occupé à décliner le pourquoi et le comment de ce mot, pris dans cette acception, la plus noble : la valeur amour. À la base de ce choix que j'ose faire, l'amour, on trouve des parents, des grands-parents et une tradition familiale qui ont influencé et orienté mes lectures, et peut-être plus encore la façon de les comprendre, de les interpréter, de les classer dans les petites cases d'un système de références qui, progressivement, est devenu le mien. L'amour s'est donc imposé peu à peu comme un sentiment vécu au quotidien, presque sensuellement, à travers l'impression de toujours recevoir plus que je ne pouvais donner. Ce qui m'entraînait à donner encore plus, et à recevoir davantage encore.

À la base de ce choix que j'ose faire, il y a aussi une solide culture catholique, religion qui, n'ayant pas encore honte d'elle-même, savait proposer les certitudes qui permettent de vivre. « Tu aimeras ton prochain comme toi-même » constituait alors la pierre angulaire de toute éducation, la quête laborieuse de toute une vie de chrétien. L'idéal à atteindre.

« Aimez-vous les uns les autres... comme je vous aime », comptait parmi les valeurs fondamentales enseignées dans la

France d'alors. Ainsi, tandis que l'enfant, puis l'adolescent que je fus, avait la chance de découvrir empiriquement cette révélation éblouissante « je suis un miroir du monde, et le monde est un miroir de moi », la perception qu'il avait de ce monde cadrait bien avec l'héritage reçu et le vécu quotidien.

Depuis, et il y a longtemps de cela, je me suis rendu compte que cet amour, sans lequel saint Paul affirmait n'être rien et grâce auquel saint Thomas disait ne rien craindre, est terriblement négligé, plus que maltraité. Une raison supplémentaire d'en parler.

L'amour, c'est...

À Herrenberger qui lui demandait un jour : « L'atome, qu'est-ce au juste ? », Niels Bohr avait répondu : « Peut-être le comprendrons-nous un jour. Mais alors, nous commencerons à comprendre ce que comprendre veut dire. » Eh bien ! Aimons, et nous commencerons peut-être à comprendre ce qu'amour veut dire...

L'amour est l'ineffable... Substance invisible qui fait évanouir les distances, les limites, les obstacles, et qui renforce l'âme en la forçant à se sublimer, substance invincible qui exalte toutes nos actions, nos plus beaux instincts, nos désirs et nos penchants les plus nobles, substance magique qui éveille l'artiste qui sommeille en nous, qui décuple notre force et réduit notre faiblesse, qui transforme d'un seul mouvement inverse ce qu'il y a en nous de grand, et aussi de petit.

L'amour est aussi l'inconcevable... moyen d'entrer dans le monde des autres : que surgisse près de nous une catastrophe, la mort, le désespoir, la souffrance d'un proche, et voilà que se révèle brusquement à nos yeux un univers intime que nous côtoyions à notre insu. Alors, les idées qui étaient les nôtres, les opinions que nous pensions avoir, basculent soudain dans le dérisoire. Nos yeux se sont ouverts, et nous comprenons ! Aimer, c'est voir, vouloir voir, et c'est aussi comprendre... Mais comprendre sans s'imposer, en toute humilité. « Ce n'est que pour ton amour, pour ton amour seul que les pauvres te pardonneront le pain que tu leur donnes », faisait, en son temps, remarquer saint Vincent de Paul.

Car aimer, c'est en fait mettre infiniment plus de volonté qu'on ne le croit pour donner beaucoup plus de patience, beaucoup plus de temps, de modestie, d'oubli de soi dans le silence. Une mère cherche-t-elle à prouver à son enfant qu'elle est une bonne mère ? Aimer, c'est ne pas fixer de limite à son engagement aux côtés de l'autre, des autres. Sans besoin de retour, de remerciement, ni même de bonnes raisons, voire de raison. Aimer, ce n'est pas prendre, c'est donner. Donner sans compter. SE donner.

Contrairement à l'une des erreurs fondamentales de notre époque qui veut que tout se compte et se mesure et que seul compte ce qui se mesure, l'amour n'est pas quantifiable. Et l'on n'a rien donné tant que l'on n'a pas tout donné. Qui d'entre nous n'a jamais ressenti cette impression à la fois forte et douce de ne pas aimer assez les gens qu'il aime le plus ?

Les grands chemins du non-amour

C'est en vain que j'ai cherché le terme amour pris dans son acception la plus élevée, dans les ouvrages actuels. Tout au plus ai-je trouvé quelques références à la charité ou à l'amour divin dans des études très spécialisées et engagées. Pour le reste, les mentions du mot « amour » sont, le plus souvent, à faire accompagner d'un carré blanc. L'amour que Voltaire nommait « étoffe de la Nature », ce « sacrement qui doit être pris à genoux » d'Oscar Wilde, ne se donne plus, ni ne se reçoit. De nos jours, il se fait.

On parle beaucoup de l'une des formes d'amour des plus douteuses nommée l'amour-propre, et l'on mentionne fréquemment l'amour de la justice ou celui de l'égalité, ce qui constitue, à tout le moins, une confusion des genres. Ravalé à la simple notion de plaisir, de goût, d'idée générale, l'amour n'est plus ce qu'il était, comme dit le poète. Nous avons perdu ce qu'était (ce que devrait être) l'amour.

Le retrouvera-t-on dans la philosophie ambiante ? Non. Les écrits et discours de ceux qui se considèrent et se cooptent comme maîtres à penser et dont le point commun est d'avoir perdu le nord (et l'Est aussi depuis la chute du mur de Berlin, et le Sud, hélas, de plus en plus, et même l'Ouest, dans leur poursuite désespérée de l'anticapitalisme), révèlent une « mécompréhension » quasi totale de la planète, de l'individu, de la science.

En fin de compte, ils ont perdu et la *philo* et la *sophia*, ces philosophes qui, depuis Marx, ne sont plus ni amicaux pour l'homme, ni sages pour le monde, occupés qu'ils sont à faire entrer le réel dans des systèmes... qui n'ont rien à voir avec la réalité et ont oublié l'homme.

Il leur suffit de disserter autour d'une vision « politiquement correcte », c'est-à-dire de type marxiste ou freudien, des rapports de l'individu avec la société, avec l'autre, avec lui-même, qui leur permet de perdurer depuis la fin du XIXe siècle. Entre autres tâches, ils ont contribué à précipiter la crise du sacré. *Le Capital*, *Mein Kampf*, le Petit Livre rouge, pour ne citer que les *best-killers*, ont préparé les esprits, balisé le terrain. « Le pape ? Combien de divisions ? » tonitruait Staline, avec cette ironie dont Gagarine, un peu plus tard, avec son « Mais où donc est passé ce Dieu que je ne vois pas ! » lancé du haut de l'espace, avait repris la dérision qui se croyait destructrice et n'était que... prophétique, mais pas dans le sens qu'il l'espérait !

Dieu étant mort, la notion de péché s'évanouit, entraînant dans l'oubli toute culpabilité et, enfin, toute conséquence à cette notion même ! Ainsi a-t-on fini par oser affirmer que l'on pouvait être responsable sans être coupable. Syllogisme combien représentatif d'une société à irresponsabilité illimitée, qui a engendré toutes les turbulences et les violences que nous connaissons.

Devant ces turbulences et ces violences, les « élites politiques » en manque de mots en *-isme*, n'ont de réponse apparente que dans une fuite en avant vers des lendemains qui déchantent, attitude qui se résume pour sa plus grande partie à des globalisations de plus en plus globalisantes du type « puisque nous ne pouvons pas réussir à faire fonctionner une Europe à douze, essayons à quinze, à dix-huit »... Et pourquoi pas à vingt-quatre ? Il n'y a aucune limite théorique à ce nombre, puisque chaque sous-groupe dialectal ou religieux demande à être reconnu comme une nation qui s'autoproclame et revendique des surfaces géographiques à nettoyer ethniquement ou sur lesquelles pratiquer « l'insertion », cet autre nom du mépris des « progressistes » pour tout ce qui leur est rebelle.

Devant ces mêmes turbulences et violences, les autres élites, celles qui s'affirment et s'affichent comme « autorités morales », tout aussi orphelines d'*-ismes* que les précédentes, n'ont plus à invoquer que la régularité parfaite de leurs erreurs passées pour en déduire et clamer leur qualification évidente à demeurer des maîtres à penser, au nom... du droit sacré à l'erreur ! Que celui qui ne s'est jamais trompé, n'est-ce pas, etc.

À l'autre extrémité de cette cascade d'échecs, les pauvres bougres, tous les pauvres bougres que nous sommes, blancs et moins blancs, noirs et moins noirs, jaunes et ex-rouges, tous apeurés, perdus, sans repères, trop souvent ensanglantés, de plus en plus sans emploi, et rarement heureux, vraiment très rarement heureux, aimeraient bien, du fond de leur désarroi, enfin trouver une solution à leur quête de bonheur. Ce fameux bonheur promis aux populations occidentales depuis quelque deux cents ans, grâce au dieu Progrès.

Nous l'a-t-on assez répété, que le progrès technique était le défi de l'humanité, la réponse à l'angoisse de l'homme, la solution aux problèmes du monde ! Nous l'a-t-on assez seriné que les progressistes détenaient seuls la clé de demain ! En a-t-on fait mourir des pauvres gens, au nom de la « génération sacrifiée » pour que bien vivent les générations suivantes. Nous l'a-t-on promis que demain, enfin, on raserait gratis, et que du dieu Progrès viendraient la richesse et son corollaire, le bonheur.

On nous l'avait bien expliqué : des progrès de la médecine, viendrait la santé, de ceux du communisme, la société sans classes, de ceux du socialisme, la justice sociale, de ceux des transports, les loisirs, de la diététique, la forme physique et la longévité...

Apprentis sorciers que nous sommes ! Nous avons délibérément tourné le dos aux messages, pourtant clairs, de la nature. Nous avons volontairement oublié le légendaire destin de Faust. Nous refusons de voir la vérité en face : chaque progrès technique, chaque « avancée », se paye d'un prix élevé, exorbitant parfois, cinq, dix, quinze ans plus tard. Il ne nous reste plus alors qu'à constater des cascades de catastrophes qui n'avaient pas été conviées au festin.

Et nulle élite politique, aucun philosophe, pas l'ombre d'une autorité morale, n'a tenté d'alerter le monde en criant : attention au progrès ! Les sciences et les techniques, pour utiles qu'elles soient, et incontournables, et même nécessaires, n'apporteront pas par elles-mêmes le bonheur, ni individuel, ni collectif, pour la seule et unique raison, si simple, que chacune a son objet, son rôle, son domaine... qui n'est, exclusivement, que de répondre à sa propre problématique.

L'éthique, la charité, la compréhension, l'amour, le bonheur de l'homme et ses valeurs morales ne sont la problématique d'aucune science, d'aucune technique. Ils n'ont rien à voir avec le progrès. Même en quantité infinitésimale, même de loin. Mais les progrès de la science et des techniques ont à ce point ébloui l'humanité moderne qu'ils en ont obscurci le paysage. La traduction de tout et rien en algorithmes est devenue la marque de l'intelligence. Être quantitatif ou ne pas être, telle est hélas la version moderne du dilemme de Hamlet.

Au nom de l'amour, révoltons-nous !

« Votre société, avait diagnostiqué Soljénitsyne en 1978, ignore dans l'homme ses facultés les plus hautes : votre *intelligentsia* est libre mais sans courage, soumise aux censures de la mode ; votre univers est spirituellement vide, et construit comme un complot contre toute vie intérieure... Le moment est venu pour l'Occident de ne plus tant affirmer les droits des gens que leurs devoirs. »

À ce diagnostic désespéré, répondons par le cri vibrant de Camus : « Je me révolte, donc nous sommes ! » Oui, contre le fatras de fausses valeurs qui creusent la tombe de toutes nos espérances, et au nom de l'amour, révoltons-nous !

Révoltons-nous contre le rêve de Benjamin Constant, cette « jouissance paisible de l'indépendance privée » qui allait devenir la société de consommation, la société décérébrée des droits sans devoirs ni contreparties ni prix à payer, droits sans cesse redemandés, réaffirmés, réexigés, société du bonheur légiféré qui s'amenuise au fur et à mesure qu'on le réclame en défilant dans les rues ou en se mettant en grève !

Révoltons-nous contre la « novlangue », contre les sondages aux questions intentionnellement mal formulées, contre les idées reçues, les prêts-à-penser, les grands mots si mal définis que nul ne sait ce qu'ils désignent ! Contre la désinformation si subtile qu'elle en est presque subliminale !

Révoltons-nous contre les opinions et les fausses évidences qu'on nous présente comme des idéaux, contre la persistance d'une lugubre vision marxiste du monde et d'un antimodernisme affublé des oripeaux des soi-disant acquis dits sociaux qui creusent la tombe des acquis, bien réels ceux-là, de l'individu !

Révoltons-nous contre l'idéologie antihumaniste de la complexité, contre ces mots creux qui, matraquage aidant, s'ancrent plus profondément dans les esprits que des idées ! Et contre ces programmes scolaires qui n'ont ni pour but, ni pour volonté d'apprendre à nos enfants à mieux vivre, mais qui les endoctrinent afin qu'ils donnent moins mais exigent mieux, qu'ils comprennent moins mais rejettent plus fort, qu'ils ne sachent plus, mais critiquent davantage !

Rejetons impitoyablement cette lugubre habitude dont se meurt la société américaine et qui tend à nous envahir, ce *how are you today*, lancé à tout venant, de préférence en regardant ailleurs pour montrer, sans provocation ni ostentation, qu'on se fiche complètement de savoir comment il va aujourd'hui !

Abandonnons tous ces vœux pieux derrière lesquels chacun se retranche pour mieux se protéger d'avoir à « payer de sa personne » ! Ne feignons plus de croire que la création d'un ministère gag (dit de la Solidarité, par exemple) ou d'un énième comité Théodule nous libérera de l'engagement personnel, et tout spécialement de sa forme la plus efficace qui consiste à retrousser ses manches pour apporter à autrui, dans son entourage, un peu de ce dont il a besoin !

Aucune solution globale, sans doute, ne peut être apportée au chômage, à la pauvreté en tous cas dans les limites problématiques actuelles, surtout en les caricaturant du mot atroce — que chacun devrait bannir de son vocabulaire — d'exclusion, mot qui, à lui seul, les rend insolubles. Mais s'il existait une chance, une seule, pour chacun de nous, de résoudre — même momentanément — un fragment du problème individuel d'un chômeur ? De plus pauvre que nous ? Et si nous étions des millions à le faire ? Et si, pour dissoudre les problèmes du monde, il fallait commencer par s'attaquer à des problèmes que vous, moi, nos contemporains, nos concitoyens, pouvons contribuer à résoudre au lieu de nous contenter de les poser à des instances dont on sait qu'elles ne peuvent ni ne savent leur trouver des solutions véritables ?

Retrouvons enfin l'amour du prochain, la charité, la *vie en société*, si éloignée de ce « social » dont on nous rebat les oreilles ! Les valeurs dont le monde a besoin devront avoir pour argument et pour fondement principal, l'individu, pas la société, pas, comme certains disent si drôlement, « le social ».

La primauté donnée aux valeurs sociales a prouvé qu'elles

ne menaient qu'à l'échec, la société étant d'abord et avant tout faite d'individus ; l'unité finale, ce n'est pas le concept relatif et évolutif de société, c'est le « concept eschatologique » total, l'individu. La seule véritable révolution acceptable et souhaitable, c'est une révolution individuelle qui guérira l'échec visible de l'accumulation de tous ces succès dont le total, certes positif en soi, ne répond pas aux besoins de la personne humaine, de l'individu, seules vraies « mesures » acceptables.

Redécouvrons les coutumes de politesse et d'attention à l'Autre, les cérémonies, les rituels dont la disparition a causé à l'âme des ravages. Réinstaurons les fêtes, (si éloignées de « la fête » chère aux chantres de la déculturation), ces mille et un moments où l'on approchait le bonheur, ces comédies qui délivraient de la tragédie de la vie et qui, à force d'être mimées, permettaient de la vivre, apprenaient à vivre.

Réapprenons à nos enfants à aider les handicapés à traverser la rue, à céder leur place aux personnes âgées dans les transports publics, à être attentifs au monde qui les entoure, à pratiquer des solidarités de proximité, à aider les plus fragiles, les plus faibles qu'eux, à pratiquer sans compter les célèbres bonnes actions chères à Baden Powell, à baisser leur musique à certaines heures... ou tout simplement, à débrancher leur baladeur et à sourire au monde.

Sourire ? À combien de personnes avez-vous souri aujourd'hui ? Juste parce qu'elles étaient près de vous, juste parce qu'elles étaient jeunes, vieilles, jolies, laides, riches, pauvres, élégantes, mal fagotées ? Oui, combien ?

Il est permis de se demander très sérieusement si la société n'est pas en train de se détruire par sa propre solidification, l'homme étant de moins en moins considéré comme un individu unique et irremplaçable, pour évoluer vers « l'un des éléments de l'humanité » ; il est permis, finalement, de se demander si tout cela ne tient encore debout que pour une seule raison : contrairement à ce que les gens dits intelligents nous assènent et les tambours de la désinformation nous répètent, il reste, à un état quasi résiduel, un fonds de croyances, d'anciennes idées et d'anciens idéaux, un reste de valeurs, parmi lesquelles un zest d'amour.

Pourquoi ai-je choisi de chuchoter mon amour dans un siècle qui aime tant le bruit ?

N'étant ni homme public, ni politique, ni personnalité marquante de l'histoire ou de l'humanité, j'ai le privilège merveilleux de la sincérité non négociable. Privilège auquel s'adjoint celui de l'âge, d'un long vécu — le mien et celui de ceux que j'ai côtoyés — parsemé de guerres, de drames, de violences, de chagrins. De tout cela, que reste-t-il dans la mémoire de vraiment réel ? Les actes d'amour.

J'ai pu le vérifier, en me reportant à ma propre expérience et à celle des gens de mon entourage : aucun de ces actes, si petit soit-il, n'a été oublié. Ils cristallisent ces instants privilégiés où, malgré les pièges et les problèmes, voire grâce à eux, l'être, en nous, a pu s'exprimer. Où nous avons donné priorité à cette soif d'âme, d'absolu, que seul l'amour parvient à étancher. Il n'y a pas d'autres réponses à l'angoisse, cette dernière fût-elle grande et existentielle.

Si donc j'ai choisi de parler d'amour, c'est pour en partager, dans le présent, l'exigence élevée. Le monde d'aujourd'hui, comme le monde d'hier et plus encore celui de demain, a besoin, pour exister, pour être, que chacun de nous le reconnaisse, donc le connaisse et, donc, l'aime. Tâche bien ardue, certes ! Comment aimer ce monde évoqué plus haut, aux idées faibles qu'assènent, en un fatras triste, des flopées de slogans et de petites phrases toutes faites ? Comment aimer ce monde d'angoisse, de conflits, de violences urbaines, d'agressions permanentes, où vous paralysent la terreur du sida, du chômage, et celle de la drogue qui pourrait frapper vos enfants ? Ce monde dont « les valeurs se fissurent, alors que celles à venir [...] ne sont encore que de très vagues tendances confuses. » Cette « époque déconcertante, extravagante par bien des aspects, époque de transition, de déséquilibres, de contrastes, de contradictions : l'accouchement [d'une] modernité commence, mais le siècle n'en ressent que les douleurs, sans savoir ce que sera le monde qui va naître... »

Oui, comment l'aimer, ce monde qui hélas est le nôtre ?

D'abord, en relativisant : les lignes si pertinentes citées ci-dessus n'ont pas été écrites pour notre époque, mais pour le XIVe siècle et sont extraites d'un ouvrage de Georges Minon sur Du Guesclin !

En reconnaissant que le monde moderne n'est pas que cela, tant s'en faut : des dispositifs législatifs disponibles un peu partout dans le monde voudraient tendre à diminuer la violence, à rendre les guerres plus difficiles, à condamner la torture, à combattre la famine, la misère, la souffrance, la pauvreté. Certes, partout on voudrait tendre à plus de démocratie, à moins de dictature, à moins d'enfants exploités...

En croyant en l'avenir : ne pas y croire, et désespérer de notre présent, c'est projeter sur le XXIe siècle des terreurs multiséculaires ! Des terreurs obscures auxquelles, certes, nous sommes confrontés plus dépouillés encore qu'au Moyen Âge, puisque nous avons laissé en chemin le Dieu d'amour et d'espérance qui, alors, rendait la vie acceptable et le futur envisageable.

En redécouvrant la modestie : les échecs actuels qui sont le point d'aboutissement de tous nos succès sont, de fait, une belle leçon de modestie ! Nous, hommes du XXIe siècle, nombril de l'univers grâce à tous nos progrès et nos techniques, nous n'avons rien inventé d'essentiel, hors des domaines, précisément, liés au progrès et à la technique. Rien que nous ne devrions, en gros, regretter de perdre. Et rien, en tous cas, qui puisse nous libérer de la nécessité de l'engagement personnel, sous sa forme la plus efficace : l'amour du prochain. En rappelant, enfin, que rien n'est plus précieux que ce que l'on acquiert avec difficulté.

Ouvrons les yeux et cessons de nous apitoyer. Rejetons cette morosité qui, à force de rejeter autrui, nous amène à nous rejeter nous-mêmes. Éliminons ces philosophies de l'abandon qui, délaissant les causes, ne veulent s'attaquer qu'aux symptômes. Détrônons les demi-dieux modernes, Science et Économie, en les remettant à la place, utile et nécessaire, belle et respectable qui devrait être la leur : celle de moyens, non d'une finalité ; détrônons les faux dieux, Progrès et Argent, érigés eux aussi au rang de fins ultimes de l'aventure de l'homme sur la Terre.

Sachons, à côté de tout ce que nous avons amélioré dans nos conditions physiques, inventer un nouvel humanisme — c'est-à-dire un humanisme où trouveraient place quelques grains de nouveauté. Alors, nous aurons gagné. L'esprit dominera de nouveau la matière, apportant au XXIe siècle les seuls remèdes dont il a, désormais, besoin. Ils ont nom respect, partage, don de soi... Ils ont nom amour.

Cet amour qu'autrefois, dans certaines campagnes de France, au lieu de vous adresser le bon jour, on vous souhaitait. Et que je vous souhaite.

DENIS HUERRE

La Virginité

PROFIL:
PÈRE DENIS HUERRE

Outre l'Europe, ses fonctions amenèrent le père Denis Huerre à découvrir d'Asie, l'Afrique, l'Océanie et les Amériques. Son existence fut également traversée par les typhons de l'histoire. Autant dire que sa vie atteignit une exceptionnelle densité.

TOUTEFOIS, son état l'amène à conserver une certaine discrétion. Aussi nous limiterons-nous à publier les quelques éléments biographiques qu'il a bien voulu nous fournir.

Denis Huerre naquit en 1915 à Paris d'un père breton et d'une mère provençale. Bien que pharmacien, spécialisé dans l'étude des dermatoses, son père était féru de littérature. Denis Huerre hérita de cette prédilection. Après le cycle secondaire effectué chez les Oratoriens puis au lycée Louis-le-Grand, il entreprit des études d'histoire et de philosophie. Sur son service militaire vint se greffer la guerre qui l'amena à connaître la captivité en Silésie.

Peu après son retour en 1945, il rentra au noviciat de la Pierre-qui-vire. En 1952, les moines le choisirent pour abbé et il le demeura jusqu'en 1978. De 1980 à 1988, il sera basé à Rome en qualité d'abbé président de la congrégation bénédictine de Subiaco. Cette fonction le conduira à effecteur de permanents voyages à travers les cinq continents. Ensuite, il reviendra à la base dans son monastère, où il réside aujourd'hui.

La Virginité

Père Denis Huerre

Ce mot de virginité
peut sembler provoquant.
Peut-il s'agir d'une valeur à prôner ?
Est-ce là naïveté de moine ?
Il faut donc s'expliquer.

JE PROPOSE la démarche suivante : avant de donner à la virginité un sens humain universel, s'interroger sur la situation de l'homme, du moine en particulier, en tant qu'habitant de la Terre. Puis, sous le titre d'*Humanitas*, tenter un inventaire de cette qualité constamment revendiquée par les cultures successives comme par la civilisation qui voudrait les englober toutes. Enfin, réfléchir sur la virginité comme expression d'un accomplissement humain non seulement rêvé, mais possible.

Je commence par quelques notes propres à la vie qui se mène dans un monastère, réalité inévitablement peu connue de quiconque, la regardant du dehors, peut passer très vite son chemin pour son insignifiance, ou, tout au contraire, la surévaluer au point de voir là un lieu admirable, voire idéal. Au-delà de ces deux regards, j'en propose un troisième, plus soucieux de l'insertion du moine dans la vie humaine. Un monastère est terrestre à tous égards : par le sol qui est le sien, par les hommes qui y vivent, par le contexte historique où il s'insère. Lieu original, sans doute étrange. Mais visité, et non seulement quand il offre un intérêt d'histoire ou de culture.

Quel être humain n'aspire pas au silence et à la communion ? Serait-ce un secret réservé aux moines ? Nullement et là me semble s'expliquer la venue, particulièrement notable aujourd'hui, de ceux que le moine appelle des hôtes et non des étrangers.

Connivence humaine. Précisons, si possible, cette connivence. Elle dit une communauté de nature humaine, c'est entendu, mais aussi la similitude de nombreuses difficultés qui amènent souvent le moine à se tenir heureux d'être aidé, mais peuvent aussi lui donner l'occasion d'une parole vraie dans la recherche actuelle d'un mieux-vivre humain. Car s'il n'est pas facile d'être moine, c'est aussi qu'il n'est facile à personne d'être homme.

J'essaie de dire, comme je les vois, les points sensibles d'une communauté humaine, mondiale ou locale, en 1995. Je noterais d'abord le racisme, pour utiliser ce mot devenu inévitable tant il affecte réellement tout être, même s'il s'en défend. Il ne s'agit pas ici du racisme criminel qui élimine, mais de la capacité innée en chacun de percevoir la vigueur des racines propres à chaque être comme à chaque groupe d'êtres constituant une race. Sous le mot racisme se rassemblent les problèmes humains nés de la pluralité de races ou de cultures refusant, chacune, d'être sacrifiée à une prétendue civilisation universelle, civilisation toujours tentée de codifier l'être humain par ses techniques et intérêts.

Du fait raciste, nul ne peut se croire protégé et un monastère, s'il compte des membres de différents continents ou de plusieurs pays d'un même continent, est bien placé pour savoir ce que l'étroite cohabitation de tels membres suppose de respect mutuel et de résolution toujours renouvelée de vivre ensemble.

Mais le racisme, tel que je le vois menacer les hommes et donc les moines, n'est-il pas l'émergence d'une donnée plus fondamentale de la vie ? Celle-ci, se voulant humaine, est, en effet, toujours une vie vécue à plusieurs qui, fussent-ils très proches par le sang ou l'idéal, ne forment pas automatiquement un ensemble harmonieux : comment honorer les droits de chaque personne et, simultanément, les droits d'une collectivité qui — qu'elle soit locale, nationale ou internationale, familiale, monastique, etc. — est à bon droit reconnue, par son existence même, comme une victoire significative, non sur la personnalité mais sur l'individualisme de chacun de ses membres ? Le racisme serait donc un cas particulier d'une question plus générale, celle des rapports humains, qu'il s'agisse, pour utiliser des binômes devenus repères classiques, de la relation homme/femme, maître/esclave, citoyen/immigré, croyant/incrédule, riche/pauvre.

Avant de suggérer ce qui, sur ces différents lieux d'opposition, pourrait être appelé une note certainement monastique mais tout autant universelle, je crois nécessaire de souligner en quoi un monastère, comme tout corps social, est affronté à ce qui, au-delà du racisme et de toute sorte de refus de l'autre, m'apparaît comme le grand échec social moderne : la pauvreté, voire la misère où vivent la majorité des êtres humains. Et il peut exister des pauvres dans un monastère. Terrible impasse provoquée, pas seulement ou pas d'abord par la malice humaine, mais peut-être par des structures qui nous échappent pour une part.

Parler de la pauvreté n'est pas une manière un peu démagogique d'esquiver d'autres questions plus difficiles, voire métaphysiques sur la nature humaine. C'est peut-être, en partant du concret visible, s'orienter avec justesse vers les choses plus secrètes et essentielles, car la pauvreté est révélatrice à force d'être criante. Procédons à partir des évidences : la pauvreté ou la misère se définissent en besoins et le plus souvent en moyens de les satisfaire, spécialement en monnaie. La circulation de celle-ci comme la répartition des biens seraient donc l'urgence première, étant entendu qu'il ne s'agira pas seulement de satisfaire des besoins matériels, puisque ce sont tous les niveaux de l'être humain qui devront, plus ou moins vite, faire face à la dégradation provoquée par la pauvreté matérielle. Devant ce péril de déshumanisation, le moine devra, comme tout homme, donner une réponse. Or, la réponse de la vie monastique sur la pauvreté est surprenante et l'on peut même s'interroger sur son intérêt pour tous, tant elle peut paraître particulière.

Deux principes y président, apparemment clairs : donner à chacun selon ses besoins et tout mettre en commun. Mais la pratique est évidemment malaisée : comment apprécier les besoins personnels de l'autre ? Et voici resurgir la question, peut-être centrale finalement et même préalable, de l'harmonie possible ou non entre l'individu et la collectivité, avec le constat de l'échec durable s'exprimant en vie sous-humaine pour beaucoup.

Entrons dans les mécanismes monastiques. Comme toute société, un monastère se compose de membres et du chef qu'ils se sont donné ; d'un capital (ce que les membres décident de mettre en commun) ; et d'un but qu'ils se proposent d'atteindre à partir de ce capital. Il y a donc un va-et-vient constant entre un présent et un avenir, d'une part, entre un bien commun à poursuivre et le bien individuel de chacun des membres du monastère, d'autre part. Va-et-vient des oui et des non qui font l'intérêt des débats et des réflexions dès lors qu'y est assurée la liberté d'expression.

Travailleurs libres ?

S'ensuivra, pour les moines, la mise en œuvre des décisions prises, disons le travail monastique, avec ses particularités propres, absence de chômage, stabilité de vie permettant la continuité de l'effort, limitation des besoins qu'un genre de vie plus immédiatement impliquée dans l'actualité mondaine vient au contraire multiplier.

Ces conditions de travail, très avantageuses en vérité, ont évidemment pour contrepartie la pénurie des capacités, puisque le monastère n'embauche pas des spécialistes, mais incorpore, au sens propre, des hommes désireux de vie monastique qui ne sont pas pour autant aptes à tout travail ni capables de s'y spécialiser. D'où le caractère occasionnel de beaucoup de travaux monastiques qui ne sont plus ce qu'ils ont été selon les réputations en partie légendaires, travaux des champs ou de bibliothèque. De toutes manières, le travail, dans les monastères comme partout et qu'il s'agisse de travaux manuels ou intellectuels, fait appel à un équipement et à des normes qui lui ont donné un visage nouveau, pas forcément humain, où les réussites et les déboires sont difficiles à prévoir.

Et, constat étonnant, jamais, au cours de l'histoire des monastères, ceux-ci n'auront autant travaillé qu'aujourd'hui. Recul devant les exigences de l'intériorité ? J'espère que non et qu'il s'agit seulement d'une soumission quasi inévitable et encore insuffisamment maîtrisée, à la condition humaine commune.

S'ils partagent les aléas du travail moderne, il faut cependant en convenir, les monastères ne connaissent pas l'épreuve devenue si fréquente dans les entreprises, la faillite et le licenciement du personnel. Est-ce aptitude à changer de travail quand l'activité jusque-là soutenue doit cesser ? Obligation morale de leurs membres décidés à vivre ensemble les bons et les mauvais jours, quoi qu'il doive en coûter ? Certitude, venue d'ailleurs, qu'il ne saurait y avoir d'impasse absolue ? Certainement, avec ce paradoxe, fréquemment interprété comme un scandale : voici des hommes qui, à cause de l'évangile, décident de mener leur vie sous le signe de la pauvreté, sans pourtant devoir en supporter les angoisses qui accablent la majorité des humains.

Redisons-le : le partage consciencieux des biens, la gestion communautaire et l'assiduité au travail jusqu'au dernier souffle (utile) pourraient provoquer une accumulation de biens, en effet paradoxale. Ce conditionnel est devenu souvent certitude selon les experts des différents régimes politiques — que n'a-t-on pas dit des biens de mainmorte gonflant le patrimoine des communautés religieuses à la mort de ces célibataires sans héritiers directs ? Monarchie, empire, républiques successives s'en sont tous souciés. Qu'en est-il aujourd'hui et que dire ? Que parfois les apparences sont trompeuses et que je ne connais pas de communauté justifiant les craintes, assez normales d'ailleurs, que leur richesse provoquerait.

La précarité est fréquente et si le bilan d'un monastère comporte annuellement un bénéfice, il est largement utilisé au profit des demandes d'aide arrivant au courrier quotidien. Les monastères établis dans les pays en voie de développement sont, quant à eux, sollicités à domicile, assaillis souvent par leurs voisins, moins équipés et surtout moins groupés que ne le sont les moines pour se défendre et survivre. La misère des pauvres est toujours intolérable, presque un reproche, en tout cas une urgence: il faut partager, même ce que l'on n'a pas. Fortune, pauvreté, partage, quelle *humanitas* recouvrent ces mots inséparables de toute existence humaine ?

Humanitas

Le mot *humanitas* dit autre chose que sa traduction littérale « humanité », c'est plus une manière d'être humain qu'une définition de l'homme, plus un art qu'une science, plus un devenir qu'un acquis, et peut-être plus un devoir qu'un droit. La question ainsi posée, et elle l'est à toute époque, à toute culture, ne peut provoquer qu'une réponse de même nature, non pas floue, mais ouverte puisque, pour tout dire, on ne devient que lentement homme, humain. C'est sans fin et il s'agit, quand on désire être homme, non de totalité, mais d'infini : non d'une totalité de connaissances, de compétences, de sécurité ou de santé, mais d'un infini qui, fût-il seulement pressenti, dit parfaitement le désir de se dépasser pour s'accomplir, malgré les limites que chacun constate en lui et dans les autres.

L'*humanitas* semble une lumière accompagnant la vie d'un homme, un rayonnement de ses gestes ou paroles, un savoir-vivre et faire et comment ne pas admirer l'*humanitas* des Latins, la *politeia* des Grecs, celle d'un Hippocrate, cinq siècles avant notre ère ? Le texte du serment que, récemment encore, tout étudiant en médecine, soutenue sa thèse, prêtait en présence de ses maîtres, étonne par sa pertinence : « Je donnerai mes soins à l'indigent et n'exigerai jamais un salaire au-dessus de mon travail. Admis dans l'intérieur des maisons, mes yeux ne verront pas ce qui s'y passe, ma langue taira les secrets qui me seront confiés... Reconnaissant envers mes maîtres, je tiendrai leurs enfants et ceux de mes confrères pour des frères, et s'ils devaient apprendre la médecine ou recourir à mes soins, je les instruirais et les soignerais sans salaire ni engagement. »

Revenant aux moines, il faut nous demander ce qu'est pour eux cette *humanitas* qui ne saurait s'en tenir à l'accueil fraternel d'un hôte à la porte du monastère, mais doit contenir une vision plus étendue de toute la réalité humaine.

Leur réponse sera évidemment celle de leur foi chrétienne qui ne peut jamais séparer anthropologie et théologie, c'est-à-dire parler de l'homme sans parler de Dieu, et réciproquement, puisque selon cette foi, l'un et l'autre, Dieu et l'homme, sont aussi distincts qu'inséparables.

Mais s'il fallait pourtant poser la question de l'*humanitas* du moine sans référence à Dieu, donnons la parole aux maîtres de la sociologie, science de l'homme en tant que membre d'une société. Ils ne pouvaient pas ne pas s'intéresser au fait monastique, fait public éminemment social par nature, se faisant remarquer tant par sa particularité de milieu monosexué que par le partage de vie auquel s'engagent les adeptes de cette voie. Fait à ranger, entre autres réalités sociales — mais pour quelles raisons ? —, parmi les mystérieux « phénomènes d'influence » échappant à l'analyse.

Tout inattendues qu'elles soient pour le moine qui, certes, ne se les est pas posées à son entrée au monastère, les questions des sociologues (E. Troeltsch, M. Weber, L. Moulin, J. Séguy) sont pertinentes. Prenant exactement les moines pour ce qu'ils veulent être, à savoir des disciples du Christ se convertissant pour le suivre, ces sociologues se demandent dans quelle mesure ces convertis n'entendent pas surtout convertir le monde : si la séparation du monde qu'ils professent ne tend pas à la subversion de ce monde, et si même ils ne vont pas, au sein de l'Église, devenir une force difficile à contrôler, une menace permanente de dispersion des forces au détriment d'un corps, l'Église, qui entend se définir tout autant par l'unité que par l'universalité. L'*humanitas* serait-elle simultanément antipathie et sympathie, amour et refus, concurrence et entraide, prosélytisme indiscret et indifférence à ce que croit l'autre ?

Finalement, comment l'*humanitas* du moine chrétien pourrait-elle ne pas être paradoxale puisque le christianisme a pour signe le signe de la Croix sur laquelle un innocent, l'Innocent par excellence, est mort abandonné de tous. Où trouver pire inhumanité ? Il devait y avoir dans ce crucifié une source cachée. Comment la nommer ?

Virginité

Je peux reprendre maintenant le mot de virginité que j'écrivais au début de ces pages : j'y vois le plus profond de la réponse qu'un moine voudrait donner aux questions touchant l'humanité. Il ne s'agit pas ici de virginité corporelle, évidemment, ou de sexualité. Comme tout homme, le moine ne se dispense pas, par le simple propos du célibat, des questions que pose à quiconque la nature humaine concrète et ses puissances affectives ne sont pas mortes. Il ne peut s'agir non plus d'une expérience exceptionnelle qu'il ferait dans son monastère, lieu irréel ignorant les ombres et les fautes. Aucun désert n'est sans péché. Quand je propose « virginité », il s'agit donc d'autre chose.

De ceci : il y a en tout être humain un point intact permettant d'espérer pour lui la sortie de la nuit. Beaucoup ont avancé un tel argument pour s'opposer à la peine de mort d'un criminel. Sans pour cela d'ailleurs se sentir désireux de voir ce criminel s'asseoir à leur table et partager leur repas. Sans aller jusque-là (ce que fit Dieu en la personne du Christ), ils pressentent qu'il y a en tout être un avenir de lumière : il faut le laisser vivre. Le laisser, ou l'aider ?

Revenons au moine : il lui arrivera de se constater mauvais moine. Mais moine quand même. Pauvre homme, mais toujours homme. D'où lui vient une telle assurance pour lui-même et pour les autres ?

La mystérieuse présence du mal dans la vie humaine ne pouvait laisser les chrétiens sans inquiétude. À preuve, leur trouble quand ils ont constaté que, une fois le baptême reçu, certains d'entre eux retombaient dans l'idolâtrie, l'adultère, l'assassinat…

Que, sous la torture et parfois avant elle, ils reniaient le Christ. Que faire de tels *lapsi*, ces tombés ? Ne devait-on pas, en les rebaptisant, leur donner une nouvelle chance de vie honnête et sainte ? Mais l'Église chrétienne a toujours refusé de procéder ainsi : le fils, fût-il mauvais, est toujours un fils, parce que en lui l'image de Dieu est indélébile.

Image et ressemblance, lisait-on dès les premières pages de la Bible. Très vite les penseurs chrétiens (nommons l'évêque de Lyon Irénée, car il est le premier en cela) distinguent les deux mots : la ressemblance peut s'atténuer et, de fait, qui oserait se comparer à Dieu ? Mais l'image demeure et la conversion consistera à rendre l'image plus ressemblante. Pensée très optimiste et que les chrétiens conservent, non sans scruter continuellement le contenu des paroles bibliques, tant à la lumière de leur foi qu'à celle, de plus en plus importante, des sciences humaines, si soucieuses du mystère de l'homme.

Quoi qu'il en soit, l'être humain a une transcendance réelle, relative à celle de Dieu, sans doute, mais inaliénable et faisant dire de l'être humain qu'il est inviolable. Par ailleurs, l'être humain biblique étant présenté en tant qu'image de Dieu, sous le double visage de l'homme et de la femme, il fut clair qu'être pleinement humain implique de vivre dans une altérité, avec la capacité de communiquer, d'atteindre un état de communion. Si bien que dans la définition de chaque personne à laquelle est reconnue une valeur absolue, entrent aussi en ligne de compte les autres personnes, l'humanité étant faite finalement de multiples solidarités. Ainsi les êtres humains se lieraient les uns aux autres et même avec Dieu, alliances permettant de vérifier la maturité de chacun, selon qu'il sait se situer par rapport aux générations antérieures ou postérieures, par rapport à l'ensemble des hommes et des femmes à partir de son propre sexe, dans le contact avec d'autres cultures que la sienne, et, surtout, dans la manière d'accueillir l'union que lui propose celui qui, de soi, est le plus différent, Dieu. Et dans chacun de ces cas d'alliance est mis en œuvre ce point intact, cette virginité qui est le meilleur atout de chaque être.

L'originel

Serait-ce une autre manière de dire la virginité non abolie en l'homme ? En tout cas, comment ne pas remarquer l'usage d'expressions variées mais constamment présentes dans les œuvres écrites ou peintes, et disant toutes le regard ou l'oreille fixés sur le *primordial*, le *séminal*, le *génuin*, le *fondamental*, point idéal situé à la cime ou au fond de l'âme, résumant tout dans le cœur de l'homme qui n'est pas l'organe physique mais ce qu'il symbolise, le mystérieux brassage du sang, du souffle, du désir et de la mémoire, *point de rencontre* plus ou moins vivant selon l'ouverture ou la fermeture d'un être.

Le moine bouddhiste nous parlera ici de *vide* qui n'est pas *vacuité*, mais capacité de recueillement et d'accueil, d'adhésion, ce que le moine chrétien nommera le *silence*, un silence habité par une Personne créant la sienne, à son image précisément. Silence si désirable et recherché que l'on a pu, au-delà des œuvres savantes ou culturelles qu'il se voyait attribuer, définir le moine comme un silencieux. Et tel il devrait être, sans doute. Mais la solitude qu'il aime en effet, n'est pas un isolement, et la virginité, qui lui vient de l'image de Dieu vivante en lui, ne le conduit à aucun solipsisme, mais au contraire à l'ouverture humaine, disons à la philanthropie. Solitude et communion sont indispensables pour définir le destin, disons la vocation, du moine.

Mais n'est-ce pas là définir tout être humain ? Là est le mystère de la virginité, disons la réalité d'un don reçu et jamais renié par le donateur, jamais non plus submergé par les malheurs des temps ou de chaque personne.

Virginité de l'être humain ? Faut-il choisir un mot plus familier et parler d'une ressource jamais épuisée ? Inépuisable malgré l'emploi, inhumain parfois, qui en est fait. « Fais silence » sera-t-il conseillé au moine si, oubliant cette richesse secrète, il se lançait sur une voie d'erreur. Dans le silence se retrouve la vraie vie, la « chasteté des choses », selon la philosophe Édith Stein, la virginité de l'être, me semble-t-il. Un silence d'ouverture aux autres et, tout autant, le refus de les posséder. Autrement dit, la liberté de tous.

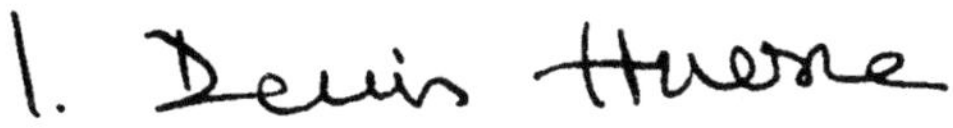

Michel-Édouard Leclerc

La responsabilité

PROFIL :
MICHEL-ÉDOUARD LECLERC

Partout dans l'hexagone, l'enseigne E. Leclerc orne 303 hypermarchés, 230 supermarchés et 55 magasins spécialisés. Pour le groupe, il n'y a plus de Pyrénées. Il fait, en effet, tâche d'huile en Espagne et au Portugal. Déjà il forme des cadres polonais, tchèques et hongrois pour la création d'un futur réseau en Europe centrale.

BIJOUTERIE, salaisons, textile, viande, pétrole, alimentation générale, tourisme, parfumerie, parapharmacie, on n'en finit pas d'énumérer les domaines dans lesquels Édouard et Michel-Édouard Leclerc déploient leurs talents. Il y aurait pourtant comme une lacune. Pourquoi, déjà riches d'expérience en la matière, n'incluent-ils pas le décrêpage dans leurs activités ? En effet, depuis sa création, le « mouvement » Leclerc défrisa pas mal de monde.

« Épicier de Landerneau » ! Guère bienveillante, cette métaphore fut dès le départ décochée à Édouard Leclerc par ses adversaires. Même le Landerneau de la politique se mit de la partie. Au cours d'une conférence de presse, Georges Pompidou déclara : « Édouard Leclerc qui, parait-il, est connu dans les milieux de l'épicerie. » Albin Chalandon ne voit dans les initiatives de Leclerc qu'une expérience. Quant à Pierre Poujade, il donna le coup de pied de l'âne en taxant Édouard Leclerc de « larbin des trusts juifs ploutocratiques. » Curieusement, cette campagne eut un effet boomerang. A l'encontre du dessein nourri pas ses détracteurs, Leclerc, aux yeux de l'opinion prit l'allure d'une sorte de Robin des Bois.

■ Une vocation sociale

On pourrait le dire : un substrat de noblesse pare l'épicerie. Que d'audace, que d'ingéniosité fallut-il aux navigateurs d'antan pour se lancer sur la route des épices. Mais quand bien même s'en tiendrait-on à l'acception péjorative du mot épicier, force est de reconnaître que les

Leclerc ne sont pas des épiciers comme les autres.
Patriarche, nul mot ne convient mieux pour définir le grand père de Michel-Édouard Leclerc. Agrégé de lettres et d'histoire per il piacere, il s'occupe de l'entreprise familiale d'horticulture où travailleront ses treize enfants. Parmi eux, il y aura cinq prêtres. S'il n'entre pas en religion, Édouard, le père, grand lecteur de Lacordaire et de Lamennais, a une haute idée de sa mission sociale. Or, au lendemain de la guerre, les préoccupations sociales n'habitent guère le secteur du commerce. L'esprit de marché noir a laissé des séquelles dans le monde de la distribution. Certes, avant que Leclerc ne fasse irruption existent des circuits courts. Hélas, leurs promoteurs oublieront de réduire les marges bénéficiaires. Ce sera cette lacune que Leclerc s'efforcera de combler.
On notera que, parvenu aujourd'hui au premier rang de la distribution française, Édouard Leclerc n'est toujours propriétaire que de deux des six cents points de vente qui portent son nom. Aurait-il voulu devenir une sorte de Gulbenkian multimilliardaire, il lui suffisait d'exiger de chaque centre le versement d'un petit pourcentage sur le chiffre d'affaires. Mais à ses yeux, l'économie doit avoir une finalité sociale. Peut-être est-ce ce parti pris missionnaire qui valut aux Leclerc tant de réticences lorsqu'il ne s'agissait pas d'hostilité déclarée. Flamme sans doute héréditaire puisqu'elle animera son fils Michel-Édouard. Pourtant, avant d'entrer en religion Leclerc, il fit un long détour.

■ Mecque familiale

Bien sûr c'est à Landerneau, La Mecque familiale, qu'il voit le jour le 23 mai 1952. Il effectuera ses études secondaires au petit séminaire de Viry-Chatillon. À l'université Panthéon Sorbonne, il passera un Doctorat de sciences économiques avec, pour sujet de thèse, le financement du déficit extérieur de la France après la crise pétrolière de 1973. Parallèlement, il obtiendra des diplômes de philosophie et de sciences politiques.
Dire que la vie estudiantine de Michel-Edouard est l'existence dorée d'un fils de nabab reviendrait à mentir. Afin de financer ses études, il deviendra polyvalent en matière de petits boulots. Tantôt on le rencontre magasinier chez Bouygues, ensuite coursier à la C.G.E. Puis, en prenant du galon universitaire, il devient assistant à la faculté et journaliste pigiste.
Si son grand-père flirta jadis avec les idées d'Action française, tel n'est pas le cas de Michel-Édouard. Au cours de ses trois années de philo à Paris-IV, il s'enthousiasme pour les cours de Jankelevitch et suit avec passion l'enseignement de Michel Serres en philosophie des sciences. Il y croise Jérôme Garcin et des journalistes de Libération.
Il reconnaîtra plus tard, qu'à travers la philo, il apprit les notions de conscience sociale, de responsabilité individuelle ou

collective. Et ici on le retrouve dans la ligne de son père. Du reste, les deux hommes n'hésitent pas à exprimer leur engagement.

À la manière de Don Quichotte, mais avec davantage d'efficacité, ils partent en croisade pour défendre la liberté scolaire, s'occupent du contrôle de la Sécurité sociale et luttent contre la pollution occasionnée par les nitrates en Bretagne. Si, parmi les loisirs préférés par Michel-Édouard, on compte l'archéologie, la voile (il est Cap-Hornier) et les randonnées en montagne, il siège également au sein d'une pléiade de commissions dont le conseil consultatif de la Banque de France. Il envisage de se consacrer à l'enseignement. Et puis hop ! Le voici qui réintègre le giron familial. En 1978, monsieur Leclerc fils, docteur ès sciences économiques, fait son entrée chez les centres Leclerc. Il emprunte cependant la petite porte et son salaire se monte à 3 800 francs par mois. S'il ne s'oppose pas à cette intégration, son père n'interviendra pas non plus dans un sens favorable.

Ce respect de l'autonomie du prochain semble faire partie de l'esprit de la famille. Ainsi, si Michel-Édouard partage sa vie entre la Dordogne, Paris et Landerneau, c'est que son épouse voulut continuer d'exercer ses activités dans l'élevage et qu'en dehors de la période du salon de l'agriculture, il est difficile de s'occuper d'un troupeau à Paris. En outre, les quatre enfants bénéficient ainsi du fabuleux cadre périgourdin.

Aujourd'hui, alors qu'il partage avec Édouard Leclerc la direction des Centres du même nom, après avoir en 1979 créé la société d'importation pétrolière Leclerc, son engagement en faveur de l'humanisme demeure. Il préconise le retour à Montaigne qui préférait une tête bien faite à une tête bien pleine. Ce dont on a besoin, ce sont de bons généralistes qui comprennent l'usage des techniques et leur incidence sur la société.

La responsabilité

MICHEL-ÉDOUARD LECLERC

Il y a des expériences
qui vous empêchent de dormir pendant
plusieurs semaines.

S'ÉTANT SAISIS d'une information émanant du ministère de la Santé, les médias ont, en cette fin d'été 1994, alerté l'opinion publique de l'existence d'un risque épidémique de listériose — cette infection mortelle due à la listéria, bactérie qui mine l'immunité naturelle des organismes les plus faibles. Avec cette présomption : l'origine en serait la consommation de rillettes dont les pots auraient été commercialisés dans des magasins à notre enseigne ! Mon père et moi, ainsi que tous nos collaborateurs, en sommes tombés des nues.

Je puis en parler aujourd'hui avec d'autant plus de sérénité qu'aucune relation entre nos points de vente et les conséquences malheureuses en terme de maladie ou de décès n'a pu être à ce jour définitivement établie. Mais cette expérience fut terrible.

Mon épouse venait de mettre au monde un nouveau-né. À quel point j'ai pu me sentir concerné, lorsqu'un journaliste, me tendant un micro, est venu me dire : « L'un des produits que vous vendez a peut-être provoqué l'avortement de trois nourrissons ! Qu'allez-vous faire ? » Penser que nous pouvions être pour quelque chose, même à notre insu, même indirectement, dans le malheur des autres, m'était d'autant plus insupportable que j'étais moi-même si heureux.

Évidemment, nous avons réagi promptement, dans une totale transparence, et nous sommes entièrement mobilisés pour combattre un éventuel fléau. Très vite, et sans disposer (un comble !!!) des informations que pouvaient détenir les administrations chargées de la prévention, nous avons pris les mesures nécessaires pour informer les consommateurs dans les magasins, retirer les produits de la vente, inviter les acheteurs à rapporter les produits déjà vendus. Dans le même temps, en liaison avec l'institut Pasteur, nous avons multiplié les contrôles de qualité et les recherches en laboratoire.

La responsabilité est une solitude. Et comme la solitude est pesante à tout homme, on est toujours tenté de se reposer sur les autres. Dans le confort d'une réussite sociale, il est fréquent de se reposer sur l'oreiller douillet d'une responsabilité partagée ou collective. Et je dois l'avouer bien humblement, c'est dans une telle occasion que, comme en sévère rappel à l'ordre, j'ai ressenti tout le poids de l'exercice de la responsabilité individuelle.

La responsabilité, c'est ce qui vous interpelle dans le drame. C'est le rappel d'un devoir quasi religieux à l'égard de son prochain. Et c'est paradoxalement, en théorie, un critère d'efficacité économique, la mesure de notre utilité sociale, de notre degré d'implication dans les rouages d'une économie qui sert nos propres intérêts.

Quelle responsabilité, me direz-vous ? Et comment concrètement l'assumer quand on vend des millions de bouteilles, de boîtes de conserve, ou des milliards de francs en fruits, en légumes, en viande... La loi est précise. Elle rend responsable en premier chef celui qui produit, celui qui conditionne, qui emballe : c'est celui-là qui garantit le respect des normes sanitaires, et la véracité des indications concernant la composition des produits, leur propriété. Mais la chaîne alimentaire est longue, les produits de plus en plus complexes, et nombre de denrées elles-mêmes restent bactériologiquement vivantes. Leur qualité se bonifie rarement avec le temps. C'est la raison pour laquelle chacun à son niveau est invité à participer au repérage des produits détériorés.

À ma place, ma responsabilité de distributeur est de veiller à la continuité de la préservation de la chaîne du froid, la vérification des dates de péremption, les conditions de la transformation des produits, de leur découpe... Chacun dans son métier exerce cette responsabilité. Et il n'y a rien d'héroïque là-dedans. Comme beaucoup d'autres, je ressens non seulement cette responsabilité comme une obligation légale, mais aussi comme une obligation morale. Assumer le poids de ses propres actes, de ses engagements, avoués ou implicites, vis-à-vis des autres... voilà défini ce qui doit constituer, pour moi, la première des valeurs de la société. C'est celle-là qui fonde l'équilibre entre la prétention d'accéder à un bien-être individuel et la recherche du bonheur collectif. C'est la responsabilité de chacun qui rend viable l'exercice de la liberté dans toute collectivité.

Eh bien, je le dis tout net, avec un sentiment d'inquiétude, ce sentiment de responsabilité, je sens qu'il fout le camp de notre société.

Responsabilité individuelle, responsabilité collective

Comment ne pas éprouver un sentiment de révolte, et quelquefois même de haine, quand on prend connaissance du scandale du sang contaminé ? Qu'objecte-t-on aux cris de détresse d'hommes et de femmes, abandonnés à leur sort, sans même souvent l'expression d'une simple compassion ? Chacun, docteur, haut fonctionnaire, homme politique, jusqu'au plus haut niveau, et surtout dans les plus hauts niveaux, rejette le terrible poids moral, et les conséquences dramatiques d'une responsabilité qui n'a jamais été assumée, à aucun échelon... et qui ne l'est toujours pas. Mélange d'affairisme, de manquement à la déontologie, cette tragédie symbolise la déliquescence des mœurs, et surprend d'autant qu'il s'agit d'affaires de santé.

Moins dramatique, mais tout aussi navrante, cette affaire du Crédit Lyonnais. La lecture du rapport d'enquête parlementaire, sous la plume accusatrice d'un François Daubert ou dans l'éloquence moralisatrice d'un Philippe Séguin, est un coup de marteau sur la tête du contribuable.

Tant d'honnêtes chefs d'entreprise renvoyés à l'inaction, au dépôt de bilan, à la saisie des biens personnels, parce qu'un banquier local aura refusé de cautionner un projet, ou d'honorer une échéance difficile. Tous ces petits patrons, qui feront la une des journaux de province, poursuivis pour abus de biens sociaux, et jetés en pâture à l'opinion, pour des délits quelquefois inférieurs à la rémunération d'un administrateur de banque. Et puis, tout d'un coup, c'est l'envers du décor ! On s'aperçoit que nos censeurs ont grugé des actionnaires, des clients, des contribuables pour couvrir des carambouilles immobilières, des investissements douteux, quand ils ne sont pas mafieux… Et pour prêter de l'argent (notre argent !) à des chefs d'entreprise en stuc, incapables, on le savait à l'avance, d'honorer de telles dettes.

Qui est responsable ? Personne ! On dénonce ici un système, là un parti politique ou une idéologie ! Quoi ? Il n'existait pas de hiérarchie de décision au ministère de la Santé, dans les centres de transfusion ? N'y avait-il donc personne pour signer les ordres ? Pas de système de contrôle, pas de contre-pouvoir ?... Naïfs que nous sommes, nous les citoyens, convaincus que notre argent pouvait servir à cela.

Et nos banques, ne sont-elles point contrôlées par la toute-puissante Commission bancaire, si prompte à taper sur la table ? Pas un haut fonctionnaire du Trésor inquiet d'une telle évaporation monétaire ? On en reste pantois.

Et pour une ou deux affaires ainsi médiatisées et rendues publiques à des fins politiques, combien d'autres exemples encore illustrent cette recrudescence d'irresponsabilité ? Il n'est que de feuilleter la presse quotidienne.

Le déficit de la Sécurité sociale ! On invoque la gestion paritaire. Super ! Il y avait donc des gérants ! Ils ont démissionné ? Non, affichant l'incapacité de contrôler les dépenses, ils ne sont pas plus maîtres de la collecte des fonds. Mais alors, ce n'est pas géré ? Ah ! si vous jouez sur les mots…

Et tous ces rapports de la Cour des comptes, de ces commissions parlementaires, de ces audits privés… qui s'amoncellent, qui font la une de nos journaux ? Se contente-t-on simplement de l'effet d'annonce, ira-t-on chercher des coupables ? Continuera-t-on à fuir la responsabilité ?

Il y a ceux qui profitent du système. Et il y a la masse de tous les petits décideurs. Noyés dans les organismes, les grands ensembles, les appareils politiques, économiques, syndicaux, sociaux, créés au nom de la complexité des relations sociales, du marché du travail et de mille autres doctes raisons, les individus se résignent au fur et à mesure à être dépouillés de leur responsabilité première. Le sens même s'en est dilué au point qu'ils la rejettent. Rejet officiellement consacré d'ailleurs par le nouveau code pénal français qui vient d'instaurer une mesure révolutionnaire : la responsabilité des personnes morales.

« Jamais au coin d'une rue, vous ne rencontrerez de personne morale, vous ne pouvez donc les mettre en prison, contrairement à leurs dirigeants qui eux sont de chair et d'os », vous apprenait-on il y a peu de temps encore à la faculté de droit. Si l'affirmation vaut toujours, d'autres sanctions que la privation de liberté physique ont été prévues pour les entités morales. Et ces personnes qui n'existent pas prennent désormais la place de celles qui existent et qui se désistent : une responsabilité désincarnée (celle d'une société qui se dit anonyme !).

Les conséquences ? Catastrophiques. Les individus ne se sentent plus impliqués dans une relation sociale directe. Ils se sentent désengagés vis-à-vis d'autrui. Ce n'est que lorsqu'il y a un drame ou un problème, que cet état de fait apparaît, saute aux yeux, que l'on invoque alors l'injustice, parce qu'il n'est plus possible, faute de responsables, d'obtenir réparation.

Une société à irresponsabilité croissante

Quand tout fonctionne bien, la recherche des causalités comme celles des responsabilités ne mobilise personne. Surviennent cependant une inondation, l'effondrement de gradins dans un stade (Furiani !), un accident sur l'autoroute A10 provoqué par un camion semi-remorque, et notre bon peuple, relayé par les médias, s'interroge : qui sont les responsables ? Ou encore (dans la version justicière qui offre aux médias un traitement plus lapidaire pour une information qui doit être vite consommée) qui est le coupable désigné ?

Le responsable, dans une société organisée qui pratique la séparation des pouvoirs, l'exécutif et le contrôle, est toujours plus facile à trouver. Tel dirigeant, jugé dans le cadre de l'exercice d'un mandat juridiquement bien délimité, sera redevable d'une explication devant son conseil d'administration et, éventuellement, révoqué à la demande des actionnaires tout-puissants… Tel pilote, dont le moindre geste est enregistré dans la boîte noire située dans les parties techniques de l'avion, sera tenu responsable de la moindre déviation par rapport au plan de vol ou aux procédures de pilotage… En cas de problème, on sait que l'on peut opposer au responsable le respect d'une procédure, d'un mandat, d'une délégation de pouvoir.

Dès que la chaîne de décision implique l'action de plusieurs intervenants, la recherche en responsabilité devient plus complexe. Par exemple, dans leur relation avec le secteur public, nos décideurs ont depuis fort longtemps laissé au vestiaire ces règles d'efficacité, voire les principes constitutionnels, qu'en tout débat politique on invoque pourtant. La séparation des pouvoirs ? C'est la règle la plus bafouée dans notre société. On invoque souvent le cas d'une justice trop dépendante du système politique, et on continuera probablement d'évoquer ce problème durant tout le prochain millénaire ! On décriait depuis peu l'importance des cabinets ministériels, qui privent les administrations centrales de leurs pouvoirs d'appréciation technique au profit d'une hiérarchie de décision confidentielle et confuse.

Les conditions de passation des marchés publics, la mise en œuvre de la loi de décentralisation, le débat sur le financement des partis politiques ou de l'amnistie... tout ceci révèle l'importance du réflexe corporatiste dans le domaine public, la construction d'un système législatif par les agents mêmes de l'exécutif, et explique tous les jours, de plus en plus, pourquoi notre pays est incapable de mettre en place un système de contrôle efficace de la dépense publique.

Et dans le privé ? C'est souvent la même chose. D'abord parce que, c'est bien connu, les dirigeants des grandes sociétés sortent du même moule. L'*establishment* s'invente des justifications et des lois qui ne sont pas celles de la république, et s'exonèrent de la soumission au droit commun. C'est l'opacité même de l'organisation juridique et capitalistique, dont il est le créateur ou le bénéficiaire, que le chef d'entreprise invoquera pour justifier son inaction face aux exactions d'une filiale éloignée ou le comportement d'un cadre qu'il n'a probablement jamais rencontré : « Je ne peux pas tout contrôler dans mon royaume » disent ces princes de papier. Contradiction : ils fustigent l'irresponsabilité des patrons d'une grande banque nationalisée qui coûtera des centaines de millions de francs aux contribuables français ! Mais ces mêmes dirigeants voudraient s'exonérer des turpitudes commises en leur nom, à travers les pratiques de sociétés *offshore*, dont ils ne veulent même pas rendre compte.

Le temps des boucs émissaires

N'y a-t-il plus de pilote dans l'avion ? Que si ! Mais quand le dirigeant n'assume plus sa responsabilité, il va désigner des fusibles ou des boucs émissaires. Et quand, dans une démocratie, la déliquescence du pouvoir et celle du sens de l'État, rendent archaïque toute prétention d'assumer une responsabilité, la désignation de boucs émissaires devient un mode de gestion de la vie publique.

Il n'y a pas très longtemps, lors d'une réunion à la Banque de France, monsieur Trichet, récemment désigné gouverneur, s'irritait d'articles attaquant l'idéologie monétariste des dirigeants de la banque nationale. En souriant, je ne pus m'empêcher de lui dire : « Bienvenue, monsieur le Gouverneur, dans la corporation des boucs émissaires. » Les uns après les autres, les journalistes, les politiques, les « technocrates », les commissaires européens, la Banque de France... servent de repoussoir ou de victimes désignées de la vindicte de tel ou tel *lobby* dont les demandes n'auront pas trouvé de réponse auprès des vrais responsables.

Dans mon métier, j'en fais l'expérience tous les jours. Il n'est que de lire tout ce qui se dit sur le rôle des méchants distributeurs dans le cadre de l'aménagement du territoire. Ici, un élu accuse le grand commerce d'avoir été à l'origine de la désertification des zones rurales. Là, de sa mairie de centre ville, il peste contre ces hypermarchés implantés en périphérie. Au Parlement, on réfléchit au moyen de faire revenir nos commerçants dans nos bourgades. Eh quoi ! Ont-ils donc, ces distributeurs, le pouvoir de dessiner eux-mêmes la carte des terrains constructibles, de créer des zones commerciales, de s'accorder les permis de construire, d'inventer les plans d'occupation des sols, et de réécrire les schémas d'urbanisme ? Comment peut-on être hypocrite à ce point ?

La réalité est plus dérangeante. L'aménagement du territoire en France a été tout entier sacrifié aux intérêts de la région parisienne et des grandes métropoles urbaines. Pendant trente ans, au nom de la productivité et de la planification sociale, nos hommes politiques ont cautionné une politique d'exode rural, de remembrement des exploitations agricoles, de rationalisation du service public, et de rentabilité des transports.

Ce n'est pas le grand commerce qui a créé les villes nouvelles, ni investi dans ces HLM et ces ghettos urbains qu'aujourd'hui on vilipende. Nos parlementaires ont la mémoire courte. Il n'est que de relire les rapports des différents commissaires au plan, de 1960 au milieu des années quatre-vingt, pour s'apercevoir qu'on a volontairement incité les entreprises à s'installer en périphérie des zones urbaines, qu'on a ainsi vidé nos campagnes de leur population et de leur pouvoir d'achat.

Quand l'État et les services publics se sont fait la malle, et que le fils de l'agriculteur a comme seule perspective l'envie de quitter son milieu d'origine pour tenter sa chance « à la ville », il n'est pas difficile de comprendre que le sort des commerçants, des cafetiers ou des restaurateurs est écrit d'avance sur des pages de papier non recyclable. Pourquoi alors désigner les Auchan, Carrefour, ou autre E. Leclerc comme responsables de ce déséquilibre économique et de ce drame humain ? Tout simplement parce que, si ces derniers sont eux-mêmes sortis des centres villes ou de petites villes où ils sont nés pour suivre les populations, ils offrent, en expiation, l'image d'une puissance, d'une réussite, derrière laquelle se retranchera, muet et piteux, le vrai responsable de cette transhumance...

L'obligation de réparer

C'est une manière aussi pour l'État de ne pas reconnaître sa faute, et de refuser tout droit à réparation morale ou financière. La preuve : prompts à pleurer sur le sort de nos petits commerçants, nos parlementaires et nos ministres cautionnent depuis trois ans la diminution des dépenses de l'État à l'égard de cette catégorie sociale, et consacrent chaque jour la débudgétisation des programmes d'intervention publique auprès des commerçants, en recourant aux cotisations de solidarité payées par les seules grandes surfaces !!!

Le débat sur le financement des partis politiques offre outrageusement la même illustration de notre époque d'irresponsabilité. Bien sûr qu'ils ne sont pas tous pourris, nos parlementaires ! Et à bien des égards, ce sont des hommes de qualité et méritants ! Mais ce qu'on leur reproche, c'est de faire semblant. De se retrancher derrière l'absence d'un financement légal des partis politiques, pour avoir vécu sur le dos des contribuables et des clients, en rackettant les entreprises. Car qui d'autre, sinon eux-mêmes, avait le pouvoir de légiférer pour rétablir de meilleurs usages... Les entreprises qui n'auront ainsi pas été sélectionnées dans les appels d'offre pour les constructions d'hôpitaux, de crèches ou de stades sportifs découvrent, *a posteriori*, que les dés étaient pipés. Certaines de ces entreprises, pourtant performantes, ont déposé le bilan, faute d'avoir payé, ou suffisamment payé. Où s'exerce la responsabilité de l'État aujourd'hui ? Ne leur doit-on pas réparation d'un préjudice ainsi subi ? Auprès de qui vont-elles se retourner ?

Dans l'affaire du sida, l'État s'est senti coupable ! Et encore, nous n'en sommes pas dupes, il s'est senti coupable pour tous. Parce qu'une gêne s'est installée dans les organes de décision de notre République. Et que l'emprisonnement du docteur Garetta ne peut véritablement dédouaner la chaîne des responsables d'être rongée par le remords. Alors l'État va payer. C'est-à-dire qu'il va faire payer les citoyens ! C'est le prix de l'irresponsabilité. Et l'État va payer parce qu'il y a eu des gens pour crier, parce qu'ils avaient les médias avec eux, parce que l'injustice était tellement flagrante que, même sans que la loi ne l'exige, personne n'aurait imaginé qu'une bonne justice ne soit appliquée. Mais pour d'autres drames, le poids d'une telle culpabilité ne s'exercera jamais. Et c'est cela aussi qui est profondément injuste. Quand on ne sait pas réparer, quand il coûte aux contribuables des fortunes à réparer, il vaut mieux se reposer le problème de la responsabilité, parce que c'est la meilleure des préventions !

À chacun sa responsabilité

« Il faut cultiver notre jardin », disait Voltaire. À condition de ne pas s'y cantonner, le conseil est judicieux. Dans les sociétés rurales qui caractérisaient les siècles précédents, il cautionnait certainement un égoïsme, une indifférence au monde, et un système social cloisonné. Aujourd'hui, nous sommes de moins en moins autonomes. Cette interdépendance, dans l'exercice de nos métiers et dans notre vie privée, a considérablement changé la donne sociale et morale. À chacun sa responsabilité ! Telle pourrait être la devise de nos démocraties. Telle est la condition d'une bonne cohésion sociale.

Si l'État avait assumé sa responsabilité au cours de l'hiver 1993/1994, il n'y aurait certainement pas eu des excès de violence dans le monde de la pêche ou de l'agriculture. Qu'on se le rappelle : les grands armements de la pêche industrielle avait subi de plein fouet les conséquences des brutales variations monétaires dans nos pays voisins. Les dévaluations de la lire italienne et de la peseta avaient privé les pêcheurs de Lorient, du Guilvinec ou de Saint-Jean-de-Luz de l'important débouché que constituaient les consommateurs de ces pays pour nos productions. Et nous nous sommes fait rafler ces marchés par les pays nordiques et l'Angleterre, forts d'une monnaie dévaluée, rendant attractifs les prix de leur poisson. Dans le même temps, un producteur de fraises du Lot-et-Garonne voyait sa production concurrencée par celle des agriculteurs de la péninsule ibérique, avec des prix dépréciés de 15 à 25 %. Bien sûr, dans le secteur industriel, et dans le secteur des services, il peut arriver que l'on puisse compenser par des gains de productivité le manque à gagner dans une telle tempête monétaire. Mais pour des produits à faible valeur ajoutée, c'est impossible. Avec des cycles de production qui s'étalent au mieux sur un an, comment voulez-vous pouvoir économiser 25 % sur les coûts de production ?

Quand les professionnels de ces secteurs se retrouvent avec leurs familles dans la rue pour crier à l'injustice, il est tentant pour les pouvoirs publics de se retrancher derrière une pseudo-politique communautaire, ou de laisser la colère désigner les traditionnels boucs émissaires. Ici les grossistes, là les importateurs, là les mareyeurs ou les distributeurs. Il est surtout tentant, en période préélectorale, d'utiliser les deniers publics pour refermer les plaies ainsi ouvertes avec des pansements remplis de subventions.

Égoïstement, les autres acteurs économiques de la filière, dont nous-mêmes distributeurs, avons réagi avec retard à l'appel au secours de ces producteurs. Mais quand, de bonne foi, et recherchant le dialogue, nous avons tenté de bâtir un réflexe de filière en essayant d'aider les producteurs à revaloriser leur production, nous n'avons pu compter sur aucun soutien de la puissance publique. Pas même un petit mot de sympathie de la part de celle-ci pour les exactions commises dans les moments de colère chez les commerçants, à Rungis, ou dans les ports. Mais surtout, quel aveu d'irresponsabilité. Comme si, dans le cadre de la politique monétaire commune, ces changements de parité n'avaient pas été négociés. Si l'État n'est pas capable de prévoir pour les professionnels les compensations financières issues des réajustements monétaires, comment ne pas imaginer que les acteurs économiques lésés ne rechercheraient pas ailleurs réparation.

Je ne veux pas plaider pour la défense de mon propre secteur d'activité. Comme partout, il a ses propres turpitudes, ses excès, des comportements à revoir. Mais si nous avons conscience, nous les distributeurs, que nous avons un rôle à jouer pour aider notre pays à sortir de la crise, comme nous aimerions être accompagnés par la puissance publique. Par nos élus ! Comme nous aimerions avoir des élus responsables.

Ainsi, au lieu de chercher à opposer le commerce et l'industrie, le producteur au distributeur, les pouvoirs publics devraient-ils mobiliser et le commerce et l'industrie pour valoriser les produits français, les savoir-faire régionaux, et leur donner ainsi une chance dans l'implacable compétition internationale. Au lieu d'opposer les petits et les gros, les zones rurales et les zones urbaines, une politique responsable consisterait à créer des synergies, et des solidarités vraies. Entre producteurs et usagers, entre professionnels d'une même filière…

La solidarité peut masquer l'irresponsabilité

Quand on aborde le problème de la violence dans les banlieues, celui de l'emploi, ou même, l'intervention de la France à l'étranger, les imprécateurs se retranchent derrière ce maître mot : la solidarité. Ah ! qu'ils sont convaincus et convaincants tous ces hommes et toutes ces femmes qui, de leur piédestal, désignent du doigt l'entreprise et lui rappellent l'obligation morale d'embaucher. Jusqu'à ces fortes personnalités de la vie politique française, ou du syndicalisme, qui font preuve d'autoritarisme : « Il faut forcer les entreprises à embaucher, il faut décréter le chômage hors la loi. »

Comme si, dans nos provinces, les patrons ou les cadres de nos entreprises ne subissaient pas la pression de leur entourage, pour recruter ici le fils d'un ami, là sur recommandation de la municipalité, du curé ou des instituteurs.

Pour autant, l'injonction de créer l'emploi à tout prix masque une nouvelle forme d'irresponsabilité : parler pendant deux ans d'une diminution des charges des entreprises, et ne rien faire pour en programmer la décroissance, ne serait-ce que sur un plan de dix ans, voilà l'hypocrisie française.

Là aussi, la réalité oblige à dire que des gisements d'emploi existent, notamment dans le secteur des services, mais que le développement de ces entreprises est freiné pour des raisons électorales, clientélistes. Dans la crise économique, qui frappe nombre de secteurs, des voix se font entendre pour freiner la mutation nécessaire, préserver la rente, et casser le rythme des entreprises les plus performantes. C'est bien connu, en France tout le monde parle de concurrence et de droit de la concurrence. Mais dès qu'une entreprise remporte la compétition, on a de cesse que de vouloir lui couper la tête. Le martyrologe, le culte du petit et la nostalgie de l'entreprise familiale sont sans cesse opposés à la performance de ceux qui savent se regrouper, communiquer, conquérir. Et l'État, au lieu d'aider les plus faibles, préfère s'opposer à la mutation de secteurs entiers de l'activité économique, pour ne pas perdre des voix aux élections, quitte à empêcher des milliers d'emplois d'être créés.

La responsabilité est une notion qui s'oppose à la facilité dont l'exercice est à haut risque, et qui suppose une relation de confiance entre les citoyens, qu'il s'agisse de l'activité professionnelle ou de la vie collective.

Tout homme, au long de sa vie, par les actes qu'il commet ou omet, doit se sentir investi de responsabilités. Il est responsable des enfants qu'il engendre, au même titre que la femme qui les met au monde. Il est responsable de la qualité de son travail, tant vis-à-vis de la firme qui l'emploie, fût-elle sienne, que vis-à-vis de la société composée de citoyens consommateurs qui doivent pouvoir utiliser en toute sécurité les produits qu'ils ont créés. La première manifestation de la solidarité à l'égard des autres, c'est donc, excusez ce sentiment chrétien, d'assumer cette responsabilité. La solidarité, dans la gratuité de l'acte ou dans la passivité même, c'est du pipeau. C'est au nom de la solidarité que sont réalisés tous les grands *shows* médiatisés faisant appel à la charité publique, les grandes collectes de bienfaisance, qui sont surtout une manière de masquer l'absence d'investissement personnel comme d'investissement collectif à l'égard des causes qu'elle prétend défendre. En versant leurs oboles, les gens s'achètent une bonne conscience. Ce sont les miettes laissées à Lazare par le pharisien. Quand la solidarité dilue ou remplace la responsabilité individuelle, elle finit par créer l'asservissement, et un peuple d'assistés !

Toute cette vertu affichée à bon compte est choquante. Faire semblant donne peut-être un supplément d'âme en apparence, mais ne dédouane pas la responsabilité. La solidarité européenne en Yougoslavie masque nos hésitations diplomatiques. La solidarité française en Afrique cache la démission de notre pays, tout comme la pratique de l'accolade à l'abbé Pierre ne saurait occulter la médiocrité de notre politique urbaine, l'absence de logements sociaux.

Pour que la critique soit elle-même « responsable », il faut aussi que le citoyen sache s'autocritiquer. De ce point de vue, la démission des familles est scandaleuse dans le système éducatif français. Elle est, avant même les carences de l'État, la raison de l'acculturation croissante des nouvelles générations ; elle est l'explication première de ces geysers de violence, dans nos banlieues, le métro, ou à l'école même. La famille doit être le creuset où s'apprend l'exercice de la responsabilité. La transmission des valeurs, c'est d'abord un effet de l'exemplarité. C'est aussi un dialogue entre des générations qui se parlent de moins en moins. Philippe de Villiers ou les émules de monseigneur Lefèvre ne doivent pas être les seuls à plaider pour le renforcement des valeurs familiales.

Responsables oui ! Coupables, pas toujours !

Cette dérive morale n'est pas une fatalité. Je crois même que nos concitoyens en sentent fortement les dangers. Des voix s'élèvent, et pas simplement moralisatrices, pour inviter notre société à se ressaisir. Jamais peut-être les Français ne se sont autant investis dans la vie associative, dans des projets à caractère social ou économique.

Il ne manque pas de gens pour lancer des initiatives et pour assumer des responsabilités. Et quand toute une génération a failli sur la transmission de cette valeur essentielle à nos yeux, il faut savoir laisser la place, et le message, à défaut d'en être soi-même imbibé. Le renouvellement des élites et la mise au pilori d'un système de cumul de mandats et de fonctions, tant dans le secteur privé que dans le domaine public, est la condition première d'un retour à une société de responsables.

Contrairement à l'image qu'on a donnée d'eux, les jeunes Français ne sont pas des conservateurs. Conseillés par les pédagogues des années soixante-dix, quatre-vingt, leurs parents les ont envoyés dans les écoles de commerce, les IUT, apprendre les techniques de pointe, dans la pratique de la médecine, de l'industrie ou du commerce. Nos jeunes sont capables aujourd'hui d'utiliser n'importe quel matériel électronique sophistiqué, domaine dans lequel les générations qui les ont précédés ignorent tout ou presque. Ils savent qu'il leur faudra exercer plusieurs métiers dans leur vie, et ils s'y préparent. Ils ont appris plusieurs langues, et à défaut de lire (voilà un nouveau combat à mener) ils regardent le journal télévisé, sont instruits, au courant des événements du monde entier. Ces jeunes-là ne demandent qu'à prendre des initiatives. Il y a chez eux une vraie générosité, et un désir d'être utile. Pourquoi donc les faire passer pour des adeptes du *cocooning* ! À ces jeunes, aujourd'hui, il faut donner des responsabilités. Et leur permettre l'apprentissage de la gestion collective. Que les conservateurs dégagent donc et cèdent la place !

Une fois ouvert le chantier et libérées les cases sur le parcours de la reconquête de l'initiative, il restera encore à s'attaquer à cette peste qui voit dans tout responsable un coupable en puissance. On n'imagine pas les effets pervers d'une telle situation. Un exemple : dans le bureau d'un haut fonctionnaire d'un ministère, les parapheurs s'empilent aujourd'hui comme jamais depuis des années. Pourquoi ? « Parce que aujourd'hui, dès qu'il s'agit de subventions, d'exonérations, de décisions susceptibles de recours et de médiatisation, les hommes politiques et les hauts fonctionnaires n'osent plus prendre le risque de signer. Et le ministre doit être protégé. Alors le contrôleur, et le fusible, c'est moi ! » vous expliquera le directeur de cabinet. Il peut en résulter une démobilisation des acteurs économiques, et une paralysie de la chaîne de décision.

Une société d'initiative doit accepter l'expérimentation, les marches arrière, la précipitation tout comme la marginalité. Il faut donc aujourd'hui déculpabiliser pour que les gens osent prendre des risques, s'affirmer responsables. Il faut qu'ils puissent dire « je me suis trompé », sans être accusés de s'être trompés. Car dans la formidable mutation que nous vivons, pour aller de l'avant, il faudra procéder par tâtonnement, retrouver l'esprit d'aventure. Lorsque chacun, à sa place, assumera sans crainte ses obligations vis-à-vis des autres, alors nous pourrons songer à la réussite. Matérielle ou intellectuelle, la réussite doit être la récompense d'une prise de responsabilité, car à cette condition, elle sera socialement acceptable, même dans une période difficile comme celle que nous vivons.

PHILIPPE MORILLON

L'Espérance

PROFIL :
PHILIPPE MORILLON

À un général étranger stationné sur son sol, un pays en guerre décerne rarement des surnoms admiratifs. Tel est pourtant le cas du général français Philippe Morillon, ancien commandant de la Forpronu en Bosnie. Pour les hommes du cru, il fut alternativement « général Courage », « général Espérance », « général Beau Geste » et « général Trompe-la-mort ».

QUANT AUX FEMMES et aux enfants, ils l'appelèrent « oncle Philippe ». Notons-le encore : dans la ville bosniaque de Srebrenica, l'ex-rue du Maréchal-Tito porte désormais le nom de rue du Général Morillon. En mars 1993, il est vrai, ce « soldat de la paix » en sauva les quelque quatre-vingt mille habitants et réfugiés d'une mort certaine.

Soldat de la paix, appellation non moins étrange si on l'applique à un militaire. Ne pourrait-on en déduire que le général Philippe Morillon vit le jour dans un casque bleu ? À son propos, on passe donc de l'étrange au bizarre. Pourtant, ce bouquet de paradoxes illustre assez bien le peu conventionnel parcours effectué par un officier plutôt atypique.

■ Ingénieur et polyglotte

C'est à Casablanca, dans ce Maroc alors protectorat français, qu'il voit le jour le 24 octobre 1935. En 1954, il entrera à Saint-Cyr. Deux ans plus tard, ses épaulettes sont à peine étrennées qu'il est affecté en Algérie à la Légion étrangère. Déjà, la rébellion a pris les allures d'une guerre. Le coup d'essai sera un coup de maître. Sa bravoure au combat lui vaut la croix de la Valeur militaire. Par la suite, il y accrochera quatre citations.

Au moment où le gouvernement français s'apprête à jeter l'éponge en Algérie, survient en avril 1961 le putsch « Algérie française » des généraux Salan, Challe, Jouhaud et Zeller. Comme beaucoup d'officiers, Philippe Morillon est déchiré. Et ainsi que de nombreux légionnaires, il prend plutôt le parti des putschistes. On peut en déduire qu'en 1962 la perte de l'Algérie le traumatisera.

Ceci explique peut-être qu'à l'âge de trente-deux ans, ce saint-cyrien désormais capitaine, prenne soudain une orientation différente. Il s'inscrit à l'École supérieure d'électricité où il obtiendra son diplôme d'ingénieur. Il n'en demeure pas moins militaire car parallèlement, il suit les cours de l'Enseignement militaire supérieur scientifique et technique (EMSST). Il deviendra grand spécialiste des blindés. Tous ces choix surprennent d'autant plus que ce passionné de voile rêva toujours d'être officier dans la Royale. En 1986, il franchira du reste l'Atlantique en compagnie de deux « fous » de voile comme lui. Ses nouvelles affectations seront la conséquence de ce recyclage. Il commandera d'abord le 1er Régiment de cuirassiers puis, comme général, la 1re Division blindée. Il accède ensuite au poste de chef d'état-major du général Cot, commandant la 1re Armée à Strasbourg.

Ses fonctions l'amèneront à effectuer une permanente navette entre la France et l'Allemagne. Ses contacts avec les officiers alliés étant nombreux, il va se mettre avec succès à l'étude de l'allemand et de l'anglais.

Il ne néglige pas non plus un autre apprentissage : celui des relations avec les médias. Comme à de nombreux jeunes officiers, la guerre d'Algérie lui avait démontré l'importance croissante du rôle joué par la presse dans le façonnement de l'opinion. Or, il se trouve qu'en 1984, il sera l'un des experts militaires auprès de la commission de la Défense à l'Assemblée nationale. Au cours des deux années qui suivront, il acquerra le sens et le goût des contacts avec les milieux politiques et le monde des médias.

Morillon, président de Bosnie ?

Sans représenter une sinécure, son travail auprès du Parlement s'accompagne d'un certain confort. Les choses prendront une tournure différente lorsqu'en septembre 1992, cet homme imprévisible se portera volontaire pour prendre la tête de la Forpronu en Bosnie-Herzégovine. Cette responsabilité, il déclare l'aborder « avec détermination et une petite note d'espoir ». Cette espérance, il faut qu'elle atteigne les dimensions des Balkans afin d'affronter l'imbroglio de l'ex-Yougoslavie. Seize mois durant, il devra faire face à un puzzle aggravé par les impuissances des structures onusiennes. Aux rivalités entre Bosniaques serbes, Bosniaques musulmans et Bosniaques croates, s'ajoute la lutte larvée opposant les pays occidentaux présents sur le terrain. Prétendre en retracer les arcanes dans le cadre de ce profil reviendrait à vouloir vider la Méditerranée à la petite cuillère. Heureusement pour lui, Philippe Morillon a le dos large et l'épiderme aussi épais que ses chers blindés. Contradictoirement, il lui sera, en effet, reproché d'être trop hardi ou trop timoré. Parfois, les Serbes l'accuseront d'être promusulman puis ces derniers flétriront sa serbophilie.

En fait, le général qui est un homme de cœur dans toutes les acceptions du mot, va jouer les chiens saint-bernard en promenade sur un champ de mines. Son principal souci sera de colmater les brèches ouvertes par l'horreur. L'épisode de Srebrenica résume son action. Aux couleurs de la témérité et de l'audace, cette image d'Épinal a le mérite d'illustrer la maxime de Guillaume le Taciturne : « nul n'est besoin d'espérer pour entreprendre, ni de réussir pour persévérer. » Pourtant, Philippe Morillon ne fut jamais abandonné par l'espérance.

Srebrenica, ville musulmane enclavée en territoire bosniaque, à majorité serbe, subit les assauts répétés des milices serbes de Bosnie. De soixante à quatre-vingt mille habitants et réfugiés s'y entassent. Aux bombardements s'ajoutent le froid et la famine. Sans attendre l'aval de l'ONU, le général Morillon va forcer le blocus serbe. Au terme d'un sérieux bras de fer avec les assaillants, le 19 mars 1993, il pénètre dans Srebrenica. Il se trouve à la tête d'un convoi de vivres, de matériel de secours et de médicaments.

Désormais, il sera l'objet d'une folle popularité. Les digues édifiées par la haine ne résistent pas à ce passe-muraille. Part-il négocier du côté serbe, la foule attend sagement son retour. Car les habitants de Sarajevo en sont conscients : Philippe Morillon travaille pour leur épargner le génocide.

Lorsque après seize mois « Philippe de Bosnie », comme on le nomme à Sarajevo, sera rappelé à Paris, la Bosnie a les larmes aux yeux. Sans façon, le quotidien local Oslobodenje suggère qu'il préside aux destinées du pays. Et le président en titre Alija Izetbegovic lui remettra un passeport bleu à fleurs de lis qui en fait le premier citoyen d'honneur de Bosnie. Philippe Morillon prendra congé en « voulant laisser l'espérance que le calme se rétablira, même si la paix n'est pas pour demain. »

L'Espérance

Général Philippe Morillon

Trop nombreux
sont aujourd'hui ceux qui croient pouvoir
condamner les Nations unies,
l'une des plus formidables
machines à espérer de ce siècle.

Il fallait croire immensément dans un avenir de paix pour oser institutionnaliser cette organisation au sortir d'une des guerres les plus monstrueuses de l'histoire de l'humanité. Depuis sa création en 1945, l'ONU, cible facile des critiques en raison surtout des carences de son fonctionnement trop lent, n'a pas cessé d'arbitrer les conflits à travers le monde partout où elle n'est pas parvenue à les interdire. Je crois que ce rôle reste indispensable, plus nécessaire que jamais, au moins aussi longtemps que sur les ruines du monde bipolaire instauré après Yalta n'aura pas été bâti un nouvel ordre mondial.

La plupart des analyses sur le futur immédiat ressemblent aujourd'hui à une chronique des catastrophes annoncées. Nous sommes à la fin d'un monde et, comme aux abords de l'an mille, la tentation est grande de penser qu'il s'agira de la fin du monde. Dans cette perspective apocalyptique, à quoi bon continuer d'entretenir une machine qui ne cesse, après la Somalie et la Bosnie, sans compter le Rwanda, de démontrer son incapacité à empêcher le déchaînement des passions les plus brutales ?

En vertu de l'expérience vécue en Bosnie, au nom de l'espérance que je continue d'avoir pour les habitants de ce pays, je pense qu'il ne faut pas détruire l'organisation mais la réformer, comme s'y attachent les hommes d'intelligence et de bonne volonté qui tirent en ce moment à New York, comme dans la plupart des chancelleries, les leçons des engagements récents.

Nous sommes à la fin d'un monde, il nous appartient de veiller à ce que le suivant soit meilleur. Au moment de ma naissance c'était la montée du fascisme et Malraux publiait *L'Espoir*. Le fascisme a été vaincu, cet espoir n'était pas vain. L'espérance n'est pas seulement une vertu, c'est un devoir. Sur quoi faut-il la fonder ? Sur la certitude que l'homme demeure capable du meilleur comme du pire et que sa générosité, son sens de la solidarité ne s'exercent jamais aussi bien que lorsqu'il est confronté au pire.

Pour survivre, cette espérance doit se servir des outils que lui offrent nos temps modernes. À cet égard, la presse doit continuer de constituer un rempart contre l'oubli qui ne permette pas d'ignorer les souffrances de nos contemporains et nous interdise de tomber dans l'indifférence individualiste. C'est certainement grâce à cette prise de conscience que les actions humanitaires à l'échelle nationale et internationale, se sont multipliées ces dernières années.

Pourtant, il nous reste à nous, les nantis de l'Europe occidentale, un long chemin à parcourir et ce n'est pas sans une certaine amertume que Vaclav Havel, avec qui j'ai eu le bonheur de m'entretenir à Prague, il y a plusieurs mois, me disait : « On attendait un grand souffle venu de l'Ouest pour balayer les miasmes des micronationalismes et du tribalisme, vous nous parlez de barrières douanières et de quotas laitiers. » Ce grand souffle c'est l'espérance et s'il est en train de disparaître, il faut lui redonner vie.

Lorsque en septembre 1992, je me suis porté volontaire pour assurer le commandement de la force de protection de l'ONU, unité de commandement des casques bleus en Bosnie-Herzégovine, cette certitude m'animait déjà. L'expérience a contribué à conforter mes convictions d'alors.

En acceptant aujourd'hui de parler de l'espérance à propos de cette mission, j'ai conscience d'aller à contre-courant d'opinions très autorisées, persuadées qu'il est trop tard pour combler dans ce pays le fossé creusé entre les communautés, qu'il fallait donc prendre parti et que l'absence de cette prise de position traduit seulement l'impuissance et la lâcheté du monde occidental.

Il est vrai que l'entrée dans le conflit ne se ferait pas sans risque pour nos propres soldats. Il est du devoir des chefs militaires responsables de dénoncer l'illusion que les progrès de la technologie pourraient permettre la mise en œuvre de « guerres propres » au cours desquelles il suffirait d'appuyer sur un bouton pour éliminer tous les méchants. Cette illusion du « zéro mort » est née du spectacle des opérations de la guerre du Golfe, c'est une perversion. La guerre demeurera toujours un moindre mal, auquel il ne faut se résoudre que quand toutes les autres solutions ont été épuisées. Elle doit continuer d'être la poursuite de la politique par d'autres moyens.

Quel but politique faut-il poursuivre sur le territoire de l'ex-Yougoslavie, sinon la réconciliation qui mette fin à la politique de purification ethnique dans ce qu'elle a d'intolérable, d'inapplicable et de dangereux ? Intolérable car parmi les droits à réaffirmer dans la recherche d'un nouvel ordre mondial, il me paraît que le droit des hommes à conserver leurs racines sur le sol qui les a vus naître et dans la culture où ils ont été élevés est l'un des plus précieux.

Inapplicable car les Balkans en général, la Bosnie en particulier constituent une mosaïque si variée et si riche que tout effort simplificateur y sera illusoire.

Dangereux, enfin, car elle risquerait de créer au cœur de l'Europe une région à l'intérieur de laquelle des dizaines de milliers de déracinés n'auront d'autre but, comme au Proche-Orient aujourd'hui, que de reconquérir la terre de leurs ancêtres. Dans ces conditions, prendre parti pour l'une ou l'autre des communautés serait accepter de courir le risque d'aggraver un fossé que tous nos efforts doivent contribuer au contraire à combler. Si l'Occident n'a pas pris encore ce parti, je sais que ce n'est pas par lâcheté mais en vertu de l'espérance qu'une solution de paix digne et durable peut encore être trouvée.

Je crois que la majorité des habitants de la Bosnie-Herzégovine veut encore croire à cette solution. J'ai confiance en eux. Au fond de la vertu d'espérance, il y a cette notion fondamentale de confiance. Mon espérance pour la Bosnie n'est pas tant fondée sur les perspectives de lendemains qui chantent que sur les espoirs que permet d'entretenir la connaissance de l'histoire et des habitants de ce pays.

Parce qu'ils sont situés sur une ligne de fracture entre trois cultures, les Balkans sont périodiquement le théâtre d'explosions de violence et de destruction. Celle d'aujourd'hui n'a pas encore atteint le degré des deux précédentes à la veille de la première et pendant la Seconde Guerre mondiale. Si même elle devait atteindre ce niveau de paroxysme, tout espoir n'est pas perdu que la vie reprenne, comme alors, dans l'intelligence harmonieuse entre les communautés.

Au cours de la Seconde Guerre mondiale, le maréchal Tito a recruté la majeure partie de ses partisans sur le thème de la réconciliation. Dès la fin des hostilités, il a doté son pays d'une Constitution destinée à rétablir l'union. Lorsque je suis arrivé à Srebrenica, sa photo ornait toujours les murs du bureau où j'ai installé mon poste de commandement, je l'avais remarquée en beaucoup d'autres endroits de l'ancienne Yougoslavie et en particulier à Belgrade et à Sarajevo. Si sa personne reste ainsi vénérée, c'est qu'il avait réussi dans son entreprise.

Nous venons de célébrer le dixième anniversaire des Jeux olympiques de Sarajevo. Tous ceux qui ont pu assister à ces cérémonies ont été frappés de l'extraordinaire fraternité qui unissait alors les citoyens de cette capitale, Serbes, Croates, musulmans confondus s'enrichissant mutuellement de la connaissance de leurs cultures respectives. Lorsque sera brisé le cycle infernal de la violence et de la peur, je dis que la vie reprendra dans toute sa richesse. Je le dis parce que je crois que la majorité des habitants n'aspire qu'à cela.

Je crois donc en l'homme, en sa capacité à se dépasser. Avec Bernanos, je sais que « pour rencontrer l'espérance, il faut être allé au-delà du désespoir [et que] quand on va jusqu'au bout de la nuit, on rencontre une autre aurore. » Avec J.-F. Deniau, je dis que « le moment où tout paraît désespéré, c'est celui où tout devient utile. »

Cette expérience, je l'ai partagée avec les habitants de Srebrenica. Lorsque je les ai rejoints au printemps 1993, j'ai rencontré des combattants complètement désespérés, décidés à mourir jusqu'au dernier et à entraîner dans leur perte la population tout entière. J'ai trouvé cette population enfermée dans la terreur et qui s'est accrochée littéralement à moi, comme à sa seule planche de salut. Lorsque je les ai quittés quelques semaines plus tard, ils avaient retrouvé le goût à la vie, des mariages avaient été célébrés, on entendait de nouveau des rires d'enfants dans la cité. Qu'en est-il aujourd'hui ? Ils restent assiégés, parqués, protégés de façon plus symbolique que réelle par la présence des casques bleus, mais vivant sur le sol qui les a vus naître et où ils n'aspirent qu'à demeurer. Tant qu'il y a de la vie, il y a de l'espoir. Pour quel avenir ?

Un fait simplement qui pourrait convaincre. J'étais présent sur la ligne de démarcation lors de l'évacuation du premier convoi des femmes et des enfants les plus exposés en raison de leur épuisement et de leurs blessures. Des miliciens serbes sont montés dans les camions pour vérifier que des soldats ne s'y étaient pas cachés. Bouleversés par le spectacle de cette misère et par la terreur qu'ils inspiraient, tous — je dis bien tous — n'ont eu de cesse de rassurer. « N'ayez pas peur, nous ne vous voulons aucun mal. » Nous étions sur les lieux du plus cruel des affrontements, la haine était un moment oubliée au bénéfice de la compassion.

Dans le cœur du plus endurci des criminels, je crois que demeure toujours une place pour l'amour. C'est ma raison de croire qu'apaisées les passions, Sarajevo, Srebrenica et toutes les parties de ce pays connaîtront une paix digne. Il serait moralement épuisant de dresser le catalogue de toutes les abominations perpétrées par les hommes : ce serait une façon d'entrer dans la logique du désespoir. Je préfère me souvenir de tous ceux qui, tout au long de l'histoire, ont ajouté leur pierre à l'édifice d'une humanité plus grande, idéaliste et concrète.

Le spectacle de la mort n'est pas de ceux auxquels on s'habitue, encore moins quand il a pour interprètes principaux des enfants dont le seul tort est d'être nés à la vie, dans un pays qui la brade à chaque instant, des femmes trop faibles pour triompher de leurs tortionnaires, ou des hommes englués dans une lutte fratricide. Le terrible sentiment d'injustice qui en découle est encore douloureusement renforcé par l'immobilité forcée à laquelle on est réduit, faute de moyens appropriés. L'espérance, pourtant, subsiste.

De façon allégorique, elle me fait songer à cet obscur bâtisseur d'éphémères châteaux de sable, que la mer ne lui abandonne jamais. Il me ressemble un peu : comme lui, je ne renonce pas. Dans la mythologie, lorsque Pandore casse la jarre où Zeus avait enfermé les misères humaines, les maux sont répandus sur la terre et dans la boîte ne demeure plus que l'espérance.

Pour le croyant chrétien, l'enfer dans l'au-delà est désespérance, née de la certitude que l'être qui y est condamné ne connaîtra pas la joie de partager l'amour divin. Sur cette terre, il n'y a pas de possibilité pour la survie de l'homme sans espérance. L'espérance donne un sens à la vie pour hier, aujourd'hui et demain. Sans elle tout est absurde et il n'y a d'issue que dans la fuite vers les paradis artificiels. Je préfère être drogué d'espoir plutôt que d'héroïne.

Louis Nucera

L'amitié

PROFIL : LOUIS NUCERA

Jean Cocteau l'appela « le donneur de sang ». Joseph Kessel le nomma « le cœur pur » et Georges Brassens voyait en lui l'incarnation de « l'honnête homme ». Grands maîtres de l'ordre implicite de l'Amitié, ces illustres disparus reconnaissaient ainsi le jeune Louis Nucera comme étant l'un des leurs.

SUR L'INVENTAIRE des valeurs, ce n'est donc pas au petit bonheur que cet écrivain jeta son dévolu sur ce thème. En effet, l'amitié lui est consubstantielle. Que l'on n'aille pas pour autant mélanger les torchons avec les serviettes. Sa bienveillance demeure sagace. De sa nébuleuse elle exclut les impostures seraient-elles les plus masquées. Il choisit ou se laisse élire avec l'expertise d'un gourmet. Bref, tout comme l'Alceste du Misanthrope il pourrait s'écrier : « l'ami du genre humain n'est pas du tout mon fait. »

■ Bac moins sept

Au lecteur qui aspirerait au rare plaisir de devenir l'ami de Louis Nucera, on ne saurait trop conseiller de faire en premier lieu ami ami avec la bonne ville de Nice. Dans cette cité aux proverbiaux azurs et chantée par Théodore de Banville, Louis Nucera voit le jour le 12 avril 1928. Ce sera en dialecte niçois qu'il poussera ses premiers cris d'émerveillement. Pourtant, romancier et essayiste couronné en 1993 par le grand prix de littérature de l'Académie française, il pense avec Paul Arène que « la langue française il faut l'écrire à genoux. » Il n'empêche que c'est en niçois qu'il dialogue avec son épouse. Tous deux déclarent vivre chez leurs chats, auxquels ils s'adressent aussi dans cet idiome. Car Louis Nucera nourrit une passion charnelle pour sa ville natale.

Pourtant, le Nice de son enfance n'est pas celui de la promenade des Anglais. Les Nucera habitent Saint-Roch. Arrondissement populaire où dans les familles il manque toujours dix-neuf sous pour faire un franc. Celle de Louis Nucera ne fait pas exception à la règle. Revenu amoindri de la Grande Guerre, son père, plombier de son état, décédera le 25 mars 1933 à l'âge de trente-cinq ans. Le petit Louis est alors à peine âgé de cinq ans.

Comme explication à l'absence paternelle, sa mère lui annonce que papa est parti travailler très longtemps sur un lointain chantier.

Autant dire que les études de l'enfant seront réduites. S'il ne se limite pas à faire « maternelle supérieure » comme le personnage de Ionesco, il n'aura pas les moyens financiers de décrocher d'autre peau d'âne que le certificat d'études. Il est vrai qu'à l'époque le titulaire de ce « bac moins sept » — comme on dirait aujourd'hui — en matière d'orthographe, d'histoire et de géographie en aurait souvent remontré à l'actuel détenteur d'un « bac plus deux ». En outre, le jeune Nucera fait preuve d'une inextinguible soif d'écoute. Jamais il ne quittera donc les bancs de l'école de la vie.

Une banque pépinière d'écrivains

À l'écoute, c'est au sens trivial du terme qu'il va s'y trouver et cela dès l'âge de quinze ans. En 1944, il entre comme téléphoniste au Comptoir national d'escompte. En dépit d'un désir permanent de s'en échapper, il y restera jusqu'en 1959. Il se console en songeant que Jean Giono séjourna dix-huit ans dans la même banque où il débuta comme chasseur à l'agence de Manosque et que Guillaume Apollinaire tâta du même métier.

Louis Nucera va prendre du galon au sein du système bancaire mais demeurera tout de même un petit gradé. Son existence de guichetier, il la résume en ces termes : « Le jour je soustrayais, additionnais, multipliais, divisais, classais, pointais, reliais, tamponnais, dactylographiais et observais ; le soir je lisais, écrivais, courais la ville à la recherche de personnages dont je ferais mes délices, entêté à peu laisser perdre de ma vie dans l'espoir de la traduire en phrases[1]. »

Parmi les clients de sa banque se trouve Roger Martin du Gard, prix Nobel de littérature. Dès qu'il l'aperçoit, Louis Nucera bondit en sa direction, afin de lui épargner l'attente au guichet. Hormis un autre passionné de littérature, les collègues s'étonnent de cet empressement. Du reste, jamais Martin du Gard ne décochera le moindre sourire à son jeune admirateur. Tout juste daignera-t-il apposer une laconique dédicace sur le premier tome des Thibault.

En 1954, Louis pénètre par talentueuse effraction dans le monde du journalisme. Pour de futiles raisons, la Fédération française d'athlétisme vient d'interdire à Émile Zatopek de participer à la fête de l'Humanité à Paris. N'écoutant que sa passion pour le sport et obéissant à son sens de l'équité, Nucera écrit un texte vengeur et l'adresse au Patriote, *le quotidien Front national de Nice. Étiquette à facettes puisque à l'époque elle désignait le communisme. Car dans le quartier de Saint-Roch on est rouge depuis belle lurette. Deux jours après son envoi, le texte va paraître dans le journal. En prime, l'un des rédacteurs en chef propose à cette jeune et brillante plume de collaborer à la page sportive. La boxe, le football, la course à pied et le vélo (qu'il pratique avec intensité) lui serviront de tremplins vers d'autres rubriques. Il conserve cependant son emploi à la banque.*

Sa participation élargie aux reportages va lui permettre de rencontrer des célébrités et de nouer une longue amitié avec certaines d'entre elles.
Avec Georges Brassens, le premier contact sera chaleureux mais marqué par la timidité des deux hommes. En revanche le dialogue avec Kessel adoptera dès le départ un aspect flamboyant car le grand Jef a de l'audace pour deux.
Un jour, Le Patriote envoie Louis Nucera interviewer Joseph Kessel à l'hôtel Ruhl sur la promenade des Anglais. D'origine russe, l'écrivain s'occupe du lancement de l'adaptation de L'Idiot de Dostoïevski produite par le cinéma soviétique. À l'issue de la projection, Louis s'approche de Kessel afin de lui poser des questions. Le vieux lion est en conversation avec un journaliste connu de Nice Matin. Soudain, Nucera entend l'illustre visiteur demander à son interlocuteur : « Où peut-on aller à Nice la nuit ? » L'homme de presse hausse les épaules et déclare que Nice devient ville morte quand s'allument les étoiles. Plus tard, Joseph Kessel racontera : « Alors je vis un homme jeune s'agiter, lancer des signes de dénégation et promettre en avançant les paumes de ses mains qu'il suffisait de le suivre pour comprendre l'aveuglement de son interlocuteur. » Ce mime, c'est Louis Nucera.
Il emmènera son aîné chez le peintre Moretti. Cette nuit, la conversation se prolongera jusqu'à l'aube. Elle sera déambulatoire car commencée dans l'atelier, poursuivie au restaurant puis dans un bar, elle s'achèvera au pied de la citadelle de Villefranche. Dès lors, un pacte d'amitié tacite unira Jef Kessel et Louis Nucera.

En 1964, ce dernier quitte Nice pour Paris. Grâce à l'appui de Kessel il entre comme attaché de presse aux disques Philips. À ce poste, il va se trouver aux premières loges pour observer le monde de la chanson. Plus tard, il en tirera un essai pétillant, La Kermesse aux idoles. Mais son premier roman, L'Obstiné, après avoir reçu le nihil obstat de son ami Kessel paraîtra en 1968 chez Julliard alors dirigé par Christian Bourgois. Pour le lancement du livre, Jef Kessel dont la joyeuse amitié s'assortit d'un sens aigu du canular frappera très fort. À la télévision, il racontera que pour gagner sa vie et celle des siens, Louis Nucera avait été danseur mondain. Nucera qui jamais n'eut de don pour la danse s'étonne de son affirmation, Kessel lui répondra : « Ne t'occupe pas, je fais ta légende. »
Au fil des ans, Louis Nucera va entrer à part entière dans la république des lettres. Pendant plusieurs années il sera directeur littéraire chez Jean-Claude Lattès. En 1981, son roman Chemin de la lanterne obtiendra le prix Interallié. En 1987, Mes rayons de soleil se verra décerner le grand prix de la Littérature sportive. Quant au roman Le Ruban rouge, après avoir reçu le prix Jacques Chardonne en 1991, il sera de nouveau récompensé en 1992 par le prix du Sud Jean Baumel.
En paraphrasant quelque peu le titre de son dernier ouvrage paru en 1994, on peut écrire que l'amitié et les livres sont ses principaux ports d'attache.

(1) Louis Nucera Mes ports d'attache, éditions Grasset.

L'amitié

LOUIS NUCERA

*Grecs et Romains élevèrent des temples
à l'amitié.
« Celui qui ne l'a point éprouvée,
affirmait la maxime latine, n'a point vécu. »
N'empêche que cent fois célébré,
il demeure malaisé d'écrire sur ce sentiment
familier et sublime qui a tant de résonance
en nous.*

POUR MA PART, je tergiverse et souhaite mendier des délais avant de tremper ma plume dans l'encre. Est-ce parce qu'il est plus facile de traduire la fureur que la ferveur, ce qui est révélateur de la nature de l'homme ? Dans le premier cas, il suffit de débonder les forces coléreuses qui sont en nous, tandis que dans l'autre la pudeur s'en mêle. Les petits bonheurs ont des hontes. L'amitié ne se crie pas sur les toits.

Mais, puisqu'il faut s'y mettre, que dire devant « son beau visage sévère » sans avoir la sensation de se jeter à l'eau et la certitude qu'une fois un certain nombre de phrases alignées, rien ne sera vraiment exprimé ? La vérité des choses est peut-être contenue dans ce que nous taisons.

L'amitié est une invention de l'homme alors que l'amour peut n'être qu'une fonction. On entre en amitié comme en religion ; la grâce n'est-elle pas une conquête de chaque instant ? Cette amitié qui signifie ne pas abandonner l'ami, serait-il en infraction avec notre logique, respecter sa solitude s'il en ressent le besoin, se surveiller afin de ne jamais être en perte de dignité, être prêt à donner avec ce désintéressement vanté chez les chiens et qui déclenche la recherche d'un mobile dès qu'il s'agit des hommes. Saint-Évremond ne disait-il pas : « Les amitiés qui paraissent les plus fortes ne sont que des intérêts concertés » ? Et La Rochefoucauld : « Il n'est de si haute vertu qui ne recèle un calcul et qui n'escompte un salaire. » Il est vrai qu'il écrivit aussi : « Bannir l'amitié du monde, ce serait affaiblir le principe de vie dans la société. » Mais que seraient les hommes sans leurs contradictions !

Bref, l'amitié, qui m'accompagne dans la vie, force à s'élever. Elle n'asservit pas en dépit des apparences. Elle tait ses mérites. Elle fait bloc et est toute en nuances. Elle gomme les mesquineries que le quotidien nous inflige. Elle nécessite des trésors d'attention car elle est sensible comme harpe au vent. Et, curieusement, elle montre que les amis se révèlent souvent davantage au moment du succès que dans l'insuccès. L'un peut provoquer la jalousie et chasser ceux qui croyaient nous aimer ; le second permet de se montrer magnanime en compatissant.

Jean Cocteau l'appelait un art : « Un art où l'homme se trouve libre et non pas l'art dont il est l'esclave. » Il ajoutait : « Elle ne se veut pas inspiratrice. Elle conserve son équilibre à seule fin d'assurer le nôtre. »

C'est un sentiment qui vient de loin. Dès l'école, est-ce dans le choix des allergies et des attirances que l'amitié s'ébauche et s'étaye ? On se divertit des mêmes choses. On se trouve allié par la parole ou avec les poings car parfois les mots ne suffisent pas. On souffre des déboires de l'autre et se réjouit de ses joies. On fait battre en retraite la vieille évidence : chacun se préfère. Notre voyage qui va de l'enfance à la vieillesse serait-il supportable sans ces rencontres privilégiées ? On s'y adosse et on sert simultanément d'ancrage.

Un ami c'est un homme (ou une femme) de qui on peut affirmer si un fait est reproché : « de ça, il est innocent. » Sans le vérifier ; car on sait d'avance que sa morale lui interdit certaines fautes. Ne s'observe-t-il pas lui-même d'un œil peu complaisant ? L'ami c'est encore quelqu'un à qui on fait appel, y aurait-il des années qu'on ne l'a vu, et qui arrive aussitôt prêt à agir. Une estime réciproque se forge avec des sortes de serments d'éternité sans que rien ne soit énoncé : à l'inverse de l'amour, l'amitié se passe de phrases qui rassurent. Dans un hôtel de la rive gauche, à Paris, vivait un ami de Marcel Aymé ; il ne parvenait pas faire front à ses dépenses. Son existence ? Une entreprise de dilapidation et de destruction. Marcel en était bouleversé, ce qui ne signifie pas qu'il se serait permis de prodiguer des conseils de sagesse. Ses interventions ? Il se bornait à passer tous les mois, incognito, à l'hôtel ; il réglait les notes. Seule Marie-Antoinette Aymé, l'épouse, était au courant. Quand Marcel mourut, la dette s'accrut et l'ami démuni de déplorer : « Mon ange gardien m'a laissé tomber. » Il ne faisait pas le rapprochement entre la disparition de l'écrivain et celle du bon samaritain. Le nom de cet ami en perdition ? « Antoine Blondin », me confia Marie-Antoinette, bien des années plus tard. Elle ajouta : « À présent je peux le divulguer puisque à son tour, hélas, la mort l'a emporté. »

Ce jour-là, un homme que l'on appellera X eut besoin d'argent. Un de ses amis le comprit. Il était en mesure de lui prêter la somme et le fit. L'emprunteur prit une feuille de papier et commença d'écrire une reconnaissance de dette.

« Que fais-tu ? demanda l'ami.

— Tu le vois bien… J'indique ce que je te dois !

— Tu plaisantes ?… J'ai confiance en toi !

— J'en suis sûr. Mais s'il m'arrive malheur, qui prouvera… »

L'ami l'interrompit.

« Alors tu crois que s'il t'arrive malheur, comme tu dis, c'est l'argent que je regretterai ? »

Un des protagonistes de cette scène était Georges Brassens. Pour lui, comme pour Marcel Aymé, l'amitié était un sentiment sacré. Et cette élévation au sacré, en la circonstance, l'accoutumance ne l'efface pas.

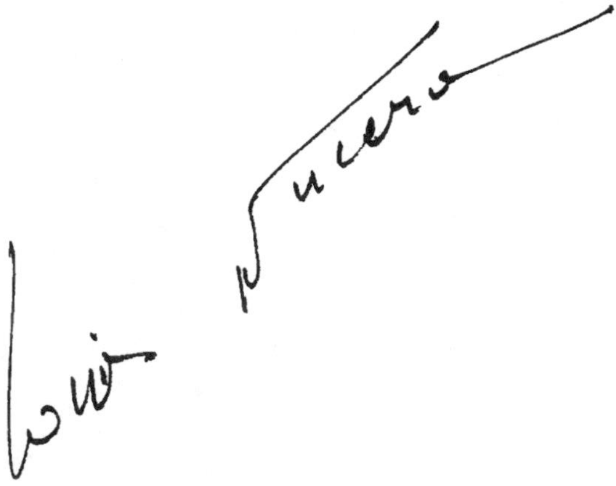

ALAIN-DOMINIQUE PERRIN

L'engagement

PROFIL :
ALAIN-DOMINIQUE PERRIN

En 1534, un premier Cartier (Jacques) découvrit le Canada. À l'aube de xxᵉ siècle, appartenant à une lignée différente, un autre Cartier prénommé Louis-Joseph bouleversa de fond en comble la joaillerie-bijouterie fondée en 1847 par son grand-père Alfred. Il ouvrit des succursales à l'étranger et, à la marque, sut donner l'impulsion qui devait muer le nom de Cartier en superlatif du mot « luxe ».

Dès 1984, présent dans 124 pays avec 151 boutiques et un réseau de 10 000 points de vente, le groupe Cartier se trouve à la tête du plus grand réseau de distribution sélective au monde. Cette même année, Alain-Dominique Perrin, président du directoire de Cartier International, fait à son tour une découverte. À propos de cette trouvaille, on peut parler d'œuf de Colomb. Selon le Robert, cette locution définit « une réalisation qui sous une apparente simplicité suppose une réelle ingéniosité. » Si l'on accole au mot révolution l'acception de transformation complète, c'en est bien une que déclenchera sa politique de la culture. Afin de l'illustrer, il crée immédiatement la fondation Cartier pour l'art contemporain. Au mécénat français, elle servira de laboratoire.

■ Se substituer à l'État mécène

Que Cartier, empire placé sous le signe du goût, s'intéresse aux arts, la chose coule de source. Par surcroît, Alain-Dominique Perrin éprouve à l'égard de l'art contemporain une passion quasi charnelle. Il n'en est pas moins doté d'un sens aigu du concret. Cette heureuse conjonction amènera la réflexion suivante.

En France, à partir de l'argent public, il revient majoritairement à l'État de subventionner la création. Mécène institutionnel, il se trouve promu au rang d'arbitre suprême. Il détient le pouvoir d'exposer, de commanditer et d'acheter

des œuvres d'art. Or, le plus souvent, ses grands prêtres se cantonnent dans le plus frileux des académismes. Et un regard sur le passé récent le confirme : la plupart des novateurs s'imposèrent au corps défendant de l'art officiel.
Par capillarité, cette judicieuse analyse vient aux oreilles du ministère de la Culture. En 1986, il confiera à Alain-Dominique Perrin la direction d'un rapport sur le mécénat français. Les conclusions en seront claires et nettes. Il en appert la possibilité de concilier les exigences de l'entreprise en matière de communication avec l'aide à la création. La culture ne constitue-t-elle pas elle-même un marché ? Or, si l'entreprise recherche une audience, l'artiste poursuit la quête d'un public. À partir de cette constatation, on peut procéder à une nouvelle répartition des vocations : l'entreprise a intérêt à promouvoir le créateur, laissant à l'État la mission prioritaire de conserver le patrimoine. De cette complémentarité résulte un partenariat. L'artiste y trouve son compte et l'entreprise mécène valorise son image. Ce rapport fera tant et si bien florès qu'il en résultera la loi du 23 juillet 1987. Elle permet aux dépenses du mécénat engagées pour les entreprises d'être entièrement déductibles au titre des frais généraux.

Le cèdre de Chateaubriand dans un miroir

Ce qui hier était une théorie se trouve aujourd'hui solidement ancré dans une réalité. Dix années après son décollage, la fondation Cartier, devenue réalité tangible, occupe la loge d'honneur du nouveau mécénat. Tangible ? La découverte du nouvel édifice Cartier, inauguré en mai 1994, amènerait presque à en douter. Cette symphonie de vitrage et d'acier, orchestrée par l'architecte Jean Nouvel, offre à Montparnasse un décor onirique. Sis au numéro 261 du boulevard Raspail, ses parois de verre tiennent lieu de miroir à un cèdre du Liban que planta Chateaubriand. Jusqu'en 1838, l'auteur des Mémoires d'outre-tombe résida sur cet emplacement. Le bâtiment s'ouvre sur un jardin aménagé par le paysagiste allemand Lothar Baumgarten. La fondation occupe mille deux cents mètres carrés de surface d'exposition situés au sous-sol et au rez-de-jardin.
Jouant sur la lumière et la transparence, elle cligne de l'œil en direction du passant. Apercevoir à partir du boulevard Raspail les œuvres exposées représente la meilleure invitation à franchir le seuil de ce temple de la beauté.
Beauté qui a un prix, il serait vain de le nier. Le budget de la fondation s'élève à vingt-huit millions de francs dont trois millions consacrés à l'achat d'œuvres d'art et dix millions à l'organisation d'expositions.
Depuis 1984, la fondation Cartier constitue sa collection. Chaque année, elle s'enrichit de nouvelles acquisitions

et compte aujourd'hui plus de six cents œuvres de quelques deux cents artistes. Sa présentation dans les institutions étrangères est régulièrement organisée. Alain-Dominique Perrin confia d'abord la direction de cet outil de connaissance à Marie-Claude Beaud. Elle a passé le relais à Hervé Chandès.

■ Le temps des copains

La forêt ne doit pourtant pas cacher l'arbre qui lui donna naissance. À elle seule du reste, la personnalité d'Alain-Dominique Perrin atteint une prodigieuse luxuriance. Capitaine de Castille ou Monte-Cristo, il fait songer à un héros picaresque ressuscité à l'heure du jet et de l'ordinateur.
Étant né à Nantes, le 10 octobre 1942, on aurait pu le baptiser Jean-François. Mais d'un sang corse par sa mère, Marie Orsini, et toulonnais par son père, Lucien Perrin, il sera Alain-Dominique. L'auteur de ses jours est directeur général des Chantiers Navals Dubigeau-Normandie. cadet de deux frères, Alain-Dominique est un beau gros poupard que ses aînés surnomment le gros Pain-Ouin. Au strict niveau des études, il sera bon élève. Nul mieux que lui, en revanche, ne fait rimer bahut avec chahut. Quant au punch, il ne lui fait pas défaut. Au lycée David d'Angers, un surveillant désagréable en fera l'expérience. À la force du poignet et par voie directe, Alain-Dominique lui démontrera que la ligne droite est le plus court chemin d'un point à un autre. Moins nombreuses que celles du tour de France, les étapes de sa scolarité seront sept lycées et collèges, soit une moyenne d'un établissement par année du secondaire.
Après le bac, on le retrouve à Paris. Le but annoncé de cette migration est la fréquentation du cours Carpentier. On y prépare les grandes écoles de commerce. Les studieuses activités d'Alain-Dominique déborderont largement ce cadre. Au Bilboquet, boîte à la mode de Saint-Germain-des-Prés, il étudie le rock'n roll et sera vite considéré comme le meilleur danseur de sa génération. Dépourvu de misogynie, il lui arrive fréquemment de se pencher sur la condition féminine. Se replie-t-il sur son appartement de la rue Antoine-Chantin ? Il prie alors quelques condisciples de venir avec lui étudier la philosophie du poker. La religion ne le laisse pas indifférent car, à la manière des Copains de Jules Romains, il pratique le culte de l'amitié. Cet engagement, il y demeurera fidèle bien après les frasques de jeunesse.
Certes, sa manière d'aborder l'existence présente peu de points communs avec la tactique qu'utiliserait un clerc de notaire. Mais que l'on ne se trompe pas ! La vitalité et la générosité qu'il investit dans la fête, on les retrouvera lorsque l'heure des choses « sérieuses » aura sonné. Et s'il semble prendre ses études commerciales par-dessus la jambe, c'est qu'à l'instar du Mascarille

campé par Molière, ce diable de garçon pourrait dire que « les gens de qualité savent tout sans rien apprendre. »
Ainsi, on le retrouve en 1960 à Londres. Il y est venu perfectionner son anglais. All right, il deviendra fluent in English. Cela l'aidera à négocier l'achat d'un lot de pulls shetland dans un magasin West End. Comme ils sont alors très à la mode en France, il les rapporte à Paris et les vend comme des petits pains rue Saint-Benoît. Il renouvellera l'opération puis la perfectionnera. Aux shetlands, il ajoute les pulls à col roulé, puis les trousseaux. Il passera ensuite au stade supérieur. Plutôt que de vendre les trousseaux, il s'aperçoit que mieux vaut les échanger contre les meubles anciens qu'il trouve chez les paysans. Ainsi découvre-t-il la rentabilité du commerce des antiquités.
À partir de ce moment et avant de visiter la Chine, il va la pratiquer aux quatre coins de l'hexagone. Un apprentissage effectué sur le tas va lui livrer tous les secrets de la brocante. Entre-temps — mais était-ce vraiment nécessaire ? —, il aura passé le diplôme de l'École des cadres et des affaires (il sort 11e sur 250) et effectue ses stages chez un armateur en Angleterre, puis en Argentine.

■ La fusée ADP placée sur orbite

Passons sur les péripéties pour en arriver à mai 1969. L'heure H vient de sonner car le destin lui fait signe. Il prend la forme d'une offre d'emploi parue dans Le Monde . « On recherche J. H. dyn. pour dist. briquets Fr. et étranger. » L'annonceur n'indique pas son nom, mais il s'agit des briquets Cartier.
Il rencontre Robert Hoeq, le patron. Bien qu'il ne s'agisse pas de briquets électriques, le courant passe entre les deux hommes. L'entretien commence à 13 heures, s'achèvera à minuit. Le temps de faire un large tour d'horizon et de vider à deux une bouteille de whisky Chivas. (L'abus d'alcool est dangereux pour la santé, consommez avec modération.)
Ça y est ! La fusée Alain-Dominique Perrin se trouve placée sur orbite. Mars 1970, il est nommé directeur commercial de Briquets Cartier SA. En novembre 1970, le voici directeur général.
En 1971, afin de s'aérer l'esprit, il effectue son premier tour du monde. Il en ramène des idées et, en 1972, met au point le concept des Must de Cartier dont il deviendra directeur général en 1973.
En 1974, il a un petit creux (pas dans l'emploi du temps, mais au niveau de l'appétit d'action). Il achète donc deux magasins d'antiquités au Louvre des antiquaires. Cela ne l'empêchera pas de lancer la ligne de maroquinerie Cartier au cours de la même année.
En 1975, il accède au titre de président directeur général de Les

Must de Cartier SA. Il fait aussi connaissance de Claude François qui deviendra un grand ami.
Si lui conserve la tête froide, la simple énumération de ses opérations donne le tournis à l'observateur : stylo Cartier et montre Must de Cartier en 1976, lancement du premier parfum Cartier en 1981, etc. (si l'on peut dire).
1981 sera un bon cru, car on ne saurait oublier qu'ADP (il aime qu'on l'appelle ainsi) acheta le château lagrezette l'année précédente et a décidé de lancer le vin de Cahors. Il est également nommé président directeur général de Cartier International SA. C'est encore l'année d'une belle victoire contre le cancer de la contrefaçon. Après quatre années de lutte acharnée et vingt-quatre voyages sur place, les tribunaux mexicains lui rendent justice. Des fausses montres Cartier seront, en public, écrasées au rouleau compresseur.
Comme ADP aime aller toujours plus loin, le principe de lutte finale est absent de son vocabulaire. Pourtant une pluie d'honneurs va s'abattre sur lui. Le ministère de l'Industrie le fait chevalier de l'ordre du Mérite en 1981.
Au titre de la fondation Cartier, le ministre de la Culture va lui accorder la distinction d'officier des Arts et des Lettres. Si son vin château lagrezette devra attendre 1991 pour obtenir trois étoiles et le coup de cœur du Guide Hachette, *le ministre de l'Agriculture le nommera chevalier du Mérite agricole dès 1987 (il sera promu officier en 1994). Quant au ministre du Commerce extérieur, en 1990, il l'élèvera au titre de chevalier de la Légion d'honneur. C'était un Must !*

L'engagement

ALAIN-DOMINIQUE PERRIN

Chaque fois qu'un ami proche
a besoin de secours
et qu'il me le demande,
« je livre. »
Je ne puis donner meilleure definition
de ce que j'entends par engagement.
Ici, l'engagement de l'amitié.

PAS DE PROMESSES, pas de serments. Mais une présence sûre, solide, efficace et inconditionnelle. Quoi qu'il arrive. Quels que soient les distances qui séparent et le nombre d'années écoulées. Sans défaillance. Sans dérobade. Je suis, par ma mère, un Orsini. Une très ancienne famille corse. Aurai-je gardé de cette ascendance un vieil atavisme tribal ? C'est possible. Avec, en plus, allez-vous me dire, un point de vue assez machiste, car, au risque de mécontenter les dames, je dirai que l'engagement, au sens fort, tel que je le ressens, est une valeur masculine. Au même titre, d'ailleurs, que l'amitié. Parce qu'un jour, l'amitié a été offerte, acceptée, partagée, un lien moral existe. Un engagement. Et au nom de ce lien, chacun sait qu'il pourra compter sur l'autre, inconditionnellement.

Cette attitude suppose beaucoup plus que le simple respect de la parole donnée, puisqu'il n'y a pas de paroles données, justement. Il y a une promesse implicite. D'autant plus fragile qu'elle n'est pas prononcée, mais d'autant plus forte, justement, qu'elle dérive de l'action. De preuves tangibles. L'engagement est une de ces belles vraies valeurs qui nous viennent de la nuit des temps. Une valeur d'hommes. Une valeur chevaleresque.

La notion chevaleresque de contrat moral

Mes premiers engagements datent... de mon enfance. Et les amis de cette époque-là sont toujours présents, sinon dans mon entourage, du moins dans ma mémoire. Ils ont une place. Qu'ils resurgissent dans ma vie, et ils la retrouvent comme s'ils n'avaient jamais disparu. L'engagement entre eux et moi est indestructible. Je ne parle pas, bien sûr, de ces copains qui sont de toutes les fêtes et qui s'évanouissent dès que le malheur se profile, mais de ceux, justement, qui franchissent avec vous, sereinement, les difficultés lorsqu'elles surgissent. Ce qui cimente, un peu plus encore, cet engagement mutuel dont la profondeur se construit. Et qui sous-entend générosité, partage, désintéressement, fidélité, et bien d'autres qualités encore.

Au pied du mur, certains vous surprennent parce qu'ils vous donnent plus que vous n'auriez pensé. D'autres, dont vous auriez cru l'engagement plus profond, vous déçoivent. Cela m'arrive rarement, je l'avoue, car — force ou faiblesse, je l'ignore — je n'attends rien des autres, aussi ne suis-je pas déçu. Si j'aime donner beaucoup, j'aime fort peu recevoir. En revanche, j'accorde à l'échange un prix élevé. Vous savez, à ce que l'on appelle vulgairement les « renvois d'ascenseur »... Être sur le même plan, et lorsque l'occasion s'en présente, donner à l'autre le « coup de pouce » dont, justement, il avait besoin. Au passage. Sans cérémonies. J'aime cette notion chevaleresque de l'amitié, qui inclut, en filigrane, l'aspect contractuel de l'engagement.

« Être sur le même plan » ne signifie pas pour moi exercer la même profession ou avoir atteint un niveau de réussite identique ! Parmi mes amis, amis d'enfance ou nouveaux amis, qui sont tout de même des amis de vingt ans, de vingt-cinq ans, la plupart ont des métiers extraordinairement différents. Ainsi, l'un d'entre eux, César, que je considère comme un frère, est-il sculpteur. Le plus grand, sans doute, de notre époque. Un autre, un « vrai pote » chez qui je vais passer quelques jours de temps à autre, a ouvert un bistrotrestaurant dans la montagne. Les deux sont aussi différents entre eux qu'ils le sont de moi-même. Ils ne se connaissent pas. Et pourtant, nous sommes tous les trois sur le même plan. Nous avons les mêmes valeurs. Ce genre de valeurs qui s'acquièrent en pratiquant des sports d'équipe, du rugby, du bateau, ou en étant scout. Par exemple ? L'engagement.

Un engagement pur, absolu. Sans ambiguïté. Si, au risque de choquer, j'en ai, d'emblée, exclu les femmes, ce n'est pas que je les crois incapables d'engagement réel et durable en amitié. J'ai le bonheur d'avoir aussi des amies. Mais — car il y a un mais — j'ai pu constater tout de même que les amitiés féminines sont rarement aussi fortes que les amitiés masculines. Si, entre une femme et un homme, l'élément sexuel n'entre pas systématiquement en jeu, pour finir par avoir raison un jour ou l'autre de ladite amitié, à un moment donné, surgira au moins, une certaine ambiguïté. Quant à l'amitié entre femmes, elle me semble beaucoup moins profonde. On ne retrouve pas la même complicité ! Lorsque à cinquante ou soixante ans, d'anciennes amies d'école se rencontrent, elles évoquent le passé, racontent leur vie présente. Peut-être s'amusent-elles beaucoup, mais chacune garde son quant-à-soi.

En revanche, quand de vieux copains se retrouvent en bande, qu'ils aient quarante, soixante, ou soixante-dix ans, ils font les idiots comme s'ils avaient encore vingt ans. Ils font la fête ! Une fête tribale, à l'image de celles des temps anciens. C'est une attitude viscérale qui, selon moi, dérive en droite ligne de l'histoire de l'homme, du temps où les bandes de mâles s'alliaient pour chasser, pour faire la guerre, et où, ensuite, entre gens de mêmes tribus, engagés dans un même combat, ils célébraient leurs victoires par des libations à n'en plus finir. L'histoire de la femme est autre. Elle ne comporte pas ces terrifiants épisodes de fraternité vitale, parce que, justement, la vie est en jeu. L'engagement féminin profond est sentimental. Vis-à-vis de l'homme, vis-à-vis de sa famille, vis-à-vis de ses enfants. Il n'a rien à voir avec l'engagement chevaleresque dont j'ai fait la pierre angulaire de toute ma vie.

Pierre angulaire de toute une vie

Rappelez-vous les vins de Cahors ! Ils sont pour moi le symbole même de l'engagement. Du mien. Il y a des années, je me suis lié très solidement d'amitié avec un certain nombre de vignerons de cette région qui, il y a une décennie, m'ont demandé d'utiliser mon pouvoir médiatique pour les aider à faire connaître leur production qui, à l'époque, disons-le tout net, était imbuvable ! Le défi était presque « injouable ». Pourtant, j'ai immédiatement décidé de le relever, d'aider ces vignerons qui sont mes amis. J'ai vraiment fait le maximum. Eux aussi. En huit ans, parce que, peu à peu, ils sortaient du besoin, ils se sont mis à améliorer leurs crus. Et à les améliorer tant et si bien qu'il y en a maintenant de sublimes. Le cahors est revenu dans toutes les grandes caves, il est apprécié dans les foyers, on le retrouve sur les plus grandes tables de restaurants du monde. Je n'ai pas fait cela tout seul, ce sont les vignerons qui ont amélioré la qualité, pas moi. Ce sont eux qui ont fait un vin fabuleux, pas moi. Mais moi, j'ai donné le sérieux « coup de pouce » : la campagne de communication sans laquelle mes amis vignerons n'auraient rien pu faire. Bien sûr, cela m'a pris du temps. En quantité. De l'attention, en quantité aussi. Bien sûr, j'ai payé de ma personne. Et alors ? Ils n'ont pas à me remercier. Il me suffit du succès de ce que nous avons mené à bien ensemble. C'est ça, l'engagement ! Cet engagement autour duquel, à cinquante ans passés, je m'aperçois avoir organisé ma vie. Ce même engagement qui m'attache à l'école où j'ai fait mes études.

Ancien de l'EDC, l'École des cadres, en effet, cette collectivité m'est chère. Cela crée des liens naturels avec les gens qui en sont sortis, comme moi. Aussi, le jour où, arguant de la crise, on m'a demandé de m'occuper de ceux qui avaient des problèmes de reclassement, j'ai accepté. Il ne m'est même pas venu à l'idée de dire non. Pourtant, je n'en attends rien. Pas de retour, pas de remerciements. J'ai accepté par générosité pure. Et par engagement avec cette famille intellectuelle-là qui est la mienne, j'ai décidé de mettre à sa disposition une part non négligeable du peu de pouvoir que j'ai au sein de la société civile. Pourtant, j'avais l'impression que c'était « injouable ». Mais par engagement j'ai relevé le défi. J'ai joué le jeu. Alors, non seulement l'affaire s'est révélée « jouable », mais elle était même relativement facile à enlever ! Aujourd'hui les dix mille anciens de l'EDC retrouvent une identité dans leur nouvelle association : Force EDC… et ils s'engagent !

C'était, comme pour le cahors, une question de communication. Lorsque cette dernière est bien menée, tout marche ! Soit dit en passant, messieurs les politiques pourraient en prendre de la graine... Et je puis aider ceux qui le souhaiteraient à faire accepter leurs nouvelles lois, parce que, dans ce domaine au moins, ils ne sont franchement pas bons. Pas bons du tout. Manqueraient-ils d'engagement ?

L'ordre intelligent des choses...

L'engagement suppose la foi. Cette incroyable dose d'inconscience, qui déplace les montagnes. Celle qui ne s'attarde pas aux difficultés, tendue qu'elle est vers l'achèvement. On s'aperçoit alors que s'engager, c'est aussi ne pas reculer lorsqu'on a commencé et ne s'arrêter qu'une fois le but atteint. Exalté, l'engagement peut mener au fanatisme. Mais c'est à la réussite commune qu'aboutit l'engagement d'une amitié d'hommes, par un vrai travail d'équipe où chacun complète les autres, sans compter. S'engager, en effet, suppose que l'on donne sans calcul, à sa propre mesure. Parfois même au-delà, car dans l'engagement, on se surpasse.

Que l'on vous offre l'occasion de vous surpasser n'est-ce pas, en soi, une contrepartie ? Car donner sans compter n'implique pas que l'engagement doive être gratuit.

Ainsi, je n'ai jamais caché le but poursuivi par le mécénat de la fondation Cartier : promouvoir la création et les arts contemporains, permettre aux artistes de notre pays de s'exprimer et, tout simplement, de vivre ; susciter chez le public, face à l'art contemporain, une réaction qui ne soit pas l'opinion sécrétée par les chapelles, sont des buts louables que l'on est en droit d'attendre d'un mécène.

Mais je n'ai jamais dissimulé que cette action collective de mécénat servait aussi, intelligemment, à donner à Cartier ce « supplément d'âme » qui embellit son image... Et à quel point ! Le nom de Cartier, de par le monde est devenu magique. Je m'en aperçois car son seul énoncé est un sésame qui ouvre, non pas une seule porte, celle de la caverne d'Ali Baba, mais toutes les portes, où que l'on soit ! Et cela me fait parfois sourire, car, de ce fait, la fonction que j'occupe est aussi valorisante, sinon plus, que celle d'ambassadeur.

Quelle récompense pour nous tous, mon équipe et moi-même, qui nous sommes engagés dans cette aventure et avons tout donné sans compter ! Pour l'art, pour les artistes, pour la renommée de la France. Et pour Cartier qui reçoit au centuple. Tel est l'ordre, intelligent, des choses.

Il en aura fallu du travail ! Ce qui ne me gêne pas car j'ai fait de ce dernier ma première religion. Il en aura fallu de la patience, de l'attention, du temps. De ce temps qui manque si souvent, même pour les amis que l'on aime le plus. Même pour la femme et les enfants que l'on pleure de ne pas voir assez. Et vis-à-vis desquels l'engagement est immense. Infini.

Trop s'engager aboutirait-il à se désengager ? Pas du tout. Ce n'est pas la permanence d'une présence physique qui donne la mesure d'un engagement. Mais le fait d'être toujours là, fût-ce au téléphone, au moment où il le faut. D'accourir du bout du monde lorsqu'on a besoin de vous. Et le fait qu'à l'épreuve du temps, les autres savent que, quoi qu'il arrive, vous direz toujours : présent !

ANNE QUEFFÉLEC

L'émerveillement

PROFIL: ANNE QUEFFÉLEC

Prétendre qu'au début d'un concert quelqu'un prend devant le piano la place de la virtuose Anne Queffélec est une idée saugrenue qui jamais ne viendrait à l'esprit de quiconque. Ici réside la supériorité du concertiste sur l'écrivain. En aucun cas son talent ne saurait être prêté à autrui. L'auteur, en revanche, encourt le risque permanent d'être accusé d'utiliser des nègres.

ANNE QUEFFÉLEC en sait quelque chose, car cette pianiste de renommée est également dotée d'un beau talent de plume (le lecteur s'en rendra compte en découvrant ici le joli texte qu'elle consacre à l'émerveillement). Or, dès son adolescence, on imputa à son père puis à son frère — à tort — la paternité de ce qu'elle écrivait.

Rançon d'un talent qui n'épargne personne dans la famille Queffélec. Son père Henri Queffélec, disparu en 1992 à l'âge de 82 ans, fut le chantre de la mer et de la Bretagne. Le roman Les Noces barbares *valut à son frère Yann le prix Goncourt en 1985. Quant à sa mère, elle-même pianiste émérite, elle détecta chez la fillette un talent hors du commun.*

■ Horace, ô désespoir

Orienter un enfant vers la carrière musicale ne représente pas une mince responsabilité. À l'ascèse que représente plusieurs heures d'exercices quotidiens, s'ajoute le cours normal d'une scolarité.

Heureusement Anne vit au sein d'un milieu où la culture intervient aussi régulièrement que le pain quotidien. Outre son activité de romancier, Henri Queffélec fut professeur de lettres et occupa même la chaire de français à l'université suédoise d'Uppsala.

L'enseignement du cours Hattmer laisse à Anne suffisamment de temps pour travailler la musique. Elle s'offre même le luxe d'être aussi bonne matheuse que brillante littéraire. Au début surviendront quelques petits malentendus du type de ceux auxquels nous faisions allusion. Ainsi, un jour, elle doit consacrer une dissertation à Horace *de Corneille. Elle sera tant* et si bien réussie que — Horace, ô désespoir — son professeur croit reconnaître la patte de son écrivain de père. L'équivoque sera dissipée lorsqu'on s'apercevra que les travaux effectués en classe sont d'une qualité égale. Chaque année, elle prendra l'habitude d'obtenir des prix d'excellence en maths et en français.

L'obtention de la mention bien au premier bac sera un exploit d'autant plus méritoire que la même année elle prépare le concours d'entrée au Conservatoire. En classe de philo, elle ne cessera de faire la navette entre son piano et l'œuvre de Sören Kierkegaard. Douée pour les langues, elle a appris l'anglais et l'espagnol en classe puis, de son propre chef, abordera l'allemand, langue importante pour un musicien.

On retrouvera dans ses études musicales la même régularité dans le succès. Au Conservatoire national supérieur de musique de Paris, elle obtient le premier prix de piano en 1965 auquel s'ajoutera celui de musique de chambre en 1966. À Vienne, elle reçoit les conseils d'Alfred Brendel et remportera de véritables triomphes aux concours internationaux de Munich (premier prix à l'unanimité en 1968) et de Leeds (Grande-Bretagne) en 1969. Il en résulte des engagements et elle donnera des récitals à Berlin et à Hambourg. En 1969, elle sortira son premier disque consacré à Scarlatti.

Dès lors, elle devient une grande utilisatrice de valises. Elle joue en récital mais aussi sur l'invitation de grands orchestres comme le London Symphony, BBC Symphony, Academy of Saint Martin in the Fields, Tonhalle de Zurich, orchestres de chambre de Pologne, de Lausanne, Tokyo Philarmonic, Hong-Kong Philarmonic, etc.

Elle a donné des concerts sous la direction des plus grands chefs tels Boulez, Guschlbauer, Gardiner, Davies, etc. Passionnée de musique de chambre elle se produit souvent avec Pasquier, Fontanarosa, Dumay, Amoyal, Caussé.

Elle participera à la bande son du film Amadeus de Milos Forman avec l'Academy of Saint Martin in the Fields sous la direction de sir Neville Mariner.

En 1990, aux Victoires de la musique, elle sera couronnée meilleure interprète française de l'année. Elle a à son actif plus de vingt enregistrements. Son disque consacré à Erik Satie est le best seller de Virgins Classic. En novembre 1992 est sorti le premier volume de l'intégrale pour piano seul de Maurice Ravel.

Mariée à un informaticien et mère de deux garçons âgés de sept et cinq ans, elle se ménage des plages pour la vie familiale. Free lance, son prodigieux talent lui épargne les passages à vide. Elle s'amuse *même à jouer parfois les pompiers de service lorsqu'on l'appelle par exemple du bout du monde pour remplacer l'interprète malade de la* 4e de Beethoven. *Tout comme Jules Supervielle, elle pourrait dire : « On est parfois étonné de mon émerveillement devant le monde, il me vient tout autant de la permanence du rêve que de ma mauvaise mémoire. Tous deux me font aller de surprise en surprise et me forcent encore de m'étonner de tout. »*

L'émerveillement

Anne Queffélec

Il était une fois la première seconde.
Tous l'ont connue. Nul ne s'en souvient…
Enfouie dans quelle primitive mémoire,
sous les strates de milliards
d'autres secondes, d'autres premières fois.
Où est ce diamant du premier instant,
lorsqu'on a sur soi le regard ébloui
de la mère
qui n'en revient pas d'être deux ?

Il y avait en elle cette vie œuvrant par tressaillements imperceptibles dans le silence et l'obscurité de la cathédrale de velours nourricier. Et soudain, le petit est là, amour irréversible, chair de sa chair, son prolongement fabriqué cellule par cellule, surgi du plus secret d'elle-même. Rien en lui qui ne vienne d'elle, il lui est pourtant absolument inconnu. Le petit corps humide, encore vernissé du liquide amniotique est posé sur son sein comme un cadeau — cadeau de la vie à la mère, de la mère à la vie. Il faut découvrir la forme de ses membres, de chacun de ses doigts, la courbe de ses paupières. On lui donne un nom, il ne suffit plus de l'appeler mon amour, mon enfant, mon bébé. Il est devenu un autre, comme les autres, comme la mère. Il va falloir lui apprendre à s'éloigner. Il va falloir apprendre à le perdre. C'est un triomphe et un renoncement. C'est un vertige et un émerveillement, l'émerveillement des femmes, le magnificat de la maternité. C'est vieux comme le monde et c'est la première fois. Toutes les premières fois sont vieilles comme le monde.

Celui qui a eu sur lui ce regard d'amour originel en est béni à jamais. Et il traversera l'enfance en réclamant à cor et à cri le renouvellement de ce premier regard — celui des mères liquéfiées de tendresse contemplant leur enfant dormir dans la grâce de l'abandon. Les mots lancinants de la tendre enfance : « Maman, regarde ! », « Maman, regarde-moi ! », est-ce qu'ils ne signifient pas : « Maman, émerveille-toi de moi ! » ? Alors, tu verras ce dont je suis capable…

La quête du regard émerveillé de sa mère peut durer toute la vie de l'enfant, fût-il devenu adulte, sa mère fût-elle morte. Il ne crie plus les mots lancinants. Il les murmure dans le silence de son âme…

Et si vieillir, ce n'était pas désapprendre de l'enfance que la vie coule de source ? Au commencement, le petit d'homme existe aussi naturellement qu'un animal, qu'un arbre. Il va de soi, enfant de l'univers. Il sait d'instinct l'allégresse d'exister. Il tutoie les prodiges. Puis un jour, il apprend qu'il mourra. Et ceci, pourtant aussi naturel que vivre, lui fait découvrir qu'il n'est peut-être pas de ce monde de toute éternité.

Mais l'émerveillement, s'il donne une main à l'enfance donne l'autre à l'espérance. Chaque fragment de la création est une raison de rendre grâces, de l'infime à l'immense, de la molécule aux galaxies. Les grandes forces cosmiques, la nuit, le jour, le feu « qui bat des mains », la neige, blanche matérialisation du silence, les saisons, les marées qui métamorphosent un paysage, les jeux du vent et de la lumière, « les merveilleux nuages », la mouvance de la vie perpétuellement renaissante et détruite, le cycle des choses, la chaîne des êtres, on psalmodierait sans fin la litanie des merveilles du monde … et il est possible de « voir l'univers dans un grain de sable[1]. »

« Vous pensez comme la vie ne vaut pas d'être vécue ? La terre, les arbres, les éléphants, les lampes… Mais quand un homme ne viendrait au monde que pour voir une seule marguerite des champs, je pense qu'il n'aurait pas perdu son temps[2]. »

Notre émerveillement, notre bonheur devant le beau (car c'est de cela qu'il s'agit) tiennent aussi à ce que nous nous reconnaissons. Le beau nous dévoile à nous-mêmes. Non, il n'est pas absurde d'être là. L'absurde et le beau ne vont pas main dans la main. Sophocle n'a pas forcément raison de dire que « le grand malheur est de naître. » Il avait dû perdre, ce jour-là, l'esprit d'enfance qui sait que la perfection est de ce monde. L'émerveillement, c'est croire qu'il est d'abord bon d'exister et que, si nous avons la nostalgie du paradis perdu, c'est que nous l'avons connu, le connaissons, le connaîtrons. C'est croire que nous commençons par être beaux.

Oublie-t-on ce qu'on a compris ? Si nous laissons piétiner cette beauté sans la défendre bec et ongles, alors que nous sommes comme le Petit Prince, responsables de la rose, l'émerveillement est en danger de mort et nous avec lui. L'émerveillement n'est pas l'angélisme. Il sait qu'il y a toutes les raisons de la terre pour désespérer sous les assauts répétés du mal et de la souffrance. Le monde tel qu'il va, saccage le beau, le bien, le vrai. Pourtant l'amour persiste alors qu'on lui mène la vie impossible... Grâces soient rendues à ceux qui donnent à l'homme sa dignité, sa noblesse, à l'innombrable cortège des héros, ceux qui ont droit aux stèles et ceux dont on a perdu le nom, aux malades qui refusent d'être réduits à leur maladie et gardent l'espoir jusqu'au bout, aux héroïsmes minuscules et majuscules, humblement quotidiens ou éclatants, à la foule des courages manifestés à chaque seconde sur cette terre et dont on ne parle jamais alors qu'on nous rebat les oreilles de notre capacité à tuer et à mourir. Chaque fois que l'un de nous laisse agir en lui le meilleur de l'être humain, il rend ce monde plus respirable.

Il existe des réponses qui dépassent même l'intolérable. Je connais à Haarlem un jardin de dimensions modestes, un jardin secret enclos de quatre murs, beau comme un poème, hymne d'amour à la vie, image de la liberté apprivoisée. Le bonheur des fleurs y saute aux yeux. Celle qui a composé ce paysage comme un tableau, une radieuse parcelle de paradis, porte un numéro tatoué sur l'avant-bras. À vingt ans, elle fut déportée à Auschwitz où elle resta deux ans. Aucun mot ne peut approcher l'horreur absolue de ce mal fondamental. Que l'on puisse revenir d'Auschwitz est déjà en soi l'inimaginable. Mais qu'un être humain puisse répondre aux souvenirs innommables entre tous par un jardin, cette douceur enracinée dans le réel, remplit d'admiration incrédule, comme face à un bouleversant mystère. « L'être qui s'émerveille est beau comme une fleur », dit Valéry. Telle est en effet mon amie d'Haarlem, belle comme ses fleurs, tournée comme elles vers la lumière en dépit de l'enfer d'avant le jardin. Car l'émerveillement n'est pas une béatitude donnée mais active, fécond. Il est désir d'un partage, d'une communion. Celui qui s'émerveille s'expose, se découvre. Il ne s'habitue à rien : l'habitude est tueuse d'émerveillement. Il va au-devant du monde et des autres. Découvrant ainsi sa garde, il s'offre à la blessure. Ce qui enchante peut sûrement frapper au cœur. « Chacun tue ce qu'il aime » et l'on connaît les glissements insidieux de l'amour vers la haine, du bonheur vers le chagrin, du doux vers l'amer…

Mais entre l'homme et sa douleur s'interpose, ô merveille, le prisme de la création artistique qui a le pouvoir de transfigurer le mal en beauté, de fondre le plomb en or.

Je m'émerveille que, depuis les peintures rupestres, l'homme par des sons, des formes, des couleurs, des mots ait voulu dire son histoire, laisser la trace durable de sa fugitive présence. Les grands artistes sont des médiums entre le cosmos et nous, ils ordonnent l'ahurissante étrangeté des choses. Ils nous tendent un miroir où ils nous dévoilent notre plus beau visage. L'homme derrière les hommes. Admirable fulgurance de leur regard. Oui, nous avons des oreilles et n'entendons pas, des yeux et ne voyons pas. Mais Bach, Beethoven, Mozart et Rilke et Shakespeare et Fra Angelico, Vermeer, Van Gogh, viennent à notre secours et nous rappellent quel trésor nous portons en nous, presque à notre insu. Mozart, c'est nous… Emporté par une semblable certitude, Victor Hugo apostrophait son lecteur : « Insensé qui crois que je ne suis pas toi ! »

Il me semble qu'il existe un lien spécifique entre la musique et l'émerveillement. D'où vient l'émotion qui naît d'une modulation inattendue, si forte qu'elle fait frissonner ? Quel monde nous ouvre-t-elle ? Que nous apprend-elle de nous, que nous soyons ainsi bouleversés ? Pourquoi l'arrivée de la tonalité de *la* majeur au milieu de l'*andante* de la sonate posthume de Schubert[3] nous est-elle un baume à l'âme ? Pourquoi sommes-nous parfois déchirés pas la lumière de Mozart, pourquoi percevons-nous derrière le chant joyeux « l'oiseau blessé à mort ? Pourquoi la musique fait-elle « d'un mal un bien, d'un bien une douleur », selon les mots de Shakespeare ? Peut-être parce qu'elle est l'exact reflet des mouvements de notre âme. Parce qu'elle est à la fois le plus abstrait des arts et celui qui ressemble le plus à la vie. Parce que comme la vie, comme nous, elle naît, elle meurt, faite avec et dans le temps — qu'elle piège pourtant, et bat sur son propre terrain. L'éternité est là, sertie au sein de l'éphémère, par la grâce de Bach et Beethoven. Tel *adagio*, tel *lied* sont, plus que promesse et nostalgie, certitude d'éternité. Je m'émerveille que l'homme ait inventé la musique.

Je m'émerveille de l'amitié, du rire, de la mémoire (oh, le trésor de ses alluvions dont nul ne peut s'emparer...) du tremblement du premier amour, de l'exultation des corps, des étoiles cachées sous la peau, des bonheurs de l'intelligence, de l'interrogation humble et opiniâtre des savants qui n'en finissent pas d'explorer la matière.

Je m'émerveille de la diversité des visages humains et ne peux me faire à l'idée que, depuis le début du monde, jamais n'en aient existé deux identiques. Des milliards de milliards et pas deux semblables...

Je m'émerveille des mots et des langues, des mythes et des légendes, des chansons et des contes, de tous les repères de l'inépuisable imaginaire des êtres humains.

Je m'émerveille des poètes, de « l'éveil jaune et bleu des phosphores chanteurs[4] », des mystiques en extase, Pascal écrivant dans la fièvre : « Joie, joie, joie, pleurs de joie », le curé d'Ars, le visage baigné de larmes répétant en chaire indéfiniment : « Nous Le verrons, nous Le verrons «, nous Le verrons, saint François d'Assise ébloui, chantant la beauté du monde dans son *Cantique des créatures*. Je m'émerveille de tous ceux qui se sont émerveillés.

Je m'émerveille d'avoir découvert, au milieu du chagrin des deuils, que l'absence cache une présence, que la relation avec ceux qu'on aime ne cesse jamais, même lorsqu'ils nous quittent. Car ils ne nous quittent plus. À la mort de ma mère, c'est elle d'abord qui m'a aidée à me passer d'elle en me faisant sentir, grâce à l'amour dont elle m'avait nourrie, qu'elle était en moi pour toujours. Mon père et ma mère m'ont « enseigné la ferveur[5] » et ont réussi à faire que l'émerveillement de les avoir eus pour parents ait toujours été plus fort que la douleur de les avoir perdus.

Je crois à la dynamique de l'émerveillement, à sa charge d'énergie, à l'élan qu'il imprime aux âmes. Qui peut mesurer les forces que donnent la contemplation de la mer, ou d'un sourire, l'écoute d'un choral de Bach, ou du chant du merle ? La beauté donne le goût de la vie, et nous dit avec Valéry : « Le vent se lève. Il faut tenter de vivre ! » Elle est aussi joie d'être face à la présence de l'infini, joie grave de l'étincelle divine présente en chacun de nous. L'émerveillement est conscience de la transcendance. Il fait monter en nous la gratitude.

Je souhaite, par lui, garder toujours en esprit les paroles de la Genèse, et à l'instant ultime, être prête à me dire qu'il y eut un matin, qu'il y eut un soir, et que, malgré tout, cela était bon.

Elle est retrouvée !
Quoi ? l'éternité.
C'est la mer allée
Avec le soleil[6].

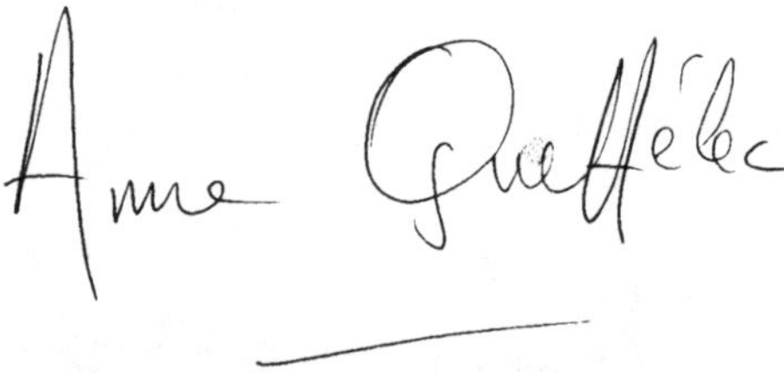

1. William Blake. « *To see the world in a grain of sand. All heaven in a wild flower.* »
2. Marcel Aymé, *Uranus*. - 3. En *si* bémol majeur D. 960.
4. Arthur Rimbaud - 5. André Gide, *Les Nourritures terrestres*.
6. Arthur Rimbaud.

Michèle Rudler

l'exigence

PROFIL: MICHÈLE RUDLER

En matière d'enquête criminelle, Michèle Rudler dame le pion à Sherlock Holmes. Élégante, bronzée et souriante, ses collaborateurs ne l'en appellent pas moins « patron ». Sortir armée, il est rare qu'elle le fasse. Experte en gros calibres, elle s'entraîne, en revanche, dans les caves de la préfecture de police. En un mot comme en cent, s'il voulait créer un équivalent féminin à son commissaire San Antonio, l'écrivain Frédéric Dard trouverait en elle modèle idéal.

CERTES, le titre de commissaire n'est pas le sien. pourtant ses compétences et ses attributions la situent à l'avant-garde de la lutte contre la délinquance. Et, en matière de police scientifique, la renommée de cette mère de trois enfants âgée de cinquante-quatre ans dépasse les frontières de l'hexagone. La simple énumération des grades universitaires et fonctions du professeur Michèle Rudler éclaire cette notoriété.

Docteur en pharmacie, professeur agrégé en toxicologie, la « tornade blanche » comme la surnomment ses amis, a mené sa carrière au pas de charge. En 1983, lors du concours pour la direction du laboratoire de toxicologie, dix candidats masculins furent coiffés par elle sur le poteau. L'année suivante vit sa nomination à la tête de l'unité de médecine légale de Paris-V. En 1987, un nouveau concours l'amena à décrocher la direction du laboratoire scientifique de Paris. Corollaire d'un rythme soutenu tambour battant : en 1988, Michèle Rudler reçut le trophée Biba-Who's who *en qualité de femme de l'année.*

L'école navale n'acceptait pas les sirènes

Le titre de femme de l'année marche-t-il systématiquement de pair avec celui de féministe ? Se cramponnerait-on à l'acception militante du terme, force serait alors de rayer Michèle Rudler de nos papiers. Si, en revanche, le mot féministe évoque la femme d'action, elle l'est alors à part entière. Car sa propension

à mettre ses talons aiguille dans les traces masculines de ses prédécesseurs ou concurrents, l'empêche de placer sa carrière sous le signe de la routine.
Dès l'adolescence, c'est une permanente course à obstacles qu'entame cette jeune Nantaise. Fille du ministre Henri Rey et d'une pharmacienne, ses ambitions sont hors du commun. L'école navale fait voguer son imagination. Hélas, à bord des navires de la Royale, les sirènes ne sont pas admises. Avec Polytechnique qu'elle guignerait volontiers, le problème est identique. Ce sera seulement en 1972 que les jeunes filles recevront le visa d'entrée. Férue de littérature policière, éprise d'histoires d'espionnage, elle chausserait volontiers les souliers à clous d'un commissaire ou se draperait encore dans la cape couleur gris muraille de l'agent secret. Certes, « fin limier » se décline au féminin avec Miss Marple mais c'est uniquement dans les romans d'Agatha Christie. Quant aux Mata Hari en puissance, ce n'est pas sur les bancs d'une quelconque université qu'elles acquièrent leur maîtrise.
La jeune Michèle le constate : davantage que la ligne droite, la vie professionnelle d'une femme doit emprunter les méandres. Il lui faudra donc biaiser. On la retrouve donc engagée sur l'austère voie des études pharmaceutiques. Mais son tempérament aidant, elle sortira vite des sentiers battus. Interne des hôpitaux, elle s'oriente vers le travail en laboratoire. Or, il se trouve que de la Brinvilliers à Marie Besnard en passant par Violette Nozières, les grandes empoisonneuses de l'histoire toujours la fascinèrent. Elle va donc se spécialiser dans l'étude des poisons et des drogues. Tout naturellement cela la conduira à s'occuper des délits. Ainsi donc, à l'issue d'un long détour, elle reprend la route de ses aspirations premières.

■ "Tornade blanche" présente sur le terrain

À Nancy où elle a passé son agrégation de toxicologie, le tribunal ne dispose pas d'expert dans cette spécialité. Elle sera commise d'office et fera ainsi ses premiers pas dans le traitement des affaires criminelles.
Dotée d'un sens aigu de la coordination du travail en équipe, elle est surtout d'une redoutable exigence tant à l'égard d'elle même qu'à celui des autres. « Tornade blanche », le fameux surnom, ne lui a pas été attribué en vain. Prétendre qu'elle coupe les cheveux en quatre serait inexact. C'est en vingt-cinq et dans le sens de la longueur qu'elle les fractionne. À la sainte bougeotte, elle voue un culte permanent. Dans le dessein de contrôler l'alpha et l'oméga d'une situation, elle se rend sur le terrain.
Ainsi lui amène-t-on, un jour, le corps d'un jeune homme de dix-huit ans sur la table d'autopsie. Les analyses de laboratoire n'ont rien révélé et ce décès semble inexplicable ; tout juste le dossier établit-il qu'après avoir joué au tennis, le jeune homme a pris une douche puis s'est alité. Alors qu'elle pourrait se cantonner dans son laboratoire, le

professeur Rudler va visiter les lieux. Ainsi trouvera-t-elle la clé de l'énigme. Le disparu a pris sa douche dans un local insuffisamment ventilé et doté d'un chauffe-eau défectueux. Après ses ablutions, il s'est réoxygéné. Pourtant, une fois couché, il est mort des suites d'une intoxication par l'oxyde de carbone. Si Michèle Rudler s'était bornée à la consultation du dossier, jamais l'affaire n'eût été élucidée.

Dans le texte brillant qu'elle consacre ci-après à l'exigence, Michèle Rudler fait état de l'appareillage perfectionné dont dispose désormais la police scientifique. Mais elle le souligne également : aussi élaboré soit-il, un équipement ne saurait pallier les carences de rigueur de la part de ses utilisateurs. Déjà, à l'aube de l'industrialisation, Carlyle écrivait au XIXe siècle : « Le monde n'est nullement une machine. »

l'exigence

Michèle Rudler

Je suis une empoisonneuse.
C'est, du moins, ce qu'on dit de moi.
Est-ce du fait de mon arriveé
dans la médecine légale par le biais de
la toxicologie ?
Parce que les crimes par empoisonnement,
féminins par excellence, me passionnent ?
Ou bien parce que je ne badine pas
avec l'ideé que j'ai du travail bien fait ?

SI CETTE DERNIÈRE RAISON, comme j'aime à le penser, l'emporte sur les premières, je prends le qualificatif comme un vrai compliment. Une reconnaissance de qualité professionnelle. Car, dans cette optique, être une empoisonneuse signifie traquer, partout où ils se trouvent, l'à-peu-près, la dérive du laisser-aller, la paresse complaisante, la connivence intéressée, en un mot : le laxisme qui perd cette société. Et l'éliminer.

Être une empoisonneuse, c'est faire preuve d'exigence. Cette exigence qui, pour moi, est la clé de voûte de toute vie professionnelle. Et personnelle, cela va sans dire. Elle me fut inculquée dès l'enfance par des parents remarquables, avec deux autres principes cardinaux : l'honnêteté et la responsabilité. Jamais ces valeurs, désormais surannées je le sais, ne m'ont quittée. Je me suis efforcée, à mon tour, de les transmettre à mes enfants, et je m'y suis, moi-même, toujours tenue avec... exigence.

Sans exigence, pas de science

Alors, qu'est-ce que l'exigence ? C'est être conscient de ses devoirs et agir en conséquence sans ménager sa peine. Avec honnêteté, droiture, professionnalisme. Afin de n'avoir jamais à regretter ce que l'on a fait. Ce que l'on a dit. L'exigence implique de ne pas céder aux pressions, quoi qu'il en coûte parfois, dans une vie professionnelle — ce qui, soit dit en passant, dans un métier comme le mien n'est pas toujours simple. Ne pas se laisser influencer par d'autres considérations que celles, très strictes, qui doivent être prises en compte.

Et pour la scientifique que je suis, l'exigence passe par la rigueur. Une rigueur sans faille et sans laquelle tout est faux. Car la demi-mesure, dans ce domaine, n'existe pas. Ainsi y a-t-il deux sortes d'experts auprès des tribunaux : les bons et les mauvais. Les premiers sont exigeants. Ils rendent des rapports d'expertise clairs, nets, précis, basés sur un travail en profondeur, honnête. Les derniers se laissent influencer par les dires des uns et des autres. Ils ne travaillent pas assez leurs affaires, ils sont complaisants à la demande, imprécis et rendent des rapports flous, d'un laxisme exemplaire. Ceux-là, vous l'avez deviné ? sont sans exigence.

J'ai été moi-même expert auprès des tribunaux et ma réputation m'a valu d'être souvent sollicitée par les avocats qui m'ont fait une totale confiance. Ils ont la gentillesse de me dire intègre et compétente. Cela ne signifie pas que je ne me trompe jamais. Mais que s'il m'arrive de commettre une erreur, au lieu de la cacher, lorsque je m'en aperçois, je le dis. Je la souligne, afin qu'il en soit tenu compte. Et je la corrige. Voilà le moins que l'on puisse faire et que pourtant, tous ne font pas. C'est grave. D'autant plus grave dans ce domaine de justice, que la liberté d'un homme est en jeu. Une erreur d'expertise peut expédier un individu en prison pour des années, je le rappelle souvent à mes collaborateurs afin qu'ils aient toujours conscience de leur immense responsabilité. Ils n'ont pas, nous n'avons pas le droit à l'erreur.

Voici quelques années, j'ai introduit en France, dans le monde médico-légal, l'utilisation des empreintes génétiques, car ce procédé permet d'identifier les violeurs. Il est infaillible, parce que basé sur l'analyse de séquences d'acide désoxyribonucléique, dont aucun des six milliards d'individus qui peuplent la planète ne possède le même qu'un autre. Un fragment de cheveu, d'ongle, une cellule de peau, une trace de sperme, de sang, permet de retrouver la personne — il n'y en a qu'une au monde — dont l'organisme l'a émis.

Je me souviendrai toujours de la première affaire dans laquelle j'ai utilisé cette méthode. Pendant que je déposais, je savais que l'individu qui était affalé sur le banc des accusés serait condamné de mon fait, parce que, grâce à cette technique scientifique de pointe, j'étais en train de prouver, à cent pour cent, qu'il était bien l'auteur du viol. Dire à quel point cela m'était pénible !

L'expert ignore souvent, ensuite, ce qu'il advient de la procédure. Mais là, après le jugement, j'ai téléphoné... Pour apprendre que cet homme avait été condamné à sept ans de prison. C'est une responsabilité terrible. J'ai pu l'assumer avec sérénité, grâce à la certitude absolue de ne pas m'être trompée.

L'*exigence du doute*

Est-ce à dire que je ne doute jamais ? Certainement pas. Le doute, par définition, est inhérent à la démarche scientifique du chercheur. Dans le domaine médico-légal qui est le mien, toutes les méthodes d'expertise n'ont, malheureusement, pas le caractère infaillible de l'analyse des empreintes génétiques, d'autant que l'enquête sur le terrain, au cours de l'instruction, manque souvent de rigueur, et ne fournit pas à l'expert les éléments qui, avec davantage de méthode, auraient pu être utilement exploités.

À quoi nous sert, par exemple, le spectromètre d'absorption atomique qui permet de rechercher la composition des résidus de poudre d'amorce brûlée par un coup de feu, si les enquêteurs, sur le terrain, ont effacé ces traces sur la peau ou les vêtements de l'auteur et de la victime ? À quoi bon le microscope électronique à balayage qui permet, par l'examen des souillures, de retrouver les matériaux traversés sur les balles et les douilles si, sur le terrain, lesdites douilles ont été piétinées par inadvertance, voire mises dans la poche de l'enquêteur à côté de ses cigarettes et de son mouchoir ?

Le personnel de police manque encore trop souvent de formation pour passer au crible, comme il le faudrait, ce que nous appelons la scène du crime. Et la coordination entre magistrats, avocats, policiers et experts est loin d'être satisfaisante dans tous les cas. Par exemple ? Des empreintes ont été trouvées, relevées, mais personne ne les a analysées, aussi y aura-t-il « un trou » dans le dossier d'instruction. Résultat ? Toute la procédure s'en trouvera affectée. L'expert n'aura qu'une partie du matériel pour travailler. Et sachant que cela arrive fréquemment, comment voulez-vous qu'il ne doute pas ? Qu'il affirme avec certitude le résultat de ses analyses ? Au contraire, en scientifique rigoureux, il doit avoir, chevillée au corps, cette exigence du doute ! C'est elle qui le fait progresser dans ses recherches. Et c'est ce doute qu'il lui faut affirmer haut et clair, lorsqu'il subsiste. Au grand dam, certes, des magistrats et des avocats qui, eux, ont besoin de certitudes. Mais pour le plus grand bénéfice de l'accusé et de la société dont la justice doit être honnête.

Crime parfait ?
Manque d'exigence.

« Et le crime parfait ? Comment votre exigence s'en accommode-t-elle ? » s'enquièrent avec gourmandise les amateurs de polars. Mais elle ne s'en accommode pas du tout ! Et pour la bonne raison que le crime parfait, ce montage intellectuel imparable que la littérature prête à l'intelligence machiavélique d'un criminel de génie, n'existe pas. Alors ? Ce qui existe, en revanche, ce sont des crimes demeurés impunis, non pas qu'ils sont parfaits, mais parce que l'exigence professionnelle de certains intervenants, lors de l'enquête policière et de l'instruction, à un moment donné, a été mise en défaut.

Aussi génial soit-il, en effet — et il y en a de géniaux — tout assassin laisse sur les lieux du crime des indices qui permettent de l'identifier sans risque d'erreur, avec les moyens scientifiques sophistiqués que nous possédons maintenant. Il laisse toujours quelque chose qui lui appartient, ne serait-ce que par échange avec sa victime. Un poil, quelques pellicules tombant d'une mèche de cheveux, font l'affaire. Encore faut-il qu'ils soient prélevés dans l'environnement du crime, dès sa découverte, car lorsqu'on revient plusieurs heures après, voire plusieurs jours, tout a été piétiné, effacé, perdu. Si la scène était traitée immédiatement avec la rigueur voulue, si de l'enquêteur à l'expert et au juge d'instruction, toutes les étapes étaient menées en collaboration parfaite, si le prélèvement systématique d'échantillons et les analyses coordonnées de ces derniers étaient menés avec une méthode rigoureuse, il n'y aurait pas d'oublis, pas d'erreurs. Donc pas de crimes dits parfaits. C'est pourquoi, tant que la direction du laboratoire de la police scientifique de Paris m'a été confiée, je me suis battue pour la formation de techniciens de la scène du crime. Ainsi que pour la coordination des analyses. Par exemple ? Lorsqu'un assassinat a été commis à l'aide d'une arme à feu, mener simultanément l'expertise balistique et l'autopsie permet de découvrir des éléments qu'un décalage dans le temps occulte. Je ne ferai qu'une seule concession à l'ingéniosité des criminels modernes : elle s'affine avec l'évolution des techniques de détection de la police scientifique. Mais les mobiles, d'une navrante banalité, demeurent ceux du passé : cupidité et jalousie. Il en va de même des moyens d'action qui, à quelques variantes près, restent les armes à feu, les armes blanches, la strangulation, etc.

Une si haute idée de la fonction publique

« Vous vivez dans le crime ! » S'exclament parfois avec horreur ceux qui, me questionnant sur mon travail, sont stupéfaits de mes réponses. En effet, les circonstances du crime sont mon métier. Un métier que j'exerce avec passion. Non pas pour participer à la vengeance de la société, comme il est arrivé qu'on me le dise, mais pour éliminer, autant que faire se peut, les possibilités d'erreur judiciaire.

Des erreurs judiciaires, j'ai eu l'occasion d'en connaître de près. Si le secret professionnel m'empêche d'en parler, je puis au moins faire savoir qu'il n'y a pas de sanction lorsque l'on s'aperçoit, parfois des années après, qu'un mauvais rapport d'expertise en a été la cause. Sans nulle inquiétude, l'expert poursuit le mauvais exercice de sa profession car rien n'empêche les magistrats de continuer à le commettre. Ils en ont le droit. Pourtant, qu'un innocent perde son honneur et sa vie en prison est le pire que l'on puisse imaginer. Aussi je n'exagère pas en affirmant que le but de ma vie est de communiquer à tous mes collaborateurs, à tous les rouages des vénérables institutions que je dirige, cette exigence de rigueur qui doit, à tout prix, l'éviter.

« Comment puis-je ne pas désespérer de l'homme, de son âme et de la société, moi qui suis, sans cesse, confrontée à leurs horribles turpitudes ? » À cette question, fréquemment posée, j'ai trois réponses à faire. D'abord, j'ai dans la nature humaine une indéracinable confiance, au nom de laquelle je revendique tolérance, indulgence et modestie. Car si la justice est là pour condamner les méfaits des hommes, quel être humain serait donc assez parfait pour s'arroger le droit de juger leur âme ?

Ensuite, j'ajouterai, non sans un sourire en coin, que les hommes les plus terribles ne sont peut-être pas toujours ceux que l'on retrouve mêlés à des procès et dont les turpitudes sont mon pain quotidien.

Ma troisième réponse, enfin, m'engage profondément. Comment pourrais-je désespérer d'une société dont je place si haut la fonction publique que je l'ai intégrée voici bientôt trente-cinq ans ? Je suis fonctionnaire et, au risque de paraître surannée, fière de l'être.

La fonction publique représente, en France, l'ensemble des institutions qui défendent l'intérêt général avec une rigueur, une exigence de qualité qui placent les citoyens à égalité devant la loi. Cela donne des responsabilités à ceux qui y travaillent, des devoirs. Oui, je dis bien : des devoirs. Dans une société, la nôtre, avec son laxisme à tous niveaux, où l'on n'entend plus parler que de droits, ce mot est si démodé ! Ainsi, tous les membres — ou presque — de mon personnel dit scientifique et qui ne l'est d'ailleurs que très modestement, dont le recrutement s'est fait au ministère de l'Intérieur, viennent-ils me voir uniquement pour me parler de leurs droits. Droits aux récupérations, droits aux aménagements d'horaires, droit à ceci, droit à cela... Jamais je ne les ai entendus parler de devoirs. Et moi, cela me choque. Et cela me force à élever plus haut encore la barre de mon exigence. Vis-à-vis de moi-même, d'abord, vis-à-vis d'eux, ensuite. À hauteur de l'idée si élevée que je me fais, justement, de la fonction publique.

GUY SCHOELLER

L'imagination

PROFIL: GUY SCHOELLER

« La vie insère le livre dans ses entrelacs agités. Du reste, l'une comme l'autre doivent être dévorés à belles dents. En évoquant les "chapitres de l'existence" ou en parlant de "tourner la page", la langue française souligne ce jumelage. »

DIXIT Guy Schoeller. Une saveur particulière émane de sa constatation en forme d'apophtegme. N'illustre-t-elle pas à merveille la carrière de cet éditeur hors du commun ? À quatre-vingts ans, il conserve tout son mordant. Corneille l'affirmait : « la valeur n'attend pas le nombre des années. » La biographie de Guy Schoeller le démontre ; parfois, chaque nouvelle bougie du gâteau d'anniversaire permet au talent de prendre du corps et lui confère davantage d'éclat. Ainsi, en 1980, à l'âge où d'autres battent la retraite, il sonne la charge en créant la collection « Bouquins ». Tout comme l'œuf de Colomb, le principe de cette bibliothèque de l'honnête homme paraît de prime abord simple comme bonjour. En fait, il cousine avec la quadrature du cercle. Il s'agit de mettre à la portée du plus grand nombre de lecteurs des livres de qualité tant par leur contenu que par leur fabrication et cela à un prix accessible.

■ Sénèque, est-ce vraiment sérieux ?

Dès le départ, Guy Schoeller établit un menu pantagruélique. D'Alphonse Allais à Émile Zola, il envisage d'égrener le rosaire des belles lettres. Il n'escompte pas moins embrasser l'histoire, la philosophie, les relations de voyages et les ouvrages de référence. Au sein d'un microcosme où l'éditeur demeure un loup pour l'éditeur, l'énoncé de ce programme fait hurler à la mégalomanie. Quoi ! Schoeller prétend rééditer l'intégrale de Marcel Proust ? Rien de neuf sous le soleil. Il annonce un Sénèque ? Est-ce vraiment sérieux ? Quant aux futurs lecteurs du Dictionnaire des symboles dont ce dilettante entend faire ses choux gras, ne se réuniront-ils pas à l'aise dans l'arrière salle d'un café ?
À tout cela il convient d'ajouter que l'heure ne paraît guère propice. En

effet, à l'aube des années quatre-vingt, le glas de l'ère des vaches grasses semble sonner pour l'édition. En apparence l'argumentaire des sceptiques ne manque pas de justesse. Il n'en omet pas moins un détail de poids. Grand bretteur devant l'Éternel, Guy Schoeller dispose d'une botte secrète : l'imagination. Comment cet alchimiste transmutera-t-il en or un projet qui semblait avoir du plomb dans l'aile ? Avec humour, il le conte dans le texte qu'il signe ci-après.

■ D'Austerlitz en Austerlitz

Nous nous limiterons à établir le procès verbal de son succès. De 1980 à 1994, « Bouquins » volera d'Austerlitz en Austerlitz. Aujourd'hui avec 300 volumes publiés réunissant 1 400 titres, le cap des 700 000 exemplaires vendus chaque année a été franchi. Paradoxe ! Dix jours suffiront à épuiser les 15 000 exemplaires de Proust en trois tomes. De son côté, Sénèque n'est pas demeuré à l'état de plan tiré sur la comète. Quarante mille exemplaires de ses œuvres seront écoulés en l'espace d'une année.

Du fond de sa tombe, l'écrivain latin doit sans doute éprouver le désir d'enrichir d'un ajout son traité De la Providence. Et quid du Dictionnaire des symboles dont l'annonce déclenchait l'hilarité au sein des sphères professionnelles ? Ses 450 000 exemplaires achetés suffiront à colorer en jaune les rires des concurrents. Pourtant, ce coup de maître ne fut pas un coup d'essai. « Avant "Bouquins", je ne foutais rien », déclare volontiers l'éditeur féru de boutades. Désœuvrement relatif car les décennies qui précédèrent son œuvre maîtresse ne furent pas moins jalonnées de jolies performances. Tout juste les dents de scie l'emportaient-elles alors sur la régularité. Car vouant un culte égal à la vie et au livre, notre homme refusa à l'époque de privilégier le second au détriment de la première.

■ Dandy de grand chemin

« Enfant de la balle ! » Haut et fort, Guy Schoeller revendique cette étiquette. Né en plein sérail de l'édition, elle lui sied tel un gant. De la base, son père René Schoeller s'est hissé au faîte de la hiérarchie. D'une main ferme, il gouverne les messageries Hachette qu'il créa. Situé à Paris dans la plaine Monceau, l'hôtel particulier de la famille reçoit le gotha de la profession. Pape in partibus de la corporation, Gaston Gallimard fait sauter le jeune Guy sur ses genoux. Il en naîtra une amitié génératrice d'une collaboration ultérieure. À Carnot puis à Louis-le-Grand les études sont brillantes. Une double licence en droit et en histoire assortie d'un diplôme en sciences politiques viennent les étayer. Le fertile terrain familial ne contribue pas moins à l'épanouissement de la sensibilité littéraire et musicale du jeune homme. Sa mère en fait un auditeur assidu de l'Opéra et l'emmène en pèlerinage wagnérien à Bayreuth. Sur le service militaire, la longue guerre viendra se greffer. À la Libération, il estime avoir droit à la décompression.

La culture demeurera malgré tout sous-jacente à la vie ludique. Lorsqu'il dîne au Véfour, c'est avec Colette ou Coco Chanel. Il va au bistrot avec les copains. Le bistrot s'appelle Le Berkeley et les copains ont pour nom Pierre Lazareff, Pierre Brisson, directeur du Figaro, Marcel Achard, François Mauriac et Pierre Gaxotte. En ce haut lieu le régal des yeux fourni par les plus beaux mannequins de Jacques Fath. Car, avant qu'un chanteur ne le proclame, « la femme est le destin de l'homme. » aux yeux de Guy Schoeller. À Saint-Tropez, il rencontrera Françoise Sagan, la plus célèbre de ses quatre épouses. À l'époque, Saint-Tropez mérite encore le nom de lieu où l'on s'amuse avec Onassis, Vadim, Brigitte et les autres. À ce mariage éphémère succédera une solide amitié. Cependant, pour le Tout-Paris, cette union le marquera longtemps. On fera de lui une sorte de prince consort. Injuste appellation dans la mesure où il épousa l'auteur en début de parcours et fut même, à tort, accusé de lui avoir tenu la main pour son premier roman. En 1993, l'affaire sera exorcisée lorsqu'il publiera dans « Bouquins » un volume des œuvres de Françoise Sagan. Toujours est-il que lors de cette période flamboyante, les mauvaises langues le surnomment « le dandy de grand chemin ». Pourtant, lorsqu'il se penche sur le travail, il ne s'enferme pas pour bâiller dans un bureau. Hachette le charge des rapports avec Gallimard. Terrain miné s'il en est, car les deux géants de l'édition tendent à se regarder en chiens de faïence. Gaston Gallimard, que Guy nomme sa « vieille mère » ne veut traiter qu'avec lui le renouvellement des contrats. D'un voyage aux États-Unis, il ramènera à Henri Filipacchi l'idée du livre de poche. Il lancera la collection et la dirigera de 1961 à 1969 tout en étant conjointement président des éditions Stock.

■ Eurêka

Si Gaston Gallimard baptise son jeune ami Schoeller « Barnabooth » en référence à Valéry Larbaud, la raison en est que l'intéressé incarne à la perfection l'esthète riche, cultivé et fasciné par le voyage. Plus que le jet, il affectionne le cheval. En cavalier, il a traversé les États-Unis et la Mongolie. Le Kenya et l'Okavango n'ont pas de secrets pour lui. Lorsque les mondanités le lassent, il part pour le Zaïre voir sa vieille copine Sophie, gorille de trois cents kilos. Amateur de photos, il n'est pas que photographe amateur. Le National Geographic Magazine et Géo publieront ses reportages. En 1972, après avoir dirigé pendant trois ans le groupe de presse Femmes d'Aujourd'hui, il entre comme éditeur associé chez Robert Laffont. Dans la corbeille de mariage, il amène le Quid de Dominique et Michèle Frémy. Sous sa baguette magique, l'encyclopédie annuelle passera de 160 000 exemplaires en 1972 à 450 000 en 1991. En 1979, année décisive, de passage à Londres, il tombe par hasard sur un exemplaire du Capital de Karl Marx. Le texte, il connaît déjà et ne l'apprécie guère. En revanche, la reliure et le caractère attisent son imagination. Le Capital sera la baignoire d'Archimède d'où émergera « Bouquins ». Laissons-le évoquer l'instant où il dit « Eurêka ».

L'imagination

Guy Schoeller

Siècle après siècle,
sous prétexte de la définir, on passa
les menottes à l'imagination.
En la qualifiant de « folle du logis »,
Malebranche la sangla
dans une camisole de force.
Quant à Oscar Wilde,
pourtant orfèvre en la matière,
il l'accusera d'obéir à une
« terrible logique ».
Au fait, à l'instar de Fantômas,
l'imagination est protéiforme.

DE CHACUN DE SES USAGERS, elle épouse les circonvolutions cérébrales. Dans l'esprit de Napoléon avant de sonner la charge, elle adoptera la formation en carrés. Chez Rimbaud, en revanche, elle cisèlera une crénelure en larges dents de scie.

J'eus le double honneur de publier des ouvrages consacrés à l'Empereur et de rééditer l'auteur des *Illuminations*. Je n'en suis pas pour autant promu stratège ou poète. À la mode de Bretagne, mon cousin pourrait être le Chrysale des *Femmes savantes*. Cependant, édition oblige, ma « bonne soupe », je la trempe de beau langage. Pour rester en compagnie de Molière, je ne suis pas non plus dépourvu d'attaches avec Maître Jacques, cocher et cuisinier à la fois. Car auteurs, livres, collections, je suis censé cornaquer l'ensemble sur l'hypothétique voie du succès. Dans ce dessein, il faut encore mitonner la sauce propre à mettre les meilleurs morceaux en relief. La sélection du graphisme, le choix du papier, le dosage des effets de couverture ne sont pas des éléments contingents. Trouver le préfacier adéquat, capable de truffer les textes de chronologies vivantes et de notices biographiques n'a rien non plus d'une mince besogne. Au sein d'un tel environnement, le rôle de l'imagination consistera à percevoir les aspirations du public avec une longueur d'avance. Cette gageure suffit-elle à placer l'éditeur sous la bannière de l'inspiration ?

Si, George Bernard Shaw l'affirma, ce souffle procède essentiellement de la transpiration, la réponse pourrait être affirmative. Je préférerai toutefois évoquer un savoir-faire issu d'une longue maturation.

À ce propos, on pourrait citer l'histoire de l'automobiliste, victime d'une panne en apparence inexplicable. Il fait appel à un mécanicien hors pair. Après avoir ouvert le capot du véhicule, l'homme de l'art examine rapidement le moteur puis saisit son marteau. Sous ses doigts, l'outil devient baguette magique. Un toc-toc suffit à réanimer la mécanique. Sonne ensuite l'heure de la facture. Elle s'élève à mille francs. « Voilà cher payé le coup de marteau, s'étonne le client. — Je l'estime à dix francs », rétorque le réparateur. Et de préciser : « Les neuf cent quatre-vingt-dix francs supplémentaires indemnisent les vingt années passées à apprendre où et comment le donner. »

Flâneur salarié

Dans le cas de votre serviteur, l'apprentissage du savoir-faire et de l'imagination, son corollaire, emprunta des sentiers peu conventionnels. Que je fasse ici état de ma prédilection pour le sport équestre, n'a rien d'un coq-à-l'âne. Afin de bien carrer l'imagination en selle, cette école d'observation est à nulle autre pareille. Autant le clamer de but en blanc : à mes yeux, l'expression « une idée ne se trouve pas sous le pas d'un cheval » relève de l'hérésie.

Au lendemain de la guerre, je fis chez Hachette mes premières armes dans l'édition. J'eus alors la chance de me trouver placé sous la coupe de Meunier du Houssaye, homme d'une trempe exceptionnelle. Lui-même cavalier de première force, il lâcha la bride au hussard échevelé que j'étais encore. « Galopez comme vous l'entendez », n'eut-il de cesse de me dire. À l'époque, d'un pays à l'autre, les courroies de transmission n'étaient pas ce qu'elles devinrent par la suite. Il fallait prendre son bâton de pèlerin, partir, écouter, regarder ; bref se trouver à l'affût de ce qui se faisait ailleurs. Ainsi devins-je dans le domaine de l'édition l'équivalent du « flâneur salarié » évoqué par Henri Béraud à propos du reporter. Au terme d'une randonnée à cheval à travers les États-Unis, j'eus à New York le coup de foudre pour le *pocket book*. Dès 1933, l'Anglais Allan Lane en avait imaginé la formule. Il s'agissait de proposer au grand public des chefs-d'œuvre de la littérature en un format commode et à un prix accessible. Ce fut cependant aux États-Unis où elle fut reprise par Simon and Schuster que cette approche fit florès. Comme quoi une bonne idée ressemble à un soufflé. Mieux vaut ne pas lui laisser le temps de retomber sous peine de se la faire souffler par un autre.

À Paris, chez Hachette, Henri Filipacchi fut enthousiasmé par le compte rendu de la visite en Amérique. En un tour de main, le Livre de poche, jumeau du *pocket book*, vit le jour en France. À cet appel, le succès répondit présent. Force me fut d'avoir le triomphe modeste dans la mesure où nous n'avions fait que démarquer la collection anglo-saxonne. Cependant, en m'enseignant l'importance du regard, cette expérience mit à mon imagination le pied à l'étrier.

J'eus ensuite l'occasion de l'aguerrir dans son application aux relations humaines. On me chargea du suivi des accords entre Hachette et Gallimard. De prime abord, la mission semblait banale mais de fait, elle s'apparentait à la haute voltige. Célébré en 1932, le mariage des géants de l'édition était régi par des contrats à durée déterminée. Pour Hachette, cette collaboration était capitale. En distribuant Gallimard, notre maison amenait les libraires à s'approvisionner chez elle. Du côté de Gallimard, l'union n'apparaissait guère moins importante. Ajoutée au génie de son patron Gaston, la puissante logistique d'Hachette lui conférait une sorte d'invincibilité. Faut-il préciser que les autres éditeurs ne guignaient pas cette coalition d'un œil favorable. Mais l'obstacle majeur résidait dans le fait que pour des raisons infrahumaines, les équipes Hachette-Montaigu et celles de Gallimard-Capulet nourrissaient une profonde détestation l'une à l'égard de l'autre. Plongé dans cette permanente resucée de Roméo et Juliette, je dus à deux reprises négocier le renouvellement du contrat. Par bonheur, Gaston Gallimard m'avait fait « sauter sur ses genoux » et persista ensuite à m'accorder sa confiance. En outre, le Livre de poche vint cimenter le pacte en alimentant pour un bon tiers le fonds Gallimard.

A posteriori, je devais découvrir l'importance de ce rôle de médiateur. Après la disparition de ses deux grands patrons, Meunier du Houssaye et Henri Filipacchi, la relève chez Hachette sombra dans la médiocrité. Je fus amené à quitter le groupe. La nouvelle équipe directoriale ne sut maintenir ce tandem Hachette-Gallimard, fer de lance de la réussite.

Grâce à Karl Marx

Suivit pour moi une traversée du désert. Mais j'adore les déserts, surtout celui de Kalahari, si propice à la méditation. Au cours de mes voyages, j'eus le loisir d'élaborer une stratégie. De longue date, je connaissais Dominique et Michèle Frémy, l'extraordinaire couple créateur de l'encyclopédie annuelle *Quid*. Elle était éditée par Plon depuis sa première parution en 1963. Je suis un fou de dictionnaires et ultérieurement, dans la collection « Bouquins », j'en publierai quelques dizaines. *Quid*, à l'époque, avait amené sur le marché une forme inédite d'ouvrage de référence. Hélas pour les auteurs comme pour le public, l'éditeur originel n'en tirait pas le meilleur parti et traînait les pieds lorsque les Frémy suggéraient des innovations. Comme leur contrat arrivait à expiration, je proposai au couple d'installer ses pénates chez mon vieil ami Robert Laffont. L'affaire fut rondement menée. Un contact permanent avec les auteurs, de constantes améliorations dans la présentation et davantage de *punch* dans la promotion débouchèrent sur un redémarrage en flèche qui s'accentua lors des années qui suivirent.

Tout semblait « baigner » comme on dit aujourd'hui, mais je suis un insatisfait chronique. Par essence, je suis un artisan. Or, qu'ambitionne le bon compagnon si ce n'est la réalisation du chef-d'œuvre dont il se sera occupé de A à Z. Je songeais à des gros livres bourrés de pages. Lorsqu'on les ouvrirait, ils demeureraient ouverts et une fois fermés, éviteraient de bâiller et resteraient plats. En outre, ils seraient légers sinon par le contenu du moins par le poids et supporteraient de nombreuses lectures sans tomber en morceaux. En un mot, je rêvais au mouton à cinq pattes.

En 1979, le destin transposa mes aspirations dans la réalité. J'avais un rendez-vous à Londres et j'arrivai fort en avance. Dans un cas semblable, pour l'éditeur, une bonne librairie représente un havre idéal. J'entrai chez Foyle's. Un livre en deux tomes publié chez Penguin me sauta aux yeux. Il s'agissait du *Capital* de Karl Marx. Cet ouvrage, je le trouvai révolutionnaire, non par la prose déjà estimée ringarde, mais par la vertu d'une couverture à l'extraordinaire souplesse. À l'auteur et au texte près, mon rêve me faisait face. Je repérai le nom et l'adresse de l'imprimeur Hazel Watson and Viney Ltd, à Aylesbury. J'annulai mon rendez-vous, sautai dans un taxi et une heure plus tard débarquai à Aylesbury, l'extase m'y attendait.

Le secret de fabrication tenait à la manière dont les fibres du papier se présentaient sous les rotatives : toujours dans le même sens et non une fois verticalement, une fois horizontalement. Cette dernière méthode conventionnelle rend les livres inégalement rigides, cassants et compromet la bonne tenue du collage. Quelle étonnante firme, ces Hazel Watson and Viney ! Ils ont à la fois le monopole des machines et, dans la technique du brochage, un tour de main qui n'appartient qu'à eux. En ce lieu, je découvris le moyen de réaliser la lubie que je poursuivais depuis 1960 : faire une « Pléiade » bon marché.

Je ne devais pas être le seul à souffrir de cette douce folie. Quel éditeur n'a espéré un jour aborder le vaste domaine de la littérature universelle exploité avec érudition par la célèbre collection sur papier bible créée par Gallimard ?

Homme de vendanges tardives

Techniquement je disposais de la panoplie nécessaire au lancement de la collection « Bouquins » : un encombrement limité par un format de 13,2 x 19,8 cm, l'emploi d'un papier finlandais d'une remarquable finesse et celui d'un caractère très lisible, le Times. La commodité est liée aux qualités précédentes et à la solidité obtenue par le procédé de fabrication découvert à Aylesbury.

Je bénéficiais par ailleurs d'un atout précieux : l'appui total de mon associé Robert Laffont. Restait à savoir ce que nous allions éditer afin de donner à « Bouquins » un cachet qui lui soit propre. En toute immodestie, je décidai que mon imagination étant suffisamment étayée par l'expérience, on pouvait lui donner libre cours. Résultat ? Lors des parutions successives, j'encourus des reproches contradictoires. Tantôt on signala mon excès d'éclectisme, tantôt on m'accusa d'en être dépourvu. Ce Schoeller est complètement dingue de publier un savant Cosinus, dit-on par exemple lorsque j'éditai *Le Rameau d'or* de l'Écossais James George Frazer. Il est vrai que Frazer ne paraît même plus en Grande-Bretagne. Pourtant, l'œuvre géniale de ce fondateur de l'anthropologie religieuse retrace l'histoire et fournit les clés de tous les mythes humains : le baptême, la mort, les croyances, les fêtes. Assurément, il ne faut pas le lancer tel quel à la face du lecteur. Une biographie de l'auteur, une introduction, un arsenal d'annotations réalisées par un brillant universitaire tel que Michel Izard rendent l'ouvrage accessible au public. D'ailleurs, celui-ci ne s'est pas trompé puisque j'en ai vendu quarante mille exemplaires.

En revanche, lorsque je refis l'édition de la trilogie des Mousquetaires d'Alexandre Dumas, on affirma que je piétinais sur les sentiers rebattus. On oublia de préciser qu'auparavant les éditeurs, trouvant que c'était un peu long, amputaient des phrases, escamotaient des chapitres. Tout cela, je l'ai rétabli. Outre les préface et postface, les notes, le maître d'œuvre Claude Schopp a ajouté un remarquable dictionnaire des personnages. Ainsi le lecteur peut découvrir les circonstances dans lesquelles l'œuvre fut écrite et se trouve de plain-pied avec elle.

Et puis je m'efforce de naviguer tous azimuts. Que n'ai-je entendu à propos des livres de littérature populaire. C'est exact, j'ai repris Gaston Leroux et Maurice Leblanc, et alors ? Ces livres grouillent d'imagination et je suis du peuple dans son bon goût. D'un autre côté, à ceux qui avec une démagogie arrogante refusent au grand public le droit d'accéder aux œuvres les plus fortes, les plus érudites, je réponds en lançant *L'Histoire romaine* de Mommsen ou le *Dictionnaire des symboles* de Jean Chevalier. Et cela marche au-delà de ce que mon imagination pouvait envisager.

Je suis sur le point de franchir le cap des quatre-vingts printemps. Chaque jour, mon imagination fait du *jogging* et le temps me manquera certainement pour réaliser tous mes projets. La raison en est peut-être que je fus un « grand commençant ». Un vigneron alsacien de mes amis me compara récemment aux crus de vendanges tardives. Beau compliment que je n'aurais jamais osé imaginer.

ROGER THÉROND

L'intensité

PROFIL: ROGER THÉROND

Porte de Montreuil, le samedi dès quatre heures du matin, l'armée des brocanteurs a déjà pris ses quartiers. Côté chalands, en revanche, le calme règne encore. Tout juste, ces spécialistes de la paléophotographie que sont les marchands de daguerréotypes, observent-ils les évolutions d'une silhouette longiligne.

En rien, le personnage ne cherche pourtant à éveiller l'attention. Au camouflage dispensé par l'obscurité persistante, s'ajoute une vêture grise de pied en cap. Taillé à la Charles Quint, le collier de barbe étoffe la minceur du visage. Seule l'intensité azurée du regard confère à sa ronde de nuit un petit air de clair obscur.
Le dialogue avec les brocanteurs donne également dans la sobriété. Énoncées d'une voix métallique bien scandée, les brèves questions appellent des réponses concises. Notre homme compulse les daguerréotypes, examine, soupèse, marchande du sourcil, achète parfois ou le plus souvent part poursuivre ailleurs sa quête de l'introuvable. Ensuite, à Saint-Ouen dans le secteur Paul Bert, le rite repart du point zéro. Porte de Vanves, aux antipodes parisiens, le troisième acte connaîtra un déroulement identique. Enfin, bredouille ou comblé, le collectionneur avant de regagner son domicile à Auteuil, ira sur le zinc d'un bistro reprendre quelques forces en avalant un bouillon.

■ Empire de papier imprimé

Sans doute la superstition lui est elle étrangère sinon la simple audition du mot bouillon devrait suffire à le faire courir chez l'exorciste : dans le monde des journaux, ce terme ne désigne-t-il pas les invendus ? Or, si quelqu'un mérite à part entière le nom d'homme de presse, c'est bien Roger Thérond, l'opiniâtre laboureur du marché aux puces et passionné de photos du XIXe siècle. Le cousinage pileux avec Charles Quint entraîne une autre comparaison. Si sur l'immense empire du souverain ibérique le soleil ne se couchait jamais, il en va de même avec l'empire du papier imprimé sur lequel s'étend la domination rédactionnelle de Roger Thérond. Il faudrait rejoindre Gulliver au pays des géants de Brobdingnag afin de trouver une carte de visite au format suffisant à répertorier l'ensemble de ses titres. Restons succincts en énumérant les principaux : vice-président-directeur général et directeur des rédactions du groupe Hachette-Filipacchi Presse, directeur général de Paris-Match, *PDG. du groupe* Le Provençal *et administrateur gérant d'une dizaine de sociétés de presse et d'édition.*

Quand bien même ce diable d'homme aurait le don d'ubiquité, on demeure perplexe. Postulant au départ qu'il passe quotidiennement 36 heures sur 24 à Paris-Match *où nulle ligne, aucune photo n'échappe à son œil bleu laser, comment peut-il conjointement être républicain au Républicain d'Uzès, père pédagogue à Parents, slalomeur à Ski Magazine, turfiste à Week-end, hygiéniste à Vital, parisien à Pariscope et méridional au Méridional ?*

En fait, il est médecin acupuncteur avec la « médialogie » pour spécialité. Chacun des titres conserve une large indépendance. Que survienne, en revanche, une poussée de fièvre, une baisse de tonus au sein d'un fleuron du groupe, on fait alors appel au docteur Thérond. Le praticien prend les pouls du malade, détecte le plexus souffreteux. Nul mieux que lui ne sait alors piquer l'aiguille au bon endroit. Ça y est l'énergie vitale se remet à circuler et cela repart comme en 14.

Cette thérapie souveraine, Roger Thérond l'appliqua — nous verrons plus loin comment — à Paris-Match *lorsque son ami et patron du groupe, Daniel Filipacchi racheta en 1976 à Jean Prouvost un titre prestigieux qui n'en était pas moins en perte de vitesse.*

■ Du football à Citizen Kane

Patron de presse, cette étiquette n'enchante guère Roger Thérond. Il est avant tout journaliste. Avec la modestie de l'orgueil, il préfère se considérer primus inter pares (le premier parmi ses pairs). On n'en cherche pas moins à savoir par quel cheminement il accéda au sommet de la hiérarchie.

En rien il n'est la transposition journalistique du fils de notaire, petit fils de notaire et notaire lui-même. Lorsqu'il voit le jour à Sète le 24 octobre 1924, nul antécédent familial ne le prédispose à la carrière. Son père est fondé de pouvoir dans une société. Auparavant, chez les Thérond, on exerçait la profession de forgeron à Langogne, en Lozère. Si c'est en forgeant qu'on devient forgeron, c'est en imprimant que Roger, alors âgé de dix ans, se transmue en imprimeur journaliste amateur. À côté de ses études effectuées au collège de Sète où il aura pour condisciple Georges Brassens de trois ans son aîné, il aime s'amuser avec un petit jeu d'imprimerie. Il en résultera un journal parfaitement autarcique dans la mesure où il le rédige, l'imprime et en est le principal

lecteur car le tirage culminera à quatre exemplaires. Toujours est il qu'à l'expression orale, il préfère l'écrit. Car cet homme aujourd'hui éloquent fut un enfant réservé voire timide.
À l'image des voies du Seigneur, celles du journalisme sont imprévisibles. Si l'envie n'a pas bonne réputation, elle servira néanmoins de fusée porteuse à l'adolescent. Chez les Thérond, on ne roule pas sur l'or. La famille habite les hauts quartiers de Sète alors qu'il convient de résider dans la basse ville pour être consacré bourgeois. Assiste-t-on à un match de football, force est de s'installer derrière les filets, faute d'avoir l'argent nécessaire pour s'offrir les tribunes. Confortablement installé dans ces dernières, l'adolescent découvre une caste de privilégiés : les journalistes. À eux les billets gratuits et les meilleures places avec une table pour écrire. Qui plus est, les veinards ont accès aux vestiaires et peuvent donc parler aux demi-dieux joueurs.
Alea jacta est ! Roger Thérond sera journaliste, la chose est décidée. À cette annonce, les applaudissements des parents restent modérés. Avec la licence ès lettres obtenue par leur fils à la faculté des lettres de Montpellier, ils ambitionnaient de lui voir emprunter les allées sûres de l'enseignement. Mais le jeune homme veut jouer les Rastignac, il faut s'y faire. Il monte à Paris, brûle ses vaisseaux, enfin presque, puisqu'il devient correspondant d'un modeste journal provincial, La Voix de la patrie. Le jour de gloire n'est pas arrivé mais le néophyte progresse à pas de géants. Le voici critique de cinéma à L'Écran français. Pour lui cela équivaut à l'extase. À côté des grandes productions françaises comme Les Portes de la nuit de Marcel Carné, il découvrira les grands films américains dont l'Occupation avait frustré sa jeunesse. Avec Citizen Kane, il atteindra le plaisir suprême. Bec et ongles, il défend le chef-d'œuvre dans ses articles. Ainsi rame-t-il à contre-courant car le film d'Orson Welles fit alors grimper aux rideaux la fine fleur de l'intelligentsia ,à commencer par Jean-Paul Sartre.
Dans l'existence de Roger Thérond, Citizen Kane représentera un tournant. Auparavant, il nourrissait l'ambition de bifurquer vers la réalisation cinématographique. L'immense talent d'Orson Welles l'en dissuadera, tant il redoute de ne pouvoir égaler le maître. Peut-être un autre enseignement implicite imprégnera-t-il son subconscient. Gigantesque saga de la presse, Citizen Kane ne le conforta-t-il pas dans sa vocation première ?

■ La voie royale de l'intensité

Cinéma, presse, aujourd'hui lorsqu'il exhume le passé, Roger Thérond repousse toute dichotomie. « Le cinéma fit mon œil », reconnaît-il volontiers. Dans son esprit, texte et image convergent vers l'osmose. Cela tant et si bien qu'homme de plume à l'origine, tout ce qui écrivaille lui reproche, à tort, aujourd'hui, d'être surtout un visuel.
En 1948, Gaston Bonheur, gourou

journalistique de l'époque, lui commande un reportage sur le septième art pour l'hebdomadaire Samedi soir. Cette enquête sera jugée remarquable et son auteur, promu chef des informations. Il rencontre Raymond Castans, autre trois-étoiles de la presse. Excellent chasseur de tête, Castans va l'embarquer dans une aventure qui perdure. En effet, sur les décombres de Match, magazine sportif fondé en 1928 par Léon Bailby, l'industriel Jean Prouvost crée Paris-Match en 1949. Dès le premier numéro, Roger Thérond va participer à l'essuyage des plâtres. Au sein du nouvel hebdomadaire, il frétille tel un poisson dans l'eau. Comme la conception de Paris-Match colle davantage au cinéma qu'à la presse conventionnelle, le journal semble être taillé à ses mesures. Du reste, le slogan publicitaire adopté pour le nouveau venu en résume bien la philosophie : « Le poids des mots, le choc des photos. »

Ce n'est pas encore le bâton de maréchal mais, à vingt-six ans, voici Roger Thérond benjamin des rédacteurs en chef de la presse magazine. La précocité mozartienne de ce rédacteur en chef d'orchestre se double d'une singularité : dans la partition jouée au stylo, il excelle tout autant que dans celle réservée à l'objectif.

Rue Pierre Charron — alors siège de la rédaction — l'œcuménisme musical n'est pas de mise. En ces lieux, la Symphonie fantastique de Berlioz l'emporte haut la main sur le menuet de Boccherini. Conséquences : le papier endimanché, le compte rendu d'actualité ronron et le reportage marronnier n'ont pas droit de cité. On se greffe sur l'intensité. L'écrit se met au diapason de la photo et vice versa. À cet égard, le vocabulaire utilisé par Roger Thérond apparaît symptomatique. Le journaliste doit être une plaque sensible, un ingénieur en émotions. Chaque sujet sera abordé sous l'angle original générateur d'images fortes. Ainsi l'actualité peut-elle être perçue de façon inattendue.

On dépoussière la bibliothèque aux idées reçues. L'exhaustivité ? Il est d'une part impossible de l'atteindre et de l'autre, elle perturbe le fil conducteur d'un article. L'arbitraire ? Enfourchons le allegro ma non tropo. Enfin, dans un dessein de cohésion, chaque papier restera monothématique.

Lorsque par capillarité, de telles directives parviennent aux oreilles des rédactions concurrentes, on se frappe la tempe de l'index. Les persifleurs chuchotent qu'à Paris-Match tout rassemblement de plus d'une idée sous une boîte crânienne est strictement interdit. Mais les chiens aboient et la caravane passe. Les rires adverses présentent des symptômes de jaunisse car le succès est total. Le tirage atteindra un Anapurna de 1 800 000 exemplaires. Ce n'est en rien un effet du hasard. Au cours de ces années cinquante, la télévision balbutie encore sur le petit écran. En revanche, chaque semaine Paris-Match la fait avec brio. Sur le papier.

■ Don Juan précurseur de Paris-Match

S'il manque de pêche, le reporter a intérêt à se reconvertir dans la pêche à la ligne. Ici, on est prié de participer 24 heures sur 24 et 7 jours sur 7. Rien n'est définitif. À chaque instant l'actualité peut tout remettre en question. À l'heure H moins une minute, alors que le bouclage est quasiment achevé, le coup de Trafalgar peut survenir. Tel sera le cas le 22 novembre 1963. À 19 heures 57, une dépêche tombe du téléscripteur. À Dallas, John Fitzgerald Kennedy, président des États-Unis, vient d'être blessé au cours d'un attentat. Trois minutes plus tard, nouveau télégramme : la blessure est très grave. On sonne le branle-bas de combat. Documentation, maquette, service photo, correspondants, rédacteurs, tout le monde est sur le pont. Alerte justifiée car, après quelques instants on apprend le décès de JFK. Blanche sera la nuit. D'ici le matin, il importe de boucler un cahier de trente-deux pages avec titres, chapôs, photos, légendes, biographie. Dès potron-minet et à toute berzingue, l'ensemble est envoyé à l'imprimerie. La bataille est gagnée !

Bravo ! Mais il faut penser au numéro suivant. Dans de semblables moments chez Roger Thérond, le mental du collectionneur revient au galop. Une fois acquis l'objet de rêve, on le classe et il perd la majeure partie de son intérêt. La passion intense vogue déjà vers la prochaine conquête, Don Juan ne pensait pas autrement.

Révolution permanente, l'intensité ne s'en trouve pas pour autant à l'abri des pièges. En mai 1968, survient justement une révolution. À ce merveilleux jouet qu'est Paris-Match, *elle portera de sérieux coups de butoirs. Au sein du chambardement ambiant, les patrons eux mêmes à l'image du M. Le Trouhadec de Jules Romains, sont saisis par la débauche. Le grand capital s'habille chez* Ravachol. *Âgé de quatre-vingt-trois ans, Jean Prouvost, président du groupe auquel appartient* Paris-Match *connaît une poussée d'acné juvénile. Même si l'assiette de* Paris-Match *semble excellente et bien garnie, il lorgne en direction de celle de son voisin, L'Express en l'occurrence.*

À l'hebdomadaire de Jean-Jacques Servan-Schreiber revient, en effet, le mérite d'avoir imposé en France la formule du newsmagazine calquée sur les Time *et* Newsweek *américains. Un peu comme Paul Bocuse rêverait de mettre son restaurant à l'heure de la cuisine chinoise, le vieux patron s'entête à vouloir transformer* Paris-Match *en* Express *bis. Contre ce branquignolesque projet, Roger Thérond s'élève avec véhémence. Mais force lui est de se soumettre ou de se démettre.*

Comme il affectionne la station verticale, la seconde solution sera retenue. Dans toutes les acceptions du terme va commencer le temps des copains. Ancien photographe vedette à Paris-Match,

Daniel Filipacchi, l'homme de Salut les copains, a démarré son propre groupe de presse en compagnie d'un autre vieux complice Frank Ténot, Roger Thérond les rejoint et « un pour tous, tous pour un », voici formé un solide triumvirat. Le nouvel arrivant va lancer Photo et veille aux destinées de Son magazine et Ski magazine.

Lors de cette période, l'ex et futur directeur de Paris-Match va attraper le virus de la collection. Au hasard d'un lèche-vitrine, rue de Seine, il tombe en arrêt devant un antiquaire. Dans un écrin de velours, le portrait d'une femme lui sourit. Ses couleurs et reflets varient selon l'angle sous lequel on l'observe. Ce type d'image porte un nom : le daguerréotype, l'ancêtre de la photo. Ainsi naquit une passion dévorante. Côté rue, c'était la photo, côté jardin, ce sera la photo. « Cela me lave le cerveau », expliquera Roger Thérond.

■ Mao au secours du tigre de papier.

Ironie de l'existence, en 1971, Françoise Giroud lui propose d'entrer à L'Express en qualité de conseiller directorial. Roger Thérond accepte. S'il avait refusé de faire L'Express à Paris-Match, il n'est pas hostile à une collaboration intra muros. Conjointement, il poursuit ses activités chez Filipacchi. Elles ne sont pas minces car les projets fourmillent.

Colosse aux pieds d'argile, Paris-Match n'est plus que l'ombre de lui-même. La diffusion tourne autour de 400 000 exemplaires hebdomadaires. C'est alors que le triumvirat conçoit l'idée folle de racheter le titre. Mégalomanie, sussurent certains. Et d'avancer des arguments de poids. Au début des années soixante-dix Life et Look, cousins américains de Paris-Match, ne se sont ils pas effondrés en dépit de leurs dimensions pachydermiques ? Cela tendrait à démontrer que ce type de presse est devenu caduc. Du reste, le phénomène se trouve aggravé par une télévision en phase de croissance exponentielle. Dans de telles conditions reprendre Paris-Match équivaudrait à une folie. Qu'importe ! « Qui vit sans folie n'est pas si sage qu'il croit », écrivait déjà La Rochefoucauld. En 1976, le feu vert est donné à l'aventure.

Avant le jour J, Daniel Filipacchi a beau être un homme d'acier, Frank Ténot un souriant optimiste et Roger Thérond un méridional froid comme il se plaît à dire lui-même, les trois compères n'ont plus un poil de sec. On tournicote un peu, on prend de belles résolutions. C'est décidé, on va s'affranchir de l'angoisse engendrée par la couverture en y plaçant des valeurs de père de famille décrochées de la maudite actualité. Tiens, pour le premier numéro, pourquoi pas Michel Sardou qui fait actuellement un tabac ? Heureusement, le dieu des journalistes veille au grain. Dans le dessein de donner un coup de main à ses disciples Daniel, Frank et Roger, il rappelle à lui Mao Ze Dong, le soir du bouclage, cela s'imposait. La couverture, ce sera Mao en noir et blanc debout et seul sur une plage.

Quant au pauvre Michel Sardou, il pourra toujours chanter : « Ne m'appelez plus Paris-Match*... » Ainsi face au président Mao, le tigre de papier aura le dernier mot.*

Après ce départ en flèche, il faut établir un régime afin de conforter la convalescence de Paris-Match. *Au diététicien Thérond, Daniel Filipacchi donne carte blanche. La diète préconisée sera celle du bon sens. La réalimentation commencera à la petite cuillère. Puis, semaine après semaine, les doses seront augmentées. Tout se fait en touches subtiles. Le rapport calcium/texte et magnésium/photo sera équilibré. Chaque plat tournera autour d'un seul produit de qualité, cela facilite l'assimilation. On ne plaindra pas les épices qui requinquent. Quant au petit coup de scoop pour arroser le tout, pourvu qu'il s'agisse d'un grand cru, jamais cela ne fit de mal à personne. Çà et là un remède exclusif sera administré. À titre d'effet secondaire, il peut choquer mais, dans tous les cas de figures, draine un sang neuf et dope le tirage de l'hypotendu.*

Transposée sur le papier, une telle alchimie confère au journal un rythme cinématographique. Temps forts et pauses se trouvent alternés. Au cours de ces dernières, le lecteur récupère son souffle. On repasse ensuite en quatrième vitesse pour terminer fort et en beauté. Ces contrastes sont importants. Que serait l'Himalaya sans les dénivellations sinon une morne plaine ? En bref, chaque mercredi Paris-Match *produit un film à plat.*

Il ne s'agit pas d'une recette mais d'une panacée. En l'espace de trois années, les ventes doubleront et les recette publicitaires seront multipliées par sept. Le redressement est d'autant plus méritoire que la télévision fait la loi. La grand-messe du journal de vingt heures semble avoir réduit les médias écrits au rang de satellites. S'il ne se lança jamais dans l'audiovisuel, Roger Thérond, ancien critique de cinéma, en connaît bien les méandres. Aussi le directeur de Paris-Match *s'ingénie-t-il à exploiter les carences de l'adversaire. Fugitive, l'image télévisée entre par un œil et ressort aussitôt par l'autre. Le regard, en revanche, s'arrête cinq voire dix minutes sur une photo significative. Ainsi, en 1978, Raymond Dépendront photographia un mariage à Beyrouth lors des bombardements syriens. La mariée en robe blanche, son conjoint en habit. Les incendies formaient une dantesque toile de fond. Ce tragique raccourci montrant que la vie continuait, nul film ne l'eût mieux présenté.*

Lorsque Roger Thérond se rend au marché aux puces à la chasse aux photos anciennes, il y voit des numéros de Paris-Match *à 50, 100, 500 voire 1 000 et même 4 000 francs pour le numéro un. Au cours de quarante-cinq années, il contribua largement à la mémorisation de l'histoire de notre temps. Et, à la différence des héros du film, il n'est pas fatigué.*

L'intensité

Roger Thérond

L'étrange faculté, acquise au fil des ans,
de se « dédoubler » et de se regarder vivre,
nous pousse à nous interroger
sur les valeurs qui nous ont tenu à cœur,
ou qui nous ont dominés.
Inévitablement, de l'intimité de cette
réflexion, surgit le parcours initiatique
régi par l'émoi, la turbulence
et l'ébullition, que fut notre adolescence.

CE FRAGMENT DE JEUNESSE constitue le creuset de toutes nos ambitions, des promesses que nous nous faisons, de notre intensité. Ensuite, pour ne point se trahir, « vieillir c'est organiser sa jeunesse au cours des ans, c'est mûrir mille jeunesses », comme le notait Paul Éluard, dans *Poésie ininterrompue*. Dans ce poème, il conseillait aussi de « tenir son vol assez haut pour que l'aile y ait un but, et faire honneur à l'avenir. »

Jeune homme, je me souviens, l'ombre sournoise d'une guerre gagnait sur toutes les lueurs d'espérance suscitées par les avancées sociales du Front populaire. Nos parents, nos oncles, se secouaient à peine du traumatisme de 1914-1918. Avec le recul, ce conflit nous apparaissait alors d'autant plus inutile et coûteux, que nous redoutions le carnage d'une nouvelle bagarre avec l'Allemagne. Puis vint le grand chaos et l'enfer que l'on sait... Il fallut puiser quotidiennement dans nos ressources d'énergie vitale pour survivre. Et par la suite, dans le tourbillon de la Libération, se faire une place dans un monde nouveau et dont la fragilité venait de sa capacité à s'autodétruire. Aucune génération n'a jamais préparé mieux qu'une autre un avenir radieux pour ses enfants. Nos prédécesseurs ont fait face à des difficultés au moins égales aux nôtres, et nous-mêmes sommes assez préoccupés à nous tirer d'affaire… En ce sens, l'histoire ne me gratifia pas, pour l'apprentissage de ma vie d'homme, d'un meilleur préambule que les lycéens d'aujourd'hui. Mais au prétexte de devoir affronter une société définie comme sans espoir, s'ils investissent la rue pour manifester une indignation légitime, ils expriment davantage de scepticisme, ou pire, de désespérance que de rage et d'entêtement à conquérir une belle vie. Pourtant, seules la passion de l'existence et l'intensité de l'action se porteront garantes d'une réussite personnelle. Et au reste, pourquoi cette époque s'avérerait-elle moins prometteuse pour celui qui traque son rêve jusqu'au bout ? Pourquoi ne réussirait-il pas à s'inscrire dans la trajectoire qui est la sienne ? Dans l'immédiat après-guerre, les jeunes gens se référaient déjà au fameux *struggle for life*, la lutte pour la vie. La littérature américaine avait véhiculé cette théorie du comportement après la crise de 1929 et l'effondrement complet du pays. En France aussi, en 1945, la reconstruction s'avérait difficile. L'économie se remettait péniblement en route.

Dans le secteur que j'avais moi-même choisi, celui de la presse, les journaux balbutiaient. Décrocher sa signature au sein d'un titre à la pagination malingre requérait le déploiement de trésors de force et d'ingéniosité. L'atmosphère de *Paris-Match*, à ses débuts, débordait d'une joie mêlée au furieux acharnement à imposer un style, et une publication. C'est juste, notre génération brûlait alors sa confiance et sa foi au flambeau d'un idéal aujourd'hui consumé. Che Guevara emplissait nos rêves de ferveur révolutionnaire, la Chine égalitariste de Mao où la population entière vivait habillée pareil nous fascinait et les poètes, tous prophètes du mouvement surréaliste, prédisaient de leur chant sublime l'avènement de la liberté… Ces références, et toutes les idéologies auxquelles nous avons tenté de nous fier ont, les unes après les autres, volé en éclats. Ainsi le manque d'espoir, ferment actuel de la paralysie des jeunes, ne me semble pas plus intolérable que la disparition de tous les repères et jalons de notre propre existence. Par conséquent, face à ce phénomène, communément baptisé « dépérissement des valeurs », quel choix de comportement reste-t-il dorénavant, à part celui de l'intensité ?

Convaincu de l'évidence, s'il m'arrive de recevoir un journaliste débutant, j'essaye de détecter en lui cette qualité, essentielle pour bien faire ce métier. C'est un talent souvent intériorisé, car les meilleurs journalistes sont aussi timides dans la vie quotidienne, qu'audacieux, par compensation, dans leur travail. Il m'arrive alors de dire : « Il ne faut plus choisir ce boulot, c'est le plus mauvais du monde. » S'il revient trois fois, je ne doute plus de la motivation du candidat ! J'aurais pu moi-même me décourager lors de mon premier « papier », pour *Match*, en 1949. C'est d'ailleurs à cette occasion que je rencontrais Daniel Filipacchi, vingt ans, et photographe novice. En tandem, nous fûmes chargés d'un reportage sur Liliane Mégnier, une actrice en vogue à ce moment-là . Petite fille, elle avait fait sensation dans *Le Corbeau* de Clouzot, jeune femme, elle revenait au cinéma dans un film de Julien Duvivier. Nous avions reçu pour consigne de faire d'elle (grande audace de l'époque !) une photo un peu *sexy*. Elle prit la pose en imperméable et mégot au coin des lèvres... Quand notre supérieur hiérarchique examina le cliché, il nous signifia qu'avec des inventions d'une telle vulgarité, nous devrions renoncer au journalisme ! L'image parut malgré tout, mais après retouche et gommage de la cigarette. Nous fûmes pour autant, Daniel et moi, bien inspirés de ne point renier nos idées. Même si nos détracteurs d'aujourd'hui déplorent que nous ayons conservé notre mauvais goût ! Fort de cette anecdote, je me garderai toutefois de réduire l'alchimie du journalisme à la prescription du seul feu sacré. La ténacité vaut si elle couronne l'émotivité et la finesse de perception pour tout ce qui palpite ici-bas. L'actualité déroule son scénario de la violence au sourire, en captant les faits qui donnent de l'épaisseur et donc de l'intensité à la vie de tous les jours.

Un journal ne peut s'accorder la moindre somnolence. Son équipe doit vivre à l'affût de l'événement le plus anodin, tout en respectant la hiérarchie des nouvelles. Le paradoxe consiste à ressentir chaque émotion, sans perdre le contrôle. Percevoir intensément l'information et garder, au final, la distance nécessaire pour « orchestrer » le contenu du magazine. Pour choisir l'exemple emblématique de *Paris-Match*, un hebdomadaire s'articule comme un film, le film de la semaine, avec ses séquences fortes et ses plages de tranquillité. Sa réalisation n'est rendue possible que grâce à l'enthousiasme de personnalités complémentaires. Afin d'assurer la pérennité de cet esprit d'entreprise, le groupe Hachette-Filipacchi dispose depuis 1989, d'une « université » interne. Son dessein est de mieux préparer les étudiants à la spécificité de la presse magazine. Ces cours « maison » visent à combler les lacunes de l'enseignement traditionnel, focalisé sur l'aspect rédactionnel du métier, au détriment du visuel. Les écoles de journalisme théorisent, à raison, sur la profondeur des choses et forment de bons professionnels pour les agences ou les quotidiens. Mais elles se défient de l'élémentaire symbiose image-texte qui fait la singularité de nos journaux. Elles n'insufflent justement pas... l'intensité ! Et à l'heure où les journalistes n'appartenant pas au microcosme audiovisuel sont pratiquement condamnés à l'anonymat, le rédacteur en chef qui « met en scène une publication », le secrétaire de rédaction qui passe la nuit à « boucler » les pages, doivent se conduire en hommes passionnés. J'ai, personnellement, toujours douté de l'utilité des instituts de journalisme. Un bon niveau de culture générale obtenu à l'université dote le prétendant à cette carrière d'un bagage suffisant. Les deux grands de la presse, Robert Hersant et Daniel Filipacchi, ne possèdent aucun diplôme.

Licence de lettres en poche, j'ai moi-même, à vingt ans, ruiné le schéma social esquissé par mes parents : hors du fonctionnariat, nulle autre projection n'eût forcé l'examen pour présider l'avenir de leur progéniture ! Sans le savoir, ma famille m'avait pourtant alloué les potentialités idéales pour me consacrer à ma vocation. De mes aïeux forgerons, j'ai sans doute hérité, par atavisme, la santé, alliée à la sérénité. Quand il ne double pas son acuité intellectuelle d'une solidité physique de *marathon man*, un journaliste s'essouffle rapidement !... En 1968, suite à une divergence de vue avec mon patron de l'époque, Jean Prouvost, je quittai *Match*. Mon ami, Daniel Filipacchi, m'a immédiatement contacté, pour m'annoncer, d'autorité : « Tu viens avec moi ! » Au même moment, Jean-Jacques Servan-Schreiber me priait lui aussi de le rejoindre à *L'Express*. Embarrassé, j'ai donc consulté un de mes amis personnels, « pape » du monde de la publicité. Il me gratifia d'un bon mot, que je ne suis pas près d'oublier. « Chez Jean-Jacques, ironisa-t-il, c'est le bureau à air conditionné. Chez Daniel, c'est le chariot et la conquête de l'Ouest. » De fait, le groupe Filipacchi n'a jamais cesser de chevaucher vers l'Ouest. Antithèse de ses concurrents, il s'est toujours affranchi des impératifs de gestion, pour privilégier le journalisme dans l'entreprise de presse. La qualité d'un *scoop* lui importe davantage que son prix, les recettes publicitaires l'attirent moins que la fidélité de son lectorat. Sa réussite et son maintien au plus haut niveau de diffusion sont les résultats de cette folie. Et l'expression d'une tradition visant à faire survivre, obstinément, un style de journalisme empreint de la plus grande intensité.

Lors du rachat de *Match* en 1976, la moisson d'informations télévisuelles alimentait déjà les récriminations fatalistes du milieu de l'écrit. La déferlante des images sur le petit écran laissait supposer que le public se détournait de la photo. Cette inquiétude a fait long feu et perdure aujourd'hui. Mais l'art du magazine a toujours été proche de celui de la télévision. Pour preuve, le nom et le concept de la fameuse émission de Pierre Lazareff dans les années soixante, *Cinq colonnes à la une*, directement inspirés des « rythmes » de l'ancienne formule de *Paris-Match*. La résurrection du titre dépendit donc de notre habileté à « fixer » l'actualité, chaque semaine, sur quatre-vingts pages de papier satiné. Il suffisait de donner aux événements et aux documents l'intensité méritée. Le succès a récompensé la passion primaire à laquelle nous nous sommes livrés pendant cette période. Tout ce qui entourait alors notre vie personnelle était devenu projet pour *Match*, idée pour *Match*, sujet pour *Match*. Une confidence de femme, la réflexion d'un enfant, l'opinion d'un ami. *Match* dévorait notre temps : notre existence même était devenue une exclusivité *Match* !

Aujourd'hui, comme des téléspectateurs, nos quatre millions de lecteurs zappent, feuillettent, ne s'attardent peut-être que sur les photos et les légendes, mais continuent à acheter. Le journal a traversé toutes les modes et balayé tous les défaitismes. Nous avions parié que la photographie ne mourrait pas, elle est désormais reconnue comme un art. L'extraordinaire évidence et l'avantage indiscutable de l'image « arrêtée » sur l'image « animée » est d'immobiliser le temps. L'être humain souhaitera toujours posséder un plan fixe de lui-même. Car il porte en lui la frustration de l'intemporel. Or la photographie pérennise l'instant. Elle valorise un détail, une attitude que le documentaire télévisé ou le film renverrait au contraire à l'anecdotique. Un seul cliché noir et blanc montrant de Gaulle, à Londres, en train de fumer un cigare, constitue un témoignage pour l'éternité. Une image-réflexion. La regarder force l'attention, prolonge l'émotion, crée un moment privilégié d'intensité entre le plaisir du regard et la curiosité de l'esprit. La vocation du photojournalisme rejoint, en somme, celle de nos magazines : s'adresser au cœur des lecteurs en même temps qu'à leur cerveau ; refléter de concert l'aventure des hommes et celle des idées. L'intention est pieuse, mais le labeur plus sorcier. S'il n'est pas allé cent fois au Louvre et n'a pas consulté longuement les albums de ses confrères, un photographe ne comptera jamais parmi les grands. Cartier-Bresson, Newton, Depardon possèdent d'immenses connaissances artistiques. Sébastiao Solgado réalise des tableaux avec l'actualité. Leur travail nous bouleverse parce qu'ils y ont investi toute leur chaleur et la touche culturelle issue d'un savoir-faire représentant pour eux des années d'effort. Dans le petit monde journalistique, nous utilisons souvent le même adage pour résumer les ficelles du métier « De la sueur, de la foi, et des larmes » ! Personnellement, je voudrais répéter aux jeunes désireux d'exercer cette profession, que la presse est libre, et que le talent et la qualité de l'information permettent de tout dire. La quête d'un idéal trouve toujours sa raison, sous la houlette de l'intensité. J'ai gardé de merveilleux souvenirs de mon enfance, à Sète, en compagnie de Georges Brassens. L'un d'eux concerne une attitude de mon vieil ami chansonnier. Alors que nous déambulions, le soir venu, dans les rues de la ville, Georges inventait déjà ses chansons… en les rythmant du poing sur les portes d'entrée des maisons !

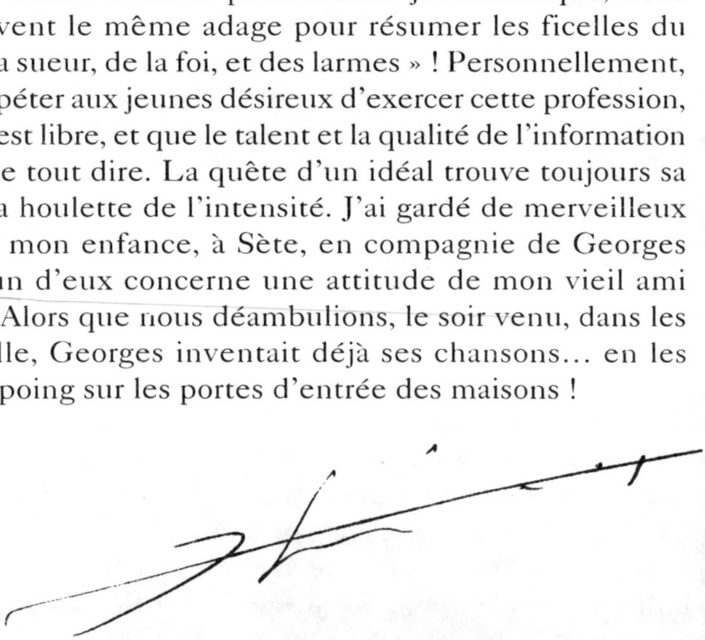

FRÉDÉRIC TIBERGHIEN

La compréhension

PROFIL :
FRÉDÉRIC TIBERGHIEN

En qualité d'énarque, Frédéric Tiberghien pourrait bénéficier ou plutôt pâtir d'une étiquette de technocrate. Or, ne voilà-t-il pas que, président de Chronopost depuis juin 1994, cet ultime avatar lui confère les apparences de Chronocrator, le maître du temps.

PUDIQUE bien qu'extraverti, cette comparaison trop personnelle ne devrait pas recueillir l'assentiment de ce chrétien activiste, père de cinq enfants. Pourtant, la carrière de ce Flamand âgé de quarante-cinq ans, le démontre : du « temps rongeur » dont parlait Ovide, il sut toujours tirer le meilleur parti.

On en arriverait à croire qu'aux calendriers julien puis grégorien, il substitua un calendrier Tiberghien où chaque année comporte 730 jours, eux-mêmes subdivisés en 48 heures de 120 minutes chacune.

Personnage haut en couleurs, Frédéric Tiberghien est issu de ce Pays-Bas français marqué par le paysage industriel. À l'édification de ce site tout en cheminées, sa famille contribua largement. À Tourcoing, ville où Frédéric vit le jour le 5 février 1950, les Tiberghien se trouvèrent aux origines de l'essor du textile. Mais, empreinte de catholicisme, cette dynastie n'eut de cesse de se préoccuper également du tissu social.

Si Frédéric Tiberghien s'inscrivit dès le départ dans cette dernière option familiale, il jettera aux orties d'autres traditions. Ajoutons qu'il pourrait même faire figure de caneton égaré au sein d'une couvée de poussins.

Dès son adolescence, le corset de l'entreprise le gêne aux entournures et il lui trouve même des allures de carcan. Il le crie haut et fort car cet infatigable bûcheur peut parfois se mettre en congé de diplomatie. Il annonce donc son intention de se consacrer à la fonction publique. Autant le dire : dans un milieu où le fonctionnaire représente l'incarnation du mal, son projet soulèvera un enthousiasme modéré.

■ Palombes et société

Mais si on ne tire pas sur une ambulance, on ne saurait davantage passer à l'attaque frontale d'un gagnant. Battant, Frédéric le fut dès l'enfance au point de frôler la boulimie. Sans discontinuer, une zone de hautes pressions traversa sa scolarité. Sur les stades, ce fort en thème ne cédait pas pour autant sa place contre un boulet de canon. Athlétisme, cross, football, handball, natation, voile, volley-ball, il s'apparente alors à une vivante encyclopédie des sports.

Il conserve cependant des oasis pour le rêve. Ainsi, fait-il volontiers des escales oniriques dans la peinture hollandaise du XVIIe siècle. Des multiples facettes de cet art se dégage un climat de sérénité. Mais le jeune homme n'affectionne pas moins les sensations plus corsées. Au cinéma de digestion, il préfère ainsi le ciné-club. Après avoir vu sur l'écran la scène où Eisenstein montre les chevaliers Teutoniques s'apprêtant à attaquer les Cosaques, il déclarera avoir tout compris du matérialisme historique.

Une fois réglée la formalité du bac philo, il intègre Sciences po. La bibliothèque du respectable établissement devient son havre favori. Histoire, sciences économiques, épistémologie, de A à Z il s'y collette rudement le savoir. Reçu à l'ENA, il effectue son service militaire. Officier de réserve, il se spécialise — on pouvait s'y attendre — dans les explosifs. Sur le plateau d'Albion, il étudie, en effet, le site d'implantation d'une unité de tir au missile.

L'ENA lui propose un assortiment de stages qu'il attaque avec une gourmandise omnivore : gestion des bureaux d'aide sociale, des hôpitaux, des ports, des réseaux scolaires, voilà qui le transporte aux anges. Mais avec une émotion égale, il aborde les problèmes des sapeurs-pompiers. Stagiaire à la préfecture des Landes, il se passionne pour la question de la chasse aux palombes. Il détecte qu'elle deviendra un enjeu politique majeur.

Son arrivée au Conseil d'État va lui permettre de devenir opérationnel. L'organisation du transport aérien domestique ? C'est Tiberghien ! La vérification des sondages ? C'est encore Tiberghien. Les sanctions à infliger aux contrevenants du contrôle des changes ? C'est toujours Tiberghien !

■ Au parfum chez Vuitton

De 1982 à 1986, l'ouragan Tiberghien va successivement déferler sur deux cabinets ministériels, celui des Affaires sociales puis celui de la Défense. Après avoir procédé à la mise en application de la contribution de solidarité versée par les fonctionnaires et s'être occupé de la réforme du régime de l'assurance chômage, le grand Frédéric se penchera sur la stratégie. Le voici en train de s'occuper à évaluer « les programmes d'armement en fonction de critères militaires, stratégiques, diplomatiques, industriels et financiers ».

En 1987, comme il le déclare dans

son style imagé, « il voit monter la déferlante critique sur le thème du trop d'État. » L'État et la classe politique multiplient à dessein les signaux négatifs à l'encontre des hauts fonctionnaires. Dans une telle situation, il préfère prendre les devants, fait ses valises et saute le pas.

Il se retrouve chez Louis Vuitton aux côtés d'Henry Récamier. Secrétaire général du directoire, à tour de bras, il va restructurer. De la stratégie militaire, il passe donc à celle du développement des filiales dans les secteurs de la maroquinerie, des vins et spiritueux et de la parfumerie.

Ce sera en force qu'il reviendra en 1990 dans la fonction publique. Il prend la présidence d'EGT, filiale de France Telecom. Le voici à son affaire. Il rénove la gamme des produits, jongle avec les marques, ouvre de nouveaux métiers, met toutes ses équipes sous pression. Il part à la conquête de l'Europe en surfant sur la vague de la radiotéléphonie mobile.

À peine une victoire remportée, Frédéric Tiberghien songe à de nouvelles conquêtes. Il ressemble à L'Homme pressé campé par Paul Morand. Quoi d'étonnant qu'à cet homme de communication, le président de la Poste confie en 1994 Chronopost, la principale filiale du groupe. Une fois de plus, il démarrera sur les chapeaux de roue et, dès le départ, put être considéré comme affranchi.

La compréhension

Frédéric Tiberghien

Sortir de soi
pour pénétrer un domaine
jusqu'alors inconnu ou méconnu,
dont on parvient à saisir l'organisation,
le fonctionnement, et jusqu'à l'essence, donne
accès à une connaissance profonde.
Si profonde que, l'ayant acquise,
on la fait sienne, on la « prend ».
À bras-le-corps. On la comprend.
Du latin cum prehendere,
prendre avec soi.

COMPRENDRE S'ACQUIERT, disait Diderot, « par assimilation, ou par comparaison, ou par analogie ». C'est un jeu de l'esprit avant d'être un principe de l'action. Un jeu fascinant dont la pratique vous ouvre le monde. Il vous donne de vos semblables, de leur caractère et de leurs idées, une représentation intelligible. Il vous permet de saisir les situations, d'établir des stratégies et de vous lancer dans l'action qui vous mène droit au but. Avec les autres. Ainsi ai-je défini la compréhension. Attitude et résultat à la fois. Adossée au sens de l'effort, à l'intuition et à la volonté, elle est, pour moi, la clé de la vie. Et les acquis auxquels elle donne accès sont définitifs car ce que l'on a compris, on ne l'oublie jamais. Ce que l'on a seulement appris, en revanche, s'efface peu à peu de la mémoire.

Les clés de la vie

S'il semble naturel à l'homme de s'efforcer à acquérir les connaissances indispensables à sa survie, donc de faire un effort pour mieux appréhender son milieu immédiat, je ne suis pas certain que la connotation morale, affective, intellectuelle voire spirituelle dont je nimbe la compréhension, soit spontanée. Certes, elle s'amplifie avec les années et s'affine au fil des expériences, mais elle est, d'abord, selon moi, le fruit d'une certaine éducation. Disons même, d'une éducation certaine. S'intéresser aux autres et aux œuvres des autres avant de s'intéresser à soi, je l'ai appris par mon père. Cette attitude, du plus loin que je me souvienne, a fait partie de ma vie. Ce fut sans doute le biais par lequel débuta mon apprentissage de la compréhension. L'environnement de mon enfance, il faut le dire, s'y prêtait, car, dans une famille de sept enfants comme la nôtre, pour vivre sous le même toit, tenir compte des réactions les uns des autres était une absolue nécessité. Se partager à sept le gâteau que l'on préfère, ou se réconcilier après une bagarre avec quelques frères et sœurs, suppose une éducation morale de haut niveau et un entraînement idoine.

Les principes du scoutisme auquel, très jeune, j'ai adhéré, ceux d'autres mouvements de jeunesse éclairés par une idéologie forte, et l'enseignement privé catholique dont j'ai bénéficié, ont complété cette éducation où le respect et l'estime de l'autre s'appuient sur une volonté de le comprendre.

Ceux-là mêmes qui estiment la démarche comme allant de soi, admettront aussi qu'elle n'est pas toujours facile car elle suppose en tout premier lieu l'abstraction de ses idées préconçues, de ses convictions, aussi fortes soient-elles, pour, l'esprit libre et avec bienveillance, s'ouvrir à celles d'autrui. Si dans la vie courante et dans un milieu amical et professionnel de bonne volonté la chose paraît plutôt simple, il faut parfois, dans des contextes durs, faire appel à son courage et, j'insiste, être bien entraîné, pour conserver une telle flexibilité. Et pour ne se départir ni de patience, ni de tolérance.

Ce disant, je pense tout particulièrement aux milieux, aux esprits xénophobes ou racistes qu'il m'est arrivé d'affronter dans le cadre de mes activités en faveur des réfugiés. Ici, une réflexion s'impose : comprendre ne signifie pas être d'accord, adhérer. Car si je peux appréhender intellectuellement les sentiments et le raisonnement d'un xénophobe pour avoir de son point de vue une radioscopie assez exacte, mon désaccord avec lui est total. Dans ces conditions, à quoi bon le comprendre ? Pour tâcher, lorsque cela est indispensable, de trouver un terrain d'entente pour résoudre un problème, par exemple. Ou encore pour discuter avec lui et tâcher de réfuter ses arguments afin de l'amener à changer sa manière de voir. C'est un sport auquel je m'adonne moins qu'à mes débuts, car j'estime maintenant, qu'au-delà d'un certain degré, certains points de vue n'ont pas droit d'attention. Ce n'est plus une question de patience, de compréhension, mais de simple décence.

Pour la première fois, j'ai été confronté au problème des émigrés — dont je savais seulement qu'il existait — lorsque, jeune auditeur au Conseil d'État, je fus appelé comme rapporteur au sein d'une commission spécialisée qui jugeait de l'octroi du statut de réfugié.

Surpris de constater que les décisions n'étaient pas étayées sur une solide jurisprudence, j'ai effectué des recherches et collationné les jugements rendus au cours des trente années précédentes. Et lorsque j'ai véritablement compris le problème, mon étonnement a été grand : les demandeurs d'asile qui émigraient en France, dans une société aussi développée que la nôtre, pouvaient être traités de manière aléatoire, selon la formation devant laquelle ils se présentaient et la manière dont ils exposaient tant bien que mal — et plutôt mal que bien — leur propre cas. C'était inacceptable. Aussi me fallait-il pénétrer plus profondément dans la compréhension du phénomène, afin d'aider les pouvoirs publics à mieux en saisir l'ampleur, et les réfugiés, à mieux intégrer à leurs schémas mentaux les rouages de la société dans laquelle ils allaient tenter de s'insérer au mieux. Ce qui m'a amené à trois types d'action : d'abord, compléter mes recherches de jurisprudence pour en dégager des lignes directrices qui, analysées, allaient donner naissance à un livre pratique à l'usage des intéressés ; ensuite, avec quelques autres personnes sensibilisées au sujet, créer un Centre de documentation destiné à informer les professionnels s'intéressant au statut et au sort des étrangers en France, de l'actualité des différents pays dont ils proviennent. Et enfin, parallèlement, j'ai adhéré, en France, à différentes associations de défense et de protection des réfugiés et apatrides qui me donnent, tout en servant directement la cause, l'éclairage vrai du terrain. Depuis des années que j'étudie cette question, sans cesse réactualisée par de nouveaux apports et par les bouleversements politiques de notre monde, je sais l'appréhender dans son ensemble et jusqu'aux plus fins de ses rouages, de ses implications subtiles.

Si la compréhension est la clé de la vie, pour comprendre, il faut des clés. En partant de ce principe, je ne pouvais faire moins que de mettre cette compréhension qui m'avait ouvert un vaste domaine ignoré du monde, au service de ceux à qui elle pouvait être utile.

Un fantastique levier pour agir

Vous avez dit utile ? Cela m'amène tout naturellement à affirmer l'aspect actif de la compréhension. Je ne parle pas de l'aspect actif de l'effort fourni pour se donner la peine de comprendre, mais du fait que prendre, se « saisir » d'un domaine de connaissances, entrer en osmose avec lui, est s'impliquer à fond. L'individu a « bougé ». Son acquisition nouvelle le rend différent. Son esprit est plus vaste, son intelligence plus affinée. Sa compréhension amplifiée des choses et de la vie entraîne une extension de son champ d'action. C'est un levier. Un levier fantastique !

Du moins, l'est-il pour moi, car jamais je n'ai accru le champ de ma compréhension sans bénéficier d'une vision plus vaste, de nouvelles donnes, pour agir. Et d'une ardeur à bâtir grandie d'autant ! Serait-ce la raison qui m'incite à travailler la polyvalence ? Changer de secteur d'activité tous les trois ou quatre ans est une discipline à laquelle je m'astreins. Recommencer à zéro. Me plonger dans un univers fondamentalement différent, connaître d'autres gens, d'autres mentalités, d'autres milieux, d'autres problèmes, me remettre en cause, et cultiver la rapidité d'adaptation, fait partie de mon style de vie. Chaque étape, avec son lot de difficultés, voire d'échecs — toujours récupérés — apporte une myriade de facettes nouvelles, comme les yeux prismatiques de certains insectes, qui complète ma compréhension de la vie.

Mes débuts au Conseil d'État n'ont pas été faciles. Car j'ai dû aborder mes premiers dossiers sans grande connaissance du droit public auquel mes études ne m'avaient pas beaucoup préparé. Le premier, je me le rappelle, traitait de la responsabilité médicale. J'avais fait de mon mieux et c'est relativement confiant que je rendis le fruit de mon labeur au président de ma sous-section chargé de le réviser. « Je croyais avoir désigné un mentor à notre jeune collègue » commença-t-il... Par cette remarque anodine et perfide, il me fit « saisir » en un instant l'ampleur du gouffre qui s'ouvrait sous mes pas et des progrès que j'avais à faire. Et au cours des mois qui suivirent, affûtant mon attention et aiguisant tous mes sens, par osmose, j'avais compris l'état d'esprit et les méthodes à appliquer pour analyser les dossiers et proposer les solutions adéquates. Ce pan de compréhension nouvelle que j'étais en train d'acquérir suscitait chez moi une véritable ivresse intellectuelle.

Et que dire du milieu politique, dans lequel j'ai été immergé durant quelques années ? Quelle compréhension de la société m'a donné son contact et sa pratique ! La classe politique française, notamment du fait de son enracinement local et du cumul des mandats, perçoit assez bien les difficultés de nos concitoyens et les problèmes que posent les mutations de tous ordres que connaît notre pays. Beaucoup d'élus comprennent bien les évolutions des mœurs, des mentalités, des comportements. Mais hormis les périodes révolutionnaires ou quelques personnalités hors pair comme ont pu l'être de Gaulle ou Mendès France, trop peu d'entre eux utilisent la compréhension comme un levier pour l'action. C'est que l'action politique s'arrête souvent à l'horizon très court du verdict de l'opinion et de l'échéance électorale. L'élu doit remuer le moins de choses possible, repousser les choix, les décisions douloureuses afin d'être « présentable » au prochain rendez-vous des électeurs. Maximiser ses chances de survie et laisser aux successeurs le règlement des problèmes, est devenu de nos jours la figure imposée de l'action politique. Le grand art restant de faire la différence entre le souhaitable et le possible, et de faire le possible dans le sens du souhaitable.

Un exemple pratique de la compréhension que le conseiller que je fus, a acquis à ce jeu ? Mesurer la limite, justement, entre souhaitable et possible et provoquer des mouvements aussi loin qu'admissible sans trop ébranler les édifices. L'entreprise répond à une autre exigence : la sanction de l'actionnaire ou du client n'est pas la sanction de l'opinion ou de l'électeur. Mortelle, le temps lui est compté et elle se doit de régler les problèmes lorsqu'ils apparaissent. Tout cela je l'ai compris, par comparaison, en sortant de la fonction publique pour rejoindre Louis Vuitton, ma première entreprise privée. J'entrais dans un nouvel univers : celui des produits de luxe, des grandes marques, du marketing et de la communication, de la distribution internationale, du mécénat… Comprendre une entreprise, c'est identifier le besoin auquel répondent ses produits, c'est mettre à jour ses facteurs clés de succès, c'est incorporer le progrès technique, c'est analyser les évolutions des marchés et les stratégies des acteurs, c'est tisser du lien social, c'est optimiser la gestion, c'est construire une image… bref jouer dans un nombre considérable de registres. Le chef d'entreprise doit embrasser tout cela à la fois, montrer la voie, faire preuve d'exigence et d'impatience mais aussi garantir la cohérence de tous ces mouvements. Louis Vuitton m'a fait pénétrer au cœur d'une des plus belles réussites entrepreneuriales de la France de l'après-guerre : comment transformer en une dizaine d'années, sous une énergique impulsion, une PME de la banlieue parisienne en une multinationale ? Comme l'univers politique, l'entreprise recèle ses propres facteurs d'instabilité : la crise des débouchés, l'insolvabilité des clients, le conflit social, la modification du contrôle du capital, le changement brutal des dirigeants… J'ai eu la chance de vivre, de l'intérieur, à la suite d'une fusion, l'une de ces crises graves qui agitent périodiquement le monde de l'entreprise. La précarité du statut de mandataire social me rappelait ce manque de pérennité que j'avais déjà connu dans les cabinets ministériels auxquels j'avais collaboré. J'ai alors réalisé que plus l'éphémère guette un dirigeant plus sa grandeur est de se conduire et de bâtir comme s'il avait l'éternité devant lui.

Une stratégie méthodique

C'est ainsi que chacune de mes immersions dans un secteur différent de la société m'apporte une pièce d'un puzzle dont, poussé par une curiosité insatiable, je poursuis la complétion. Et à partir duquel, peu à peu, j'ai mis au point une méthode pour aller droit au but : comprendre sans perdre de temps.

Lorsque je fais irruption dans un milieu que je ne connais pas encore, j'éprouve beaucoup de modestie. Je ne touche à rien. Je regarde, j'observe. Je rencontre les différents intervenants sur les lieux de travail, mais aussi à l'extérieur. Pour découvrir les facettes variées des caractères, des réactions. Peu à peu, mon opinion se forge. Ma démarche, lentement, prend une direction. J'identifie « qui est capable de quoi » et je dégage avec les uns et les autres un certain nombre de lignes de conduite.

Dans une entreprise, il est essentiel de savoir ce que chacun attend et peut accomplir. Quel est son mode de vie personnel, quelles sont ses difficultés et comment espère-t-il les résoudre ? « Que ferais-je à sa place ? » est une question que je me pose souvent face à un interlocuteur. Si je ne parviens pas à une compréhension satisfaisante de sa manière de « fonctionner », je fais systématiquement appel à son intelligence. Cela permet de contourner le mur d'incompréhension par élévation du débat.

Il y a également des situations inextricables où, bien que je les comprenne isolément, dans leur ensemble, les éléments sont contradictoires. Il m'est arrivé de prendre la direction d'une entreprise en période de crise. Ne pouvant tout régler d'un coup, j'ai pris chaque élément contradictoire, isolément, l'un après l'autre. Faute d'avoir été résolues au moment où elles auraient dû l'être, ces contradictions sont entrées en lutte. Dès lors, il n'y avait plus qu'à établir un programme, assorti d'une chronologie destinée à étaler dans le temps la douleur des décisions prises. En effet, même s'il faut bousculer les choses, les habitudes, les individus même si cela fait mal, il incombe au chef d'entreprise de prendre ses responsabilités. Comprendre. Résoudre. Décomposer. Recomposer. Démonter. Remonter. Élaborer la stratégie du succès. Puis ouvrir la route et faire un bout de chemin. Puis, en ce qui me concerne, partir. Pour rester fidèle à mon souci d'éclectisme et éviter de sombrer dans l'ennui. Pour m'efforcer à toujours amplifier le champ de ma compréhension.

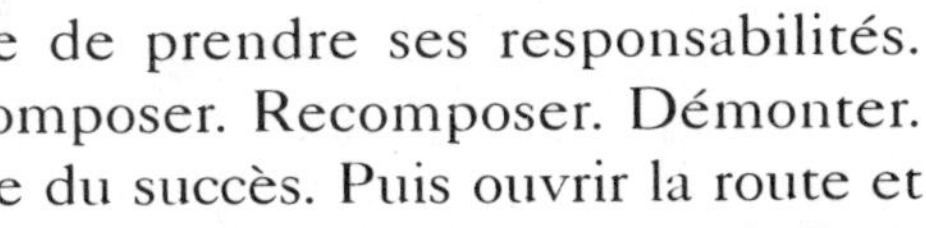

JACQUES VERGÈS

La Provocation

PROFIL : MAÎTRE JACQUES VERGÈS

Parler de « ténor du barreau » à propos de Jacques Vergès tient du lieu commun et de la litote à la fois. Lorsque au cours d'un procès — celui de Klaus Barbie devait en fournir l'exemple — un défenseur isolé croise le fer avec les trente-neuf avocats de la partie civile, le titre d'homme orchestre lui convient davantage.

Orchestre rouge, ajouteront certains. En effet, le passé politique colle à la peau d'un homme. D'autres raisons font que la pourpre sied assez bien à maître Vergès. Non contente d'habiller un royal talent, elle symbolise le courroux que l'injustice, l'hypocrisie et les avatars du conformisme déclenchent chez ce gladiateur du prétoire.

Certains de ses contempteurs l'ont encore baptisé le « salaud lumineux ». Vergès ramassa l'injure, en fit une oriflamme. Elle sert de titre au livre d'entretiens qu'il eut avec le journaliste Jean-Louis Remilleux.

Imaginons une encyclopédie consacrée aux successifs croisés antibêtise, aux justiciers picaresques, aux David partant fronder les Goliath. Allant de d'Artagnan à Zorro en passant par Cyrano, Fantômas, Arsène Lupin et Don Quichotte, cet abécédaire du panache montrerait que peu ou prou, chacun de ces personnages fut l'ancêtre de Jacques Vergès.

Aussi s'étonne-t-on d'une lacune dans le Who's who in France. *Pourquoi entre « Verger Robert, directeur de la caisse des allocations familiales » et « Vergez André, professeur de philosophie » ne figure pas « Vergès Jacques, avocat à la cour » ? En l'occurrence, le Bottin de la notoriété ne pécha ni par omission, ni par escamotage. Le 29 février 1990, la direction de l'annuaire adressa à l'intéressé (on verra qu'il ne l'était guère) un courrier pour lui annoncer que « personnalité ayant contribué au développement de la France », il avait été sélectionné pour figurer dans le* Who's who. *Dès le lendemain, les éditions reçurent une réponse cinglante : « Je ne pourrais supporter longtemps le voisinage de la moitié des occupants de votre annuaire qui représentent tout ce que* j'abhorre en ce siècle : la culture de l'énarque, la morale du faussaire et l'élégance du parvenu, tous humanistes. »

Conventionnel ! Mais oui Jacques Vergès revendique cette qualité. Admirateur de l'Incorruptible, il fait partie du comité Robespierre. Comme il n'en est pas à un paradoxe près, il prononcera néanmoins un vigoureux plaidoyer en faveur de Louis XVI lors du procès reconstitué à la télévision. Quant aux autres conventions, l'ordinateur le plus perfectionné ne parviendrait pas à établir à quel point il s'en moque.

Le défi commença très tôt, dès 1925, année de sa naissance à Oubone en Thaïlande, laquelle était encore le Siam. Tel fils, tel père, l'auteur de ses jours est un fabuleux personnage. Successivement ingénieur agronome en Chine, professeur à Shanghai puis consul de France à Oubone, il devra quitter la « carrière » pour cause de mésalliance. Car tout le charme de la mère de Jacques Vergès ne peut faire oublier qu'elle est vietnamienne. À l'époque, pour un diplomate, une telle union est rédhibitoire.

Qu'importe ! Monsieur Vergès père a tant de cordes à son arc qu'il s'agirait plutôt d'une harpe. Trois années durant, il va exercer la médecine au Laos. Puis il regagne la Réunion, son île d'origine. Il descend, en effet, d'une vieille famille créole. Ses fils jumeaux Jacques et Paul sont alors âgés de trois ans.

À Saint-Denis de la Réunion, le lycée Leconte de Lisle abritera les études de Jacques. Pépinière de célébrités, puisque le jeune Vergès aura pour condisciples Raymond Barre, Raymond Bourgine, futur patron de presse, et Marcel Dowling-Carter, futur avocat général. Jacques excelle en lettres au point de s'attirer les quolibets de ses camarades. Du coup, par défi, après le premier bac, il opte pour math élém.

Image du bon élève, Vergès n'en est pas pour autant sage comme une image. Très tôt, les inséparables démons de la politique et de la contestation le saisissent. Bon chien chasse de race car son père, le docteur Vergès est un actif militant de gauche. Secrétaire de la CGT locale, en 1937, il voudra fonder un parti communiste à la Réunion. Pour des raisons tactiques le PC parisien refusera le feu vert.

La guerre arrive. Le bouillant jeune homme va souscrire son premier engagement. L'ancrage à gauche de la famille le placera du côté de la France libre. À bord d'une frégate gaulliste, il s'embarque pour l'Angleterre. Dans un camp, voisin de Londres, il devient artilleur. Suivront l'Algérie puis la campagne de France avec la réduction de la poche allemande de Royan. Le maréchal des logis Jacques Vergès terminera sa carrière militaire dans les troupes d'occupation en Allemagne.

■ Plus camarade que les camarades

Démobilisé, une bourse lui permet de reprendre ses études de droit. Il renoue avec la politique et adhère au parti

communiste comme on entre en religion. En 1950, il sera élu au congrès de l'Union internationale des étudiants à Prague. Il en deviendra secrétaire grâce à l'appui soviétique et contre l'avis des communistes français. Car au carrefour Châteaudun — quartier général antérieur à celui de la place du Colonel-Fabien —, on se méfie un peu de cet intellectuel plus camarade que les camarades.
Ses activités sont multiples. Cela va de l'organisation de manifestations contre le colonialisme à celle d'un tournoi universitaire d'échecs sous le patronage de la très progressiste reine mère Élisabeth de Belgique. Bourguiba, le président Nehru, Indira Gandhi : aux quatre coins de la planète, notre ubiquiste rencontre tout ce qui compte au sein du tiers-monde.
Avec le temps, sa prédilection pour Mao s'affirme car la révolution chinoise lui semble être un modèle plus proche des populations coloniales. En 1951, il organise un comité exécutif à Pékin. N'allez surtout pas croire que son monachisme marxiste éloigne Vergès de sa diabolique prédilection pour l'indépendance. Au soufre, son parfum favori, il demeure fidèle. Nietzsche et non Marx reste son auteur de chevet. En peinture, il exècre le pompier réalisme stalinien, cousin slave de l'art hitlérien, au profit des fauves, des expressionnistes et des surréalistes. Cela, il n'hésite guère à le dire autour de lui. Situé aux antipodes de Carnegie, le psychologue populaire américain, il pourrait écrire L'Art de se faire des ennemis.

■ Vergès manque de rééducation

Au sein des sphères dirigeantes du PCF, il s'en fait sans coup férir. En 1957, au cœur de la guerre d'Algérie, survient la rupture : ses dons d'avocat, Jacques Vergès vient d'en faire usage à Alger en plaidant pour le FLN. Or, stratégie politique oblige, le comité central accorde un soutien conditionnel aux rebelles algériens. Voilà Vergès taxé « d'aventurisme ». En outre, ce cavalier seul a de curieuses idées. Il n'ambitionne ni un univers unicolore, ni la disparition des patries. Il s'affirme partisan d'une Algérie algérienne, d'une France française, d'une Russie russe, bref d'un monde riche de toutes ses composantes. À ses yeux l'internationale n'est pas le cosmopolitisme. Autant dire que Jacques Vergès manque totalement de rééducation.
Dans les prétoires, on va s'habituer à voir la tornade Vergès bousculer le consensus. Au collectif d'avocats plaidant pour le FLN, il impose une « stratégie de rupture ». À l'inverse du classique affrontement de connivence, on voit alors les bancs de la défense revendiquer des valeurs différentes de celles mises en avant par l'accusation. Cette tactique a pour l'adversaire un effet boomerang. Il en fera une démonstration lors du procès de Djamila Bouhired (elle deviendra son épouse en 1965). Il présente la terroriste présumée comme une patriote algérienne. Elle veut l'indépendance de son pays et a utilisé les armes que la

résistance française fit siennes pendant la guerre. Aussi logique et déterminée que son défenseur, la jeune femme, après sa condamnation à mort, estime ne pas avoir de grâce à demander aux autorités françaises. Jacques Vergès respectera sa volonté mais n'en fera pas moins un considérable battage médiatique. Devant les pressions de l'opinion internationale, le président René Coty la graciera.

■ L'énigme du Sphinx

Au lendemain de l'indépendance, il prend la nationalité algérienne et se convertit à l'islam sous le nom de Mansour. Conseiller du gouvernement FLN, il dirige parallèlement la revue Révolution qui a pour Fidel Castro et Mao les yeux de Chimène. Ce poste lui fournira l'occasion de rencontrer le Grand Timonier à plusieurs reprises. Puis il se rend en Israël afin de défendre les premiers fedayin mais se fait expulser manu militari. En Suisse, il plaidera pour des pirates de l'air palestiniens.

Vergès le mystérieux fut parfois comparé au Sphinx. Vrai ou faux, toujours est-il qu'Œdipe lui-même se serait cassé les dents sur l'énigme que posa en 1970 la disparition de l'avocat. Aujourd'hui la clé n'en a pas encore été trouvée.

Le 12 mars de cette année, il annonce à son entourage son départ pour un voyage d'affaires en Espagne. Puis le rideau tombe. Neuf années durant, le grand théâtre Vergès va afficher relâche. Où est-il ? Où se cache-t-il ? Corps et biens, il s'est évaporé sans laisser d'adresse. Le Tout-Paris se perd en conjectures. On le dira coulé dans une dalle de béton au fond du port d'Alicante. Jacques Vergès, n'étant pas mégalomane, ne ressuscitera pas le troisième jour. Rien dans les mains, rien dans les poches, au terme de 1978, il refait surface sur la butte Montmartre, chez son ami l'écrivain Georges Arnaud. Tranquillement, il annonce son intention de s'inscrire à nouveau au barreau de Paris.

Que ses proches et a fortiori les journalistes l'interrogent sur cette traversée du désert, tel Boileau, il « imite de Conrart le silence prudent. » Dès lors s'échafaudent les hypothèses les plus échevelées. L'une d'elles prétend que connaissant Pol Pot depuis les années cinquante, il se serait rendu au Cambodge vivre sur le terrain l'expérience révolutionnaire des Khmers rouges. Lui expose-t-on les versions les plus rocambolesques de son éclipse, Vergès affiche un sourire bouddhique. In petto, il s'amuse mais se garde d'infirmer ou de confirmer. « Si on me disait que j'ai habité quelques années sur la Lune, je ne démentirais pas » dira-t-il à son confident le journaliste Jean-Louis Remilleux.

■ Ange tutélaire des terroristes

S'il n'a pas fait la révolution en Extrême-Orient, c'est à fond la caisse qu'il s'occupera d'elle en Europe. Il embrasse la cause de Klaus Croissant,

l'avocat de la bande à Baader. Avec lui il va fonder une internationale de défenseurs des prisonniers politiques. Il défendra Bruno Breguet et Magdelane Kopp, les amis du fameux terroriste Carlos. Anis Naccache, Abdallah, Gordji, il devient l'ange tutélaire des terroristes. Lorsqu'on arrêtera Olivier et Frérot, de la branche lyonnaise d'Action directe, ils possèdent la photo de Jacques Vergès dans leur cache comme un ex-voto.
Tout au long de sa carrière, Jacques Vergès eut un effet urticant sur l'établissement politico-médiatique. Pas à pas, cependant, son rôle de chevalier servant des insurgés en lutte pour l'émancipation du tiers monde s'inscrivit dans le schéma traditionnel. En revanche, le jour où il accepta de plaider pour Klaus Barbie il devait lui en cuire. Ainsi outrepassait-il les bornes du politiquement correct. À la louche, il versera de l'huile sur le feu. Car la chose est notoire : s'il adore ciseler ses dossiers, la dentelle n'est pas sa spécialité.
Il soulignera l'irrégularité de l'enlèvement de son client en Bolivie, dénoncera le caractère rétroactif d'une loi appliquée à des faits prescrits et mettra en doute l'authenticité de certaines preuves. Enfin, last but not least, il démontrera que le véritable débat (les circonstances de l'arrestation et de la mort de Jean Moulin) fut escamoté.
C'en est trop, l'hallali va retentir. Au propre comme au figuré. Dans l'église voisine du palais de justice de Lyon, le curé fera sonner le glas pendant un quart d'heure lorsque maître Vergès entame sa plaidoirie.
Tragique fleuve peu tranquille, ce procès ne saurait être résumé dans le cadre de ce profil. À l'avocat du diable on reprochera d'avoir enfourché la cause de Barbie par goût de la provocation. Dans la mesure où il estime que ce genre de défi provoque la discussion, Vergès encaisse ce retour de manivelle.
Il revendique pourtant une autre motivation. À ses yeux, même si ses actes sont condamnables, tout homme conserve le droit de voir sa dignité défendue. Mais qui sème le vent récolte la tempête. Jacques Vergès le sait, persiste et cite Alfred de Vigny : « Les dindons vont en troupe, le lion est seul dans le désert. »

La Provocation

Maître Jacques Vergès

Par son refus du consensus, la provocation devient le vecteur de l'inattendu. Que je le veuille ou non, elle fait partie de mon image. Le choix de la traiter ne revient-il pas à y renoncer dans la mesure où je m'inscris dès lors au sein d'un schéma préétabli ?

AFIN D'ÉVITER le sur-place, séparons le bon grain de l'ivraie. Car telles les langues d'Ésope, la provocation est la meilleure et la pire des choses. Dans sa version caricaturale, elle consiste à mettre les pieds dans le plat pour le plaisir de les y mettre. Il s'agit alors de choquer les bonnes gens, d'attirer l'attention sur soi. Cette approche, je la rejette sans ambages. Si, en revanche, la provocation entend engendrer la réflexion, il convient de lui faire la part belle.

Dans ce dernier cas, votre non au consensus suscite les questions de l'entourage. Il va vous falloir faire état de vos arguments. Si vous jouez le jeu tel qu'il doit l'être, ces raisons seront essentielles et non conjoncturelles. Foin alors de la mode et du parti pris de heurter. Le scandale est la scorie de la provocation. Car, au mieux de sa forme, elle s'identifie à la liberté d'esprit. J'en fournirai un exemple. Je remonte à mon adolescence. J'avais dix-sept ans. Sur les bancs de l'École de droit de la Réunion, je faisais ma première année en compagnie de Raymond Barre et de mes autres condisciples. Une mouche me piqua alors, me poussant à m'engager dans les rangs de la France libre. Pourquoi ? Simplement parce qu'à mes yeux, de Gaulle représentait le dissident. L'homme était proscrit par Vichy. À l'époque, que cela plaise ou révulse, Vichy était le gouvernement légal de la France. La majorité du Parlement avait voté les pleins pouvoirs au maréchal Pétain. L'idée de rejoindre à Londres un homme condamné à mort par son gouvernement me fascina. Rallier non pas une armée innombrable, mais une poignée de révoltés m'ouvrait les portes du paradis.

Dans notre camp en Angleterre, nous revivions les chevaliers de la Table Ronde. Le matin, à l'heure de la toilette, surgissaient de nouveaux visages venus des quatre points cardinaux de la planète. L'un débarquait d'Argentine, le second du Pacifique, le troisième s'était évadé de France et votre serviteur avait quitté la Réunion. Sur le plan idéologique, le métissage ne semblait guère moindre. De la blancheur fleur-de-lisée à l'écarlate issu d'octobre rouge, la rébellion nous unissait.

Encore ne fis-je que rejoindre de Gaulle en 1942. Déjà, la victoire semblait moins incertaine. En 1940, à la Réunion, j'étais encore lycéen. Avec les autres élèves, nous manifestions pour que l'île bascule aux côtés de la France libre. À ce moment, la cause semblait perdue d'avance. Mais Guillaume le Taciturne le disait : « Il n'est pas nécessaire d'espérer pour entreprendre, ni de réussir pour persévérer. » Le gagnant n'est pas le seul à percevoir les dividendes de l'aventure.

Ainsi, aujourd'hui, on me lance fréquemment au visage : « Vous avez engagé de nombreux combats. Pendant douze ans de 1945 à 1957, vous fûtes membre du PC. N'êtes-vous pas déçu par les événements survenus en Europe de l'Est ? » En se référant à ma lutte pour l'indépendance de l'Algérie puis à sa situation actuelle, une identique question vient aux lèvres de mes interlocuteurs.

En dépit des échecs, je persiste à revendiquer mon bonheur. Imaginez au Moyen Âge, un petit hobereau périgourdin. Nuit et jour, il rêve plaies et bosses. Surprise, on lui propose soudain tout un cortège de voyages et de batailles afin d'aller délivrer le tombeau du Christ. En avant pour la croisade ! Le voici parti à la conquête de la Terre sainte et un royaume franc sera établi à Jérusalem. Notre hobereau s'est accompli. Du Bellay l'écrirait :

Heureux qui, comme Ulysse, a fait un beau voyage,
Ou comme cestuy là qui conquit la toison,
Et puis est retourné plein d'usage et raison,
Vivre entre ses parents le reste de son âge.

Certes, il apprendra plus tard que le royaume franc fut ensuite englouti par le flot arabo-musulman. Si la nouvelle ne le ravit pas, son expérience demeure inaliénable. On peut me rétorquer qu'au départ, la victoire définitive n'était pas exclue, pour mon croisé périgourdin. Ne savais-je pas, en revanche, qù'accepter par exemple de plaider pour Klaus Barbie revenait à encourir une défaite assurée ? Dans la mesure où le combat de l'avocat ne se limite pas à obtenir l'acquittement de son client mais à restaurer sa dignité, l'objection ne tient guère.

Je citerai une expérience. Souvent des étudiants m'invitent à discuter avec eux. J'affectionne ce genre d'échanges car ils sont à un âge où l'on n'a pas encore conclu avec la vie les compromissions définitives.Un jour, ils me demandèrent ce que je pensais de maître Jacques Isorni. « Au cours de sa carrière, il défendit une grande cause, celle du maréchal Pétain et il la perdit », remarquèrent-ils. La question était courtoise car elle masquait avec délicatesse les noms de Klaus Barbie ainsi que le mien. Je répondis que le système de défense adopté par Jacques Isorni faisait de lui un grand avocat.

Lorsqu'il prend le dossier Pétain en main, la guerre n'est pas achevée. Les passions sont exacerbées. Il semble inconcevable que Philippe Pétain puisse échapper à la condamnation la plus lourde. Bien qu'elles convergent vers un résultat identique, deux tactiques de défense existent. Utilitaire et en apparence pragmatique, la première revient à plaider le gâtisme. Le vieillard n'avait plus tous ses esprits. Il conservait une heure de lucidité quotidienne. Le reste du temps, il vivait dans les brumes. Des salauds lui faisaient alors signer n'importe quoi. Lorsque des confrères lui suggèrent d'emprunter cette voie, maître Isorni s'insurge : « Il s'agit là de la défense d'un voleur de lapins, pas de celle d'un maréchal de France. »

Isorni préférera s'engager sur un sentier plus escarpé. Il plaidera en affirmant que Montoire était un nouveau Verdun. L'amère gloire en était d'autant plus grande qu'elle se fondait sur le sacrifice personnel. Il avait payé de sa personne, était resté en France dans le dessein de protéger la collectivité et de partager les douleurs du pays.

Est-il besoin de préciser qu'une telle conception des choses, je l'avais combattue les armes à la main lors de ma jeunesse. Toujours est-il qu'avec ce fil conducteur, Pétain, du fond de sa prison, pouvait se regarder dans la glace sans éprouver le sentiment du naufrage. Envisager Montoire dans la foulée de Verdun donnait quelque cohérence à sa vie. Lorsque désemparé, l'accusé devient inapte à se forger l'image de son existence, il appartient à l'avocat de se substituer à lui.

Afin de me culpabiliser d'avoir plaidé pour Klaus Barbie, deux griefs sont avancés. Dans le plus favorable des cas, j'aurais agi par goût de la provocation au sens péjoratif du terme. Dans la pire des hypothèses, j'aurais simplement tenté de bénéficier des retombées médiatiques. Reconnaissons qu'il eût fallu une forte dose de masochisme pour désirer une telle « promotion ». En effet, on me colla une image dont je parviens à peine à me dégager aujourd'hui.

Avant que je n'accepte d'entrer en lice, mes amis s'efforcèrent de m'en dissuader. Barbie, affirmèrent-ils pouvait être défendu par n'importe qui, hormis moi. Implicitement soulignaient-ils ainsi qu'il m'appartenait de le défendre. Ayant été soldat dans les Forces françaises libres, on ne pouvait m'accuser de défendre un vieux complice. Je devais m'occuper de cette affaire car je déteste la foule qui s'agglutine afin de lapider un être isolé.

Dans un tel moment, la pire des crapules devient à mes yeux une créature de Dieu tandis que les persécuteurs se muent en une horde d'assassins. Tout homme est défendable. Lors du bicentenaire de la Révolution, la télévision décida de refaire le procès de Louis XVI. La défense du monarque me fut impartie. On eut l'indulgence de la trouver convaincante. Mais on peut défendre Louis XVI et saluer la victoire de la République. J'éprouve pour Robespierre une très grande admiration. Cet homme fut dictateur, au sens romain du terme, pendant un an. Quand il arrive au pouvoir, la France est cernée par les armées étrangères sur toutes ses frontières. Dans les provinces, des insurrections fédéralistes remettent en cause l'unité nationale. Quand Robespierre chutera après la victoire de Fleurus, toutes les troupes étrangères auront été boutées hors du sol national.

Toutes les insurrections séparatistes auront été brisées. Robespierre tombera car on n'a plus besoin de lui. Il aurait pu éviter d'être renversé en concluant de bâtardes alliances avec le Marais. Mais il était peu soucieux de conserver le pouvoir pour le pouvoir. Dès lors, sa prémonition se réalisa : « Que d'autres aillent à la guillotine par la voie du crime, moi j'irai par celle de la vertu. »

Qu'un avocat puisse défendre un être dont les opinions sont opposées aux siennes pétrifie notre société et cela me navre. Voltaire n'écrivait-il pas au siècle des lumières : « Je ne partage pas vos idées mais je pourrais mourir afin que vous puissiez les exprimer. » Là se trouve l'essence de mon métier. Il me passionne. Force m'est pourtant d'avouer que je ne l'ai pas choisi par vocation. Il me fallait gagner ma vie. Or, j'avais énormément milité, fait des tas de choses et mes études en avaient quelque peu pâti. À l'époque, le barreau était rapidement accessible. Je m'orientai vers lui avec un enthousiasme comparable à celui d'un fils d'ouvrier qui postule un emploi pour vendre des tickets de métro. Puis, un beau jour, je compris que j'étais fait pour lui. Jeune stagiaire, j'avais été commis pour défendre un petit malfrat. Dans le parloir de la prison de la Santé, j'ai vu un jeune homme prendre place face à moi. Je réalisai soudain que cet homme était mon semblable. Tout comme moi, il avait deux yeux, deux mains, un cœur, un sexe. Ses mots étaient les miens et avaient le même poids spécifique. Nos silences respectifs étaient mesurés à la même aune. S'il avait commis des actes répréhensibles, j'avais la possibilité latente d'agir de même. Je conçus alors que la profession d'avocat et surtout celle d'avocat pénaliste ne consiste pas, comme l'écrit Milan Kundera, à avancer un présupposé moral mais plutôt à explorer tout ce qui existe dans les abysses de l'être humain. Ensuite viennent les questions. Ces interrogations, André Gide les évoque dans son ouvrage consacré à Dostoïevski. Ce sont toujours les mêmes : « D'où venons-nous ? ; Où allons-nous ? ; Aurions-nous pu être un autre ? » Cette portion de danger virtuel, cette part de nuit qui stagne au fond de nous-mêmes, n'est-ce pas fascinant ?

Depuis que Freud paraît en livre de poche, les médias se complaisent volontiers dans la psychanalyse de caniveau. La plupart d'entre eux ne m'aiment guère. Aussi présentent-ils un « Vergès déchiré », un « Vergès qui se venge par la provocation. » Un autre demande « d'où vient cette haine recuite pour la France et tout ce qui est français ? » À l'inverse, il est vrai, monsieur Bernard-Henri Lévy me traita de « franchouillard » au cours du procès Barbie. Or, je suis parfaitement bien dans ma peau. J'aime la bonne chère, les grands vins et les cigares.

Refusant la haine sinon le mépris, je n'ai nulle vengeance à exercer. Quant à la France, je suis nourri de sa culture et y suis profondément attaché. J'eus même l'occasion de prendre les armes pour elle.

Du reste l'esprit d'irrespect, composante de la provocation est une attitude très française. Nietzsche admirait la littérature française et plus spécialement La Bruyère, les auteurs du XVIIIe siècle et Stendhal en raison de leur acuité d'esprit, de leur lucidité psychologique. À ce propos, si j'en crois mes expériences, l'homme de la rue a de moi une image bien différente de celle colportée par les médias. Un jour, à Aix-en-Provence où je plaidais devant les assises, je sortis de l'audience en compagnie de confrères. Une foire se tenait sur la place devant le palais de justice. Lorsque nous l'eûmes traversée un confrère remarqua : « Que les gens te reconnaissent ne m'étonne pas, mais comment se fait-il qu'ils te fassent un clin d'œil ? » Cette complicité, je la découvre en taxi, au restaurant ou dans le train lorsque ayant oublié de composter mon billet, le contrôleur qui m'a identifié me dispense de l'amende. De cette apparente notoriété, je ne tire aucun orgueil. Je lui prête en revanche une signification. « Allez mon vieux, foutez les pieds dans le plat », semble-t-on me dire. Car même si le grand orchestre médiatique ne cesse de le tyranniser, le peuple français sécrète des anticorps. Même s'il participe aux collectes de vivres pour la Somalie afin de s'octroyer une bonne conscience, il ne tombe pas forcément dans le panneau de cet humanitarisme pickwickien. Il sait bien que ce n'est pas en faisant ramasser différentes sortes de riz par les enfants des écoles puis en mélangeant le tout que l'on résoudra les problèmes de la Somalie.

En revanche, il se laisse plus aisément berner lorsqu'on lui impose une vision biseautée du passé proche ou lointain. Profondément antihistorique, ce regard fausse tout. On porte des jugements sur des événements survenus il y a cinquante ans en fonction de la situation actuelle. Pour mesurer Drieu La Rochelle, on prend Bernard-Henri Lévy comme mètre étalon.

Au sein d'une société où l'on juge avec des dés pipés, la provocation rationnelle devient une bouée salutaire. Dans le domaine qui est le mien, j'ai ainsi fait usage de la « stratégie de rupture ». Je n'en revendique pas la paternité car Socrate l'utilisa vingt-cinq siècles plus tôt. Se présentant devant le tribunal des héliastes, il déclare : « Je sais que vous auriez préféré me voir devant vous, accompagné de ma femme et de mes enfants pour vous arracher des larmes. Cela, je ne le ferai pas. Vous voulez un débat d'idées, eh bien, vous aurez un débat d'idées ! »

On connaît le résultat de cette défense : Socrate fut condamné à mort, il but la ciguë. Le procès de rupture est celui où on ne se réclame pas des mêmes valeurs sur les bancs de la défense et sur ceux de l'accusation. Il en résulte un discours anticonsensuel. Avec cette approche, on est loin de la provocation puérile du type qui rentre chez lui tout nu afin qu'on le regarde. Ma provocation à moi consiste à ne pas macérer dans le consensus parce qu'il ne me dit rien qui vaille, ne reflète pas mes sentiments et ne me convient pas. Il est artificiel et procède de la mode. Or, je dis non à la mode, au conformisme et à la règle imposée. Cette roborative provocation expose ses raisons avec calme. Elle clame son refus sans tonitruer.

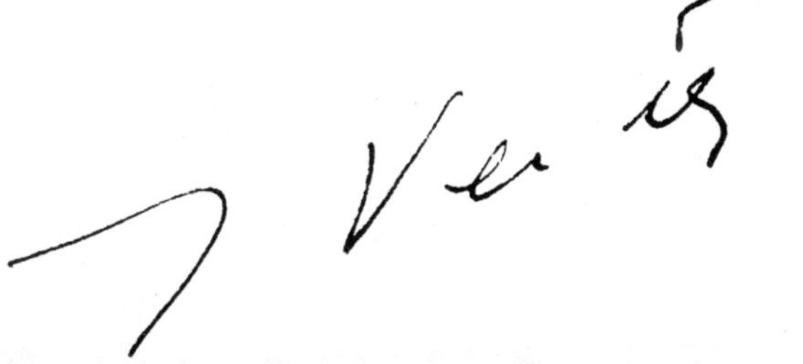

TABLE

AVEC LA COLLABORATION ÉDITORIALE DE

Ève Sivadjian
Éliane Faure
Frédéric Jannier
Angélique Négroni

Les corrections ont été effectuées par Marie-Odile Mauchamp

Christine Fasbéter, Michel Navarra, François Mangeot
et Thierry de Scitivaux,
les quatre initiateurs de ce livre,
ainsi que les éditions Challenges d'Aujourd'hui,
tiennent à remercier tout particulièrement

Caroline Perrachon

pour son précieux concours ainsi que son efficacité
pendant toute la réalisation de l'ouvrage.

Cet ouvrage a été imprimé
par la SAGIM
18, rue de la Régale
77181 Courtry

Imprimé en France

N° d'impression : 1183
Dépôt légal : 1er trimestre 1995

Conception graphique
MAC MEDIA

Crédits photos

Louis Monier p 33 / DR p 49 / Nioubard-Gamma p 65 / Louis Monier p 81 /
Gero-Sygma p 16 / Andanson - Sygma p 99 / Devilli - Gamma p 113 / ECPA p 131 /
Louis Monier p 147 / DR p 167 / DR p 189 / Stevens - Gamma p 207 /
Daher - Gamma p 233 / Louis Monier p 249 / Archambault p 261 / DR p 279 /
Denize - Gamma p 295 / Deville - Gamma p 311 / Louis Monier p 327 /
Reuter - Sygma p 347 / Louis Monier p 363